# THE PLACE

마일즈 먼로는 「천국의 발견」에서 "근래에는 교회 강단에서 하나님의 나라를 전하는 말씀을 거의 들을 수가 없다. 번영, 신앙, 은사, 사역 등은 설교하면서도 제일 중요한 주제인 하나님의 나라는 말하지 않고 있다."라고 하였습니다. 현대 교회의 설교는 윤리를 말하고, 정치를 말하고, 삶의 기술을 말하지만, 가장 소중한 하나님의 나라가 빠져 있다는 비판을 수없이 들었습니다. 그래서 저의 설교를 다시 한번 점검해 보았습니다. 하나님의 나라는 간혹 맛을 내는 정도로 들어 있을 뿐, 선포의 핵심 주제는 아니었습니다. 성도들에게 가르쳐야 할 내용들을 다시 추슬러 한 해 동안 하나님의 나라만 외치기로 하였습니다.

성경이 가르치는 하나님의 나라가 얼마나 광범위하고 많은지 한 해의 설교로는 다 전하지 못할 만큼 그 주제가 엄청났습니다. 성경은 온통 하나님의 나라인데, 그 하나님의 나라가 보이지 않았던 것입니다. 예수님이 가르치신 하나님의 나라와, 사도들과 다른 저자들이 가르친 하나님의 나라를 모두 모아 정리하고 해석하여, 한 해 동안 하나님의 나라를 외쳤습니다. 하나님의 나라는 설교자인 저 자신에게 가장 큰 은혜가 되었습니다.

하나님의 나라는 바로 '그곳' 입니다. 하나님의 나라는 미래의

## 머리말

이야기가 아니라 현재의 이야기입니다. 하나님의 나라는 더 이상 '그곳'이 아니라 '이곳'입니다. 하나님의 나라를 알아야 이 나라도 알 수 있습니다. 하나님의 나라를 소유해야 이 나라를 소유할 수 있습니다. 하나님의 나라를 지향하면 이 나라를 얻지만, 이 나라를 지향하면 둘 다 잃게 됩니다. 그래서 '그곳'은 가장 신비한 곳입니다. '그곳'을 아는 사람에게는 가장 신비하고, 가장 확실한 곳입니다. 칼뱅이 "그리스도인의 첫째 의무는 보이지 않는 하나님의 나라를 보이게 하는 것이다."라고 하였는데, '그곳'을 '이곳'으로 만드는 것이 우리의 의무입니다.

하나님의 나라를 상상의 나라, 미래의 세계가 아니라 실존의 나라, 현실의 세계라는 것에 초점을 맞추었습니다. "하나님의 나라가 너희 안에 있다."라고 하신 말씀처럼, 개인의 내면에 하나님의 나라가 임하고, 하나님 나라의 백성인 우리들 사이에 임하고, 훗날 우리 모두에게 임하는 하나님의 나라를 이야기하였습니다. 영원하지 않은 '이곳'에 사는 이들을 향해 영원한 '그곳'을 소망하게 하려고 애썼습니다.

"올챙이송"이란 노래가 한때 유행하였습니다. "개울가에 올챙이 한 마리 꼬물꼬물 헤엄치다 뒷다리가 쑥 앞다리가 쑥 팔딱팔딱 개구리 됐네" 단순하지만 사실적인 가사입니다. 올챙이는 물에서만 살지만, 개구리는 물에서도 살고 뭍에서도 삽니다. 그래서 진정한 그리스도인의 삶이란 양서류와 같이 이중의 삶을 완벽하게 사는 것입니다. 물과 뭍을, 그곳과 이곳을 사는 삶입니다. 성경은 '그곳'과 '이곳'을 구분하지 않습니다. 그곳을 살 듯 이곳을 살아야 합니다.

나무는 땅을 향해 자라는 것이 아닙니다. 하늘을 향해 자랍니다. 그러나 뿌리가 든든하지 못하면 하늘을 향해 자라지 못합니다. 뿌리가 땅에 깊숙이 박혀야 나무는 위를 향해 더 높이 자랄 수 있습니다.

아프리카 칼라하리 사막의 선인장 중 그 뿌리가 긴 것은 100미터나 된다고 합니다. 물을 찾아 뿌리는 긴 여행을 해야 합니다. 그 선인장의 끝 부분을 잘라 '악마의 발톱'(Devil's Claw)이라는 약재로 씁니다. 처절한 생존의 투쟁은 특효약을 만들어 낸다고 합니다. '이곳'에서의 생존을 위한 고통은 '그곳'에서의 기쁨입니다.

하나님의 나라는 공간적인 개념보다 하나님의 주권이며, 하나님의 통치입니다. 지금, 그리고 여기에서의 삶에 관한 것입니다. 하나님의 나라는 '그곳'에만 관심을 가지지 않으며, '이곳'을 열망합니다. 그래서 하나님의 나라를 아는 사람들의 삶은 열정이 있고, 비전이 있습니다. 초대교회가 힘이 있었던 것은 하나님 나라의 역동성을 실천하였기 때문입니다.

　이제 '그곳'으로 떠납니다. 말씀과 함께 '그곳'으로 떠나 더 이상 희미한 거울 속의 나라가 아닌, 얼굴을 맞대어 보는 '이곳'의 이야기를 펼칩니다. 말씀과 함께 '그곳'에 사는 연동교회 성도들에게 감사를 드립니다. 또한 한국장로교출판사 채형욱 사장님과 모든 직원들의 노고 덕에 부족한 글이 아름다운 책으로 태어나게 됨을 감사드립니다.

2010년 3월
연못골 '그곳'에서  이성희 목사

머리말 | 02

## *Who* 그곳의 사람들

- 그곳을 받을 자 _ 010
- 앉을 자리 _ 023
- 비워야 얻는 것 _ 034
- 하나님의 나라에 합당한 자 _ 047
- 하나님의 나라를 유업으로 받을 자 _ 059

## *When* 곧 다가올 그곳

- Coming Soon _ 072
- 우리 안에 있는 하나님의 나라 _ 084
- 40일간의 외침 _ 096
- Just do it! _ 108
- 잃어버리지 말아야 할 것 _ 120

# 차 ◦ 례

## How 기다림

- 거듭남의 조건 _ 134
- 어린아이와 같이 _ 156
- 하나님 나라의 비밀 _ 182
- 기다리는 자 _ 146
- 하나님 나라의 문 _ 169
- 복된 자 _ 193

## Where 우리에게 임한 그곳

- 우리에게 임한 그곳 _ 208
- 감사함으로 들어가는 곳 _ 233
- 성령님의 네버 엔딩 스토리 _ 255
- 버려야 얻을 수 있는 곳 _ 220
- 하나님의 나라와 성령 안에 있는 것들 _ 244

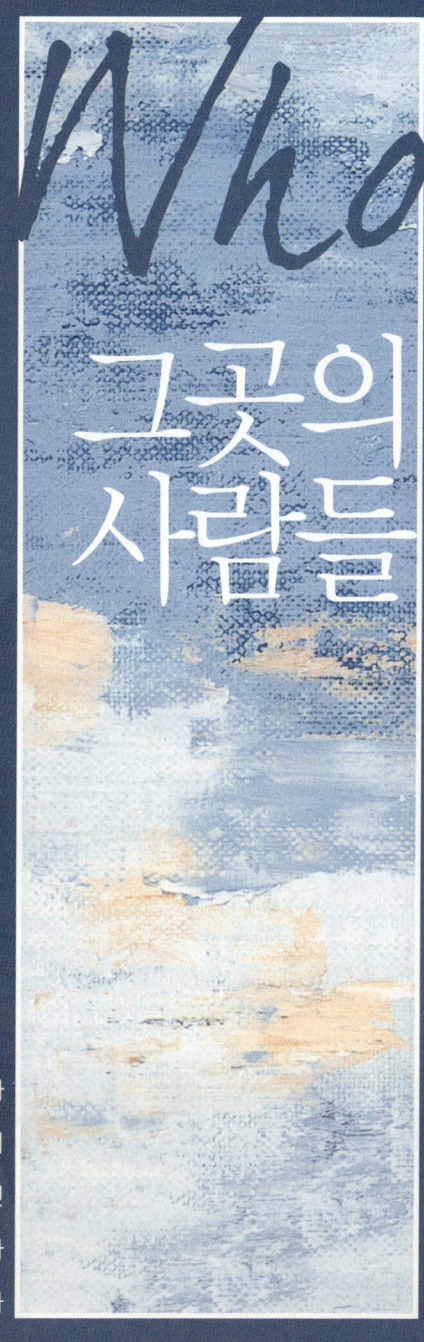

# Who
## 그곳의 사람들

l 그곳을 받을 자
l 앉을 자리
l 비워야 얻는 것
l 하나님의 나라에 합당한 자
l 하나님의 나라를 유업으로 받을 자

첫 。 번째 。 비밀

## 그곳을 받을 자

[마태복음 21 : 42~43]

오래전에 헝가리 부다페스트의 성 스테파누스 성당을 방문한 적이 있습니다. 그곳에서 성당을 건립할 당시의 이야기를 유심히 들었습니다.

　° 성당을 건립할 당시에 한스라는 벽돌공이 스테파누스 왕의 딸을 사랑하였습니다. 그런데 왕은 한 달 만에 한쪽 종탑을 완공하면 딸을 줄 테니, 절대 그동안에는 성인의 이름을 부르지 말라고 하였습니다. 그런데 그 딸의 이름이 마리아였습니다. 종탑 공사를 하던 한스가 하루는 종탑 아래로 마리아가 지나가는 것을 보았습니다. 너무 반가운 나머지 한스는 "마리아!" 하고 소리를 쳤습니다. 이 일로 한스는 성당을 건립하던 도중 완공하지 못하고 죽었습니다. 지금도 성당 한쪽 탑은 미완성인 채로 남아 있다고 합니다.

성 스테파누스 성당 단 중앙에는 스테파누스의 상이 있습니다. 왕은 자신의 아들이 죽자 다른 사람에게 왕위를 계승하게 하지 않으려고 사람을 많이 죽였지만, 교황에게 돈을 주고 성자 칭호를 샀다고 합니다. 자신의 폐위 후에 기독교가 몰락할까 봐 성자의 칭호를 얻게 되었고, 서방교회의 성자 칭호를 얻은 사람 가운데 희랍정교회인 동방교회에서도 성자의 칭호를 얻은 최초의 인물이 되었습니다.

어떤 왕이든 자신의 아들에게 왕위를 계승하고 나라를 이어받게 하려는 욕심은 다 있을 것입니다. 하나님께서는 하나님의 나라를 하나님의 아들, 하나님의 딸에게 받게 하려고 하십니다. 우리가 하나님 나라의 계승자가 되기를 간절히 고대하고 계십니다. 하나님의 나라를 받는 사람은 하나님의 자녀입니다. 하나님의 자녀가 아니면 하나님의 나라를 받을 수 없고, 하나님의 나라를 받았다면 이미 자녀가 되었다는 증거입니다.

후기 로마에는 독특한 후계자 계승법이 있었습니다. 황제가 될 만한 재목으로 적합한 자손이 없을 때는 황제 자질을 갖춘 양자를 입양하여 황제가 직접 후계자로 교육하여 세우는 법이었습니다. 유명한 마르쿠스 아우렐리우스 황제는 양자를 세울 수 있었지만 세우지 않고, 자질이 부족한 아들 콤모두스에게 황제의 자리를

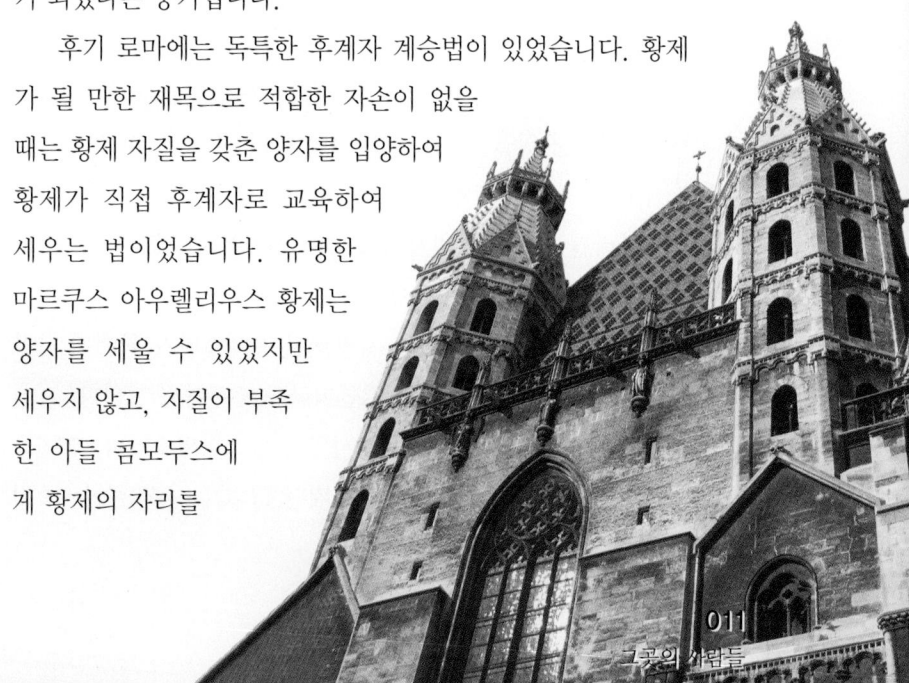

계승했습니다. 이 일로 말미암아 아우렐리우스의 업적도 빛을 바랩니다. "글래디에이터"라는 영화는 이런 내용을 극화한 영화입니다. 양자라도 세워 나라를 이어받아 계승자가 되게 하려는 것이 사람의 욕심입니다. 우리는 하나님의 양자입니다. 우리가 다 하나님의 양자의 영을 받은 사람들입니다. 하나님께서는 우리에게 양자가 되게 하셔서 하나님의 나라를 이어받게 하십니다.

조선왕조 27대 왕들은 평균 24세에 왕위에 오르고 47세에 승하하였습니다. 왕들은 평균 19년 2개월 동안 왕위에 있었습니다. 27대 왕들 가운데 30대에 죽은 왕이 8명이며, 약 절반인 13명은 10대 이하의 나이에 왕이 되어 대부분 40세를 넘기지 못하고 죽었습니다. 당시 평균수명보다도 못 살았던 왕들이 많았습니다. 나라를 이어받고 왕위를 계승한들 무슨 득이 있습니까? 죽으면 아무것도 아닙니다. 내가 살아야 하고, 내가 누려야 합니다.

나라를 이어받는 자는 황태자입니다. 황태자는 왕위 계승자입니다. 어떤 이가 황태자가 됩니까? 일반적으로 왕의 아들이며 딸입니다. 우리가 이런 찬양을 합니다. "왕이신 나의 하나님" 하나님이 왕이시면 우리는 누구입니까? 우리는 왕자이며 공주입니다. 우리는 하나님의 나라를 이어받을 왕자이며 공주입니다.

바사의 왕 아하수에로는 유대인 포로의 후손인 에스더를 왕비로 얻습니다. 왕이 에스더를 얼마나 사랑했던지 에스더가 왕에게 나아갔을 때 왕이 에스더에게 나라의 절반이라도 주겠다고 합니다. 자신의 나라를 떼어 줄 만큼 사랑 받는 사람이 에스더였습니다. 실제로 나라를 나누어 줄 수 있었는지는 모르지만 그렇게 사랑했다는 증거입니다. 하나님의 나라를 받는 자가 어떤 자입니까? 우리 모두가 하나님 나라의 계승자가 되며 하나님의 나라를 받는 자가 되기를 바랍니다.

### 하나님의 나라를 빼앗기는 자들이 있습니다

43절 상반절에는 "그러므로 내가 너희에게 이르노니 하나님의 나라를 너희는 빼앗기고"라고 합니다. 하나님의 나라를 얻지 못하고 빼앗기는 불행한 사람들이 있다는 것을 말씀합니다. 가장 귀한 것을 버리고, 빼앗기고, 귀한 것을 귀한 것으로 알지 못하는 사람들이 있습니다. 아무리 많은 것을 가지고 있다고 하더라도 생명을 빼앗기면 모든 것이 다 필요 없습니다.

시편 118 : 22에는 "건축자가 버린 돌이 집 모퉁이의 머릿돌이 되었나니"라고 합니다. 예수님을 잘 알고 받아들여야 할 유대인은 버리고, 예수님을 알지 못하는 이방인이 요긴하게 얻은 것을 말합니다. 유대인이 버린 예수님입니다. 유대인들은 목전에서 나라를 빼앗긴 것이나 마찬가지입니다.

성경에서 돌은 예수님을 의미합니다. 건축자들인 유대인들은 하나님의 나라를 세워야 할 자들입니다. 그런데 이런 자들에 의해 예수님은 버림받았습니다. 하나님의 나라를 세워야 할 자들이 도리어 하나님의 나라를 빼앗겼습니다. 예수님을 버리지 말아야 할 자인데 버린 자가 된 사람들이 지금도 수없이 많습니다.

디모데후서 4 : 10에는 "데마는 이 세상을 사랑하여 나를 버리고 데살로니가로 갔고 그레스게는 갈라디아로, 디도는 달마디아로 갔고"라고 합니다. 교회를 섬기고 바울을 돕다가 세상으로 가 버린 자들의 이름입니다. 하나님의 나라를 다 얻었다가 빼앗긴 자들입니다. 하나님 나라의 문턱에서 들어가지 않고 포기한 자들입니다.

모퉁이의 머릿돌이란 건축에 가장 중심이 되는 돌을 의미합니다. 예루살렘 성전 공사에 이런 일화가 남아 있습니다. 성전은 거룩한 곳이므로 성전 터에서 망치 소리 등 소리를 내지 못하게 하였습니다. 멀리서 모든 돌을 다듬어 가지고 와서 성전 터에서는 맞추기만 했습니다. 공사 중에 어떤 돌이 왔습니다. 현장에 있던 기술자들은 쓸모없는 이상한 돌이 왔다고 하여 시냇가에 버렸습니다. 오랜 시간이 지나 그 돌은 이끼가 끼고 더러워졌습니다. 그리고 모든 돌이 다 맞추어졌습니다. 그런데 현장에서는 돌 하나가 오지 않았다고 했습니다. 돌을 다듬던 사람은 이미 돌을 다 보냈다고 하였습니다. 현장의 기술자들은 오래전에 필요 없는 돌이라고 하여 버린 돌이 생각나서 그 돌을 다시 가지고 와서 그 자리에 끼워 넣었습니다. 그러자 성전의 모든 공사가 끝났다고 합니다. 가장 요긴한 돌인데 사람들은 필요 없다고 버렸습니다. 다시 그 돌을 가지고 와서야 완성하게 된 것입니다.

마태복음 13 : 11에는 천국 비유를 말씀하시면서 "대답하여 이르시되 천국의 비밀을 아는 것이 너희에게는 허락되었으나 그들에게는 아니 되었나니"라고 하십니다. 12절에는 "무릇 있는 자는 받아 넉넉하게 되되 없는 자는 그 있는 것도 빼앗기리라"라고 하십니다. 하나님의 나라를 빼앗기는 자가 있다고 하십니다. 도중하차하는 사람이 있다는 말입니다. 문턱에서 좌절하는 사람들을 얼마든지 볼 수 있다는 말입니다. 이것이 하나님의 나라입니다.

누가복음 19장에는 '므나 비유'가 있습니다. 이 말씀은 마태복음 25장의 '달란트 비유'와 흡사한 비유입니다. 이 두 비유의 공통점은 결론입니다. 있는 자는 더 많이 받고, 없는 자는 빼앗긴다는 것입니다. 하나님의 나라는 받든지, 빼앗기든지 둘 중의 하나입니다. 흔히 말하는 본전은 없습니다.

현대 랍비인 마빈 토케이어의 이야기 중에 이런 이야기가 있습니다.

° 배가 항해 도중에 항로를 벗어나 이름 모를 섬에 도착하였습니다. 바람이 너무 잔잔하여 돛단배가 움직일 수 없었습니다. 섬에는 나무가 울창하고, 꽃이 만발하고, 향기가 진동하였습니다. 승객들은 다섯 그룹으로 나뉘어졌습니다. 첫째 그룹은 언제 바람이 알맞게 불어올지 모른다고 생각하여 배에서 내려오지 않고 기다렸습니다. 둘째 그룹은 잠깐 섬에 올라 보기로 하고 적당한 시간에 다시 배로 돌아왔습니다. 셋째 그룹은 섬에서 충분히 즐겼습니다. 시간 가는 줄도 모르고 있었지만 배가 닻을 올리는 것을 보고 급히 발걸음을 옮겼습니다. 넷째 그룹은 섬에 남아서 즐기는 데 너무 깊이 빠진 나머지 배가 출발을 알리는 종소리도 듣지 못하였습니다. 다섯째 그룹은 섬 생활의 즐거움에 아주 정신을 빼앗겼습니다. 배가 떠나는 줄도 모르고 있다가 섬에 남겨지게 되었습니다.

가장 올바른 태도를 가진 그룹은 둘째 그룹입니다. 왜 생명을 빼앗기고, 기회를 빼앗깁니까? 세상에 정신을 빼앗기니까 그렇습니다. 우리 영혼을 세상에 빼앗기면 하나님의 나라도 빼앗깁니다. 하나님의 나라를 빼앗긴 자들을 보세요. 한결같이 세상에 자신을 빼앗긴 자들입니다. 성경에도 보면 율법이나 재물이나 지식 같은 세상의 것에 자신을 빼앗긴 자들이 하나님의 나라를 빼앗겼습니다.

예수님께서 베다니에 가실 때마다 마르다와 마리아의 집에 들어가신 흔적이 있습니다. 마르다는 일꾼이었습니다. 예수님을 대접하기 위하여 부지런히 음식을 장만하는 사람이었습니다. 반면에 마리아는 말씀을 잘 듣는 사람이었습니다. 언니 마르다가 부엌에서 일하고 있었지만 방에서 예수님의 말씀만 경청하였습니다. 언니가 예수님께 불평하면서 마리아도 부엌에 나와 함께 일하게 해 달라고 하였습니다. 그때 예수님께서는 누가복음 10 : 42에 보면 "몇 가지만 하든지 혹은 한 가지만이라도 족하니라 마리아는 이 좋은 편을 택하였으니 빼앗기지 아니하리라"라고 하십니다. 좋은 자리를 절대 빼앗기지 말아야 합니다. 양보하지 말아야 합니다. 하나님의 나라도 절대 빼앗기지 말아야 합니다.

우리 주위에도 보면 꼭 믿어야 할 사람이 안 믿는 경우를 종종 볼 수 있습니다. 오래전에 채필근 목사님이라는 분이 계셨습니다. 평양신학교를 졸업하시고, 평안도 어느 작은 마을에 전도사로 가셨습니다. 그 마을은 마을 전체가 50호 정도 되는 작은 마을이었는데, 교회에 50명 정도의 교인이 있었다고 합니다. 젊은 전도사가 열심히 목회를 하고 있었는데 어느 날 그 동네의 어떤 남자가 세상을 떠났습니다. 한참 장례 준비를 하고 있었는데 그 사람이 다시 살아났습니다. 죽었다가 살아난 사람은 천국에 갔다 왔다고 증언하였습니다. 이 말을 듣고 동네 사람들이 모두 교회에 나와서 예수님을 믿게 되었습니다. 그런데 시간이 지나자 한 사람씩 교회에 나오지 않았습니다. 나중에는 죽었다가 다시 살아난 그 사람까지 나오지 않았습니다. 채 전도사님은 그 사람에게 가서 "다른 사람이 다 안 나온다고 하더라도 당신은 나와야지요."라고 권했습니다. 그 말을 들은 그 사람은 "그럼요, 나갑니다. 잠깐 쉬다 다시 나갈 겁니다."라고 하였습니다. 그런데 그 사람이 두 번째 죽을 때는 교회에 나오지 않는 상태였다고 합니다. 하나님 나라의 문턱에까지 갔다 왔지만 결국은 빼앗긴 사람입니다. 다 얻은 하나님의 나라를 버린 사람입니다.

## 하나님 나라의 열매를 맺는 백성이 받습니다

43절 하반절에는 "그 나라의 열매 맺는 백성이 받으리라"라고 합니다. 이 말씀은 율법을 전달하던 특권을 가진 유대 종교지도자는 하나님의 나라에 들어가는 권한을 박탈당하고, 성령의 열매를 맺는 백성이 복음을 전달하는 특권과 사명을 갖게 되었음을 강조합니다.

'하나님의 나라를 빼앗긴 너희'는 바리새인과 율법주의자와 서기관입니다. 하나님의 나라를 차지하는 자들은 예수님을 믿는 예수님의 제자들입니다. 하나님의 나라를 빼앗긴 사람들은 왜 빼앗겼습니까? 열매가 없기 때문입니다. 하나님의 나라를 받은 사람들은 어떻게 받았습니까? 열매가 있기 때문입니다.

하나님의 나라는 말을 잘하기 때문에 얻는 것이 아닙니다. 지식이나 지위나 돈이 많아서 얻는 것이 아닙니다. 세상의 것을 가지고 하나님 나라의 열매를 맺는다는 꿈도 꾸지 말아야 합니다. 하나님 나라의 열매는 은혜로 맺고, 성령으로 맺고, 하나님과 함께 맺는 것입니다. 하나님 나라의 열매는 세상 나라의 열매와 전혀 다릅니다.

에베소서 5 : 11에는 "너희는 열매 없는 어둠의 일에 참여하지 말고 도리어 책망하라"라고 합니다. 어둠은 지옥입니다. 어둠의 일은 지옥의 일입니다. 어둠의 일이 지옥의 일인데 어둠의 일이 열매가 있을 리 만무합니다. 어둠에 열매가 맺힙니까? 여름에 일조량이 적으면 열매는 잘 맺히지 않고 익지 않습니다. 빛에는 열매가 맺힙니다. 열매를 맺지 못하는 어둠의 일을 하지 말라는 것입니다. 열매 있는 하나님의 나라, 열매 없는 지옥을 말합니다.

마태복음 7 : 18에는 "좋은 나무가 나쁜 열매를 맺을 수 없고 못된 나무가 아름다운 열매를 맺을 수 없느니라"라고 합니다. 계속해서 19절을 보세요. "아름다운 열매를 맺지 아니하는 나무마다 찍혀 불에 던져지느니라"라고 합니다. 또 20절을 보세요. "이러므로 그들의 열매로 그들을 알리라"라고 합니다. 좋은 나무는 좋은 뿌리를 가지고 좋은 땅에 심긴 나무입니다. 이런 나무가 찍히지 않고 열매로 그 나무의 가치를 드러냅니다. 성도의 좋은 열매는 성령의 열매입니다. 사랑, 희락, 화평, 오래 참음, 자비, 양선, 충성, 온유, 절제가 성령의 열매입니다. 성령의 열매는 성령이 없으면 맺을 수 없는 열매입니다.

시편 1편에는 시냇가에 심은 나무가 열매를 맺는다고 합니다. 풍성한 물가, 풍성한 은혜가 열매를 맺는 조건입니다. 반면에 예수님이 책망하신 열매 없는 무화과나무를 보세요. 잎은 무성하지만 열매가 없어 저주를 받습니다. 요즘에 이런 말이 유행합니다. 1990년대 이전의 남자는 과거 있는 여자는 절대로 용서하지 못했습니다. 1990년대 남자는 과거 있는 여자는 용서하지만 얼굴 못생긴 여자는 절대 용서하지 못했습니다. 요즘 남자는 과거 있는 여자도 용서하고, 얼굴 못생긴 여자도 용서하지만 직장 없는 여자는 절대 용서할 수 없다고 합니다. 우리가 사는 세태를 말합니다. 남자들이 얼마나 자기중심적인가를 말해 줍니다. 그리스도는 부정한 여인은 용서했지만 열매를 맺지 않는 무화과나무는 저주했습니다. 열매 없는 나무는 절대 용서하지 못합니다.

좋은 씨라야 좋은 열매를 맺습니다. 사람도 4가지 씨가 있다고 합니다. '솜씨, 맵씨, 말씨, 마음씨' 입니다. 이 씨를 가지고만 있어서는 안 됩니다. 이 씨를 잘 뿌려서 아름다운 열매를 맺어야 합니다. 열매를 맺지 못하는 씨는 이미 씨로서의 가치를 상실한 것입니다. 앞에서 말한 성령의 열매란 성령으로 맺는 열매입니다. 좋은 열매란 성령이라는 씨를 맺는 하나님 나라의 것들입니다. 우리도 좋은 씨로 좋은 열매를 많이 맺기 바랍니다. 그리하여 하나님의 나라를 받는 자들이 다 되기 바랍니다.

첫 사람 아담은 잘못된 열매인 선악과를 먹고 죽었습니다. 그러나 예수님은 죽었다가 다시 사심으로 생명의 첫 열매가 되셨습니다. 아담은 죽음의 열매를 먹었지만 예수님은 친히 생명의 열매가 되신 것입니다. 하나님 나라의 열매는 살리는 열매입니다. 영원히 사는 열매입니다.

　호세아 10 : 1에는 "이스라엘은 열매 맺는 무성한 포도나무라 그 열매가 많을수록 제단을 많게 하며 그 땅이 번영할수록 주상을 아름답게 하도다"라고 합니다. 열매 없는 나무는 필요 없는 나무입니다. 열매 맺는 나무가 되어야 하나님 나라의 나무가 됩니다. 신령한 이스라엘은 하나님의 사람입니다. 우리도 열매가 무성하면 하나님의 나라를 받게 될 것입니다.

　하나님의 나라에 들어갈 때는 오직 믿음의 열매만 필요합니다. 믿음으로 얻는 일의 열매가 있습니다. 하나님을 위한 일입니다. 믿음으로 얻는 말의 열매가 있습니다. 우리의 말로 형제들을 깨우치면 열매를 맺습니다. 믿음으로 전도의 열매를 맺습니다. 많은 사람을 옳은 데로 돌아오게 한 자는 별과 같이 영원토록 빛나리라고 합니다. 전도의 열매는 가장 아름다운 열매입니다. 하나님이 가장 좋아하시는 열매입니다.

　캘리포니아 해안에서 약 40킬로미터 떨어진 곳에 그란카타리나 섬이 있습니다. 쾌속정으로 한 시간 정도 가는 아주 아름다운 섬입니다. 저도 아주 오래 전에 한 번 가 본 적이 있는 유명한 관광지입니다.

° 1952년 7월 4일 여성 수영 선수인 플로렌스 채드윅(Florence Chadwick)은 수영으로 해안에서 이 섬까지 가려고 하였습니다. 그녀는 이미 영국 해협을 수영으로 횡단한 경험이 있었습니다. 강도 높은 훈련을 하며 해안에서 섬까지 횡단을 준비하였으나, 그날따라 바다에는 안개가 짙게 끼었습니다. 차가운 바닷물과 거친 파도, 그리고 시간을 상실한 안개뿐인 바다를 15시간 55분 동안 수영하였지만, 결국 포기해 버리고 말았습니다. 안개로 앞을 전혀 볼 수 없었기 때문이었습니다. 그녀가 포기한 곳은 섬에서 불과 800미터 앞이었습니다. 수영을 포기한 그녀에게 기자들이 질문했습니다. "포기 당시 도착 예정이던 해안에 매우 근접해 있었다는 것을 알았습니까?", "나는 목표 지점을 전혀 볼 수 없었습니다. 아무것도 보이지 않았습니다. 해안만 보였더라도 끝까지 해냈을 것입니다."

문턱에서 포기하고, 좌절하고, 빼앗기는 안타까운 사연들이 있습니다.
영혼의 안개를 걷어 내세요. 영혼의 빛을 얻으세요. 하나님의 나라를 확실히 얻으세요. 문턱에서 좌절하고, 포기하는 자가 없게 되기 바랍니다. 아직도 하나님의 나라와 멀리 사는 모든 사람을 하나님의 나라로 인도하고, 주님께로 돌아오게 하여 하나님의 나라에서 별과 같이 영원토록 빛나는 여러분이 되시기 바랍니다.

**T.i.p.**

하나님께서는 하나님의 나라를 하나님의 아들, 하나님의 딸에게 받게 하려고 하십니다. 우리가 하나님 나라의 계승자가 되기를 간절히 고대하고 계십니다. 하나님의 나라를 받는 사람은 하나님의 자녀입니다. 하나님의 자녀가 아니면 하나님의 나라를 받을 수 없고, 하나님의 나라를 받았다면 이미 자녀가 되었다는 증거입니다.

두 ∘ 번째 ∘ 비밀

# 앉은 자리

[마태복음 8 : 11~13]

　　백창훈님의 "자기 자리만 지키고 살아도"라는 시가 있습니다. 이 시에는 이런 대목이 있습니다.

> ◦ "나무는 일 년 내내 자기 자리를 뜨지 않는다.
> 　자기 자리를 뜨지 않는다고 계절 감각이 없는 것은 아니다.
> 　때마다 패션에 변화를 주고 하늘의 뜻을 잘 반영하여 꼭 서야 할 곳에 뿌리를 내린다."

　　만물이 자기 자리에 있기만 해도 아름답습니다. 자기 자리를 지킨다는 것은 힘든 일입니다. 화가 밀레는 "무엇이든지 자기 자리에 있으면 아름답지 않은 것이 없다."라고 하였습니다. 냇가에 굴러다니는 돌도 보는 눈이 있는 사람이 가져다가 자기 자리에 두면 아름다운 돌이 됩니다.

반면에 앉을 자리를 모르는 것은 참 추한 일입니다. 앉을 자리는 아무것도 아닌 것 같지만 대단히 중요한 것입니다. 회의장에서도 앉을 자리가 있습니다. 임원회에서도 자신이 앉을 자리가 있습니다. 모든 회의에는 자신의 자리가 있습니다. 자리에 잘못 앉으면 그것이 화가 될 수 있습니다. 자리는 지위이며, 자리는 권리입니다. 하나님의 나라에 앉는 것도 권리이며 지위입니다.

앉을 자리란 물건이 자리에 놓이게 될 밑바닥이라는 사전적 의미가 있습니다. 앉을 자리가 확실해야 놓인 물건도 빛이 더합니다. 앉을 자리가 바르지 못하면 놓인 물건도 바르지 못하게 됩니다. 자리도 좋아야 하고, 놓일 물건도 좋아야 합니다.

누가복음 14 : 10에는 "청함을 받았을 때에 차라리 가서 끝자리에 앉으라 그러면 너를 청한 자가 와서 너더러 벗이여 올라 앉으라 하리니 그때에야 함께 앉은 모든 사람 앞에서 영광이 있으리라"라고 합니다. 앉을 자리에 바로 앉아야 한다는 뜻입니다. 바른 자리에 앉지 못하면 창피를 당하게 됩니다.

'발자국지수' 라는 게 있습니다. 한 사람이 차지하는 공간을 의미합니다. '발자국지수' 가 높을수록 환경훼손이 많습니다. 서양 사람들은 의자에 앉습니다. 의자에 앉았다가 일어나도 공간을 점유합니다. 우리 전통은 의자가 아니라 방석을 사용했습니다. 방석이란 앉고 나면 다시 원래 자리로 치웁니다. 공간을 절약하는 것입니다. 앉을 자리를 너무 많이 차지하는 것이 이 세상에서는 안 좋은 것입니다. 그러나 하나님의 나라에서는 문제가 없습니다. 왜냐하면 하나님의 나라에는 공간이 무한정하게 많기 때문입니다.

° 어느 만찬에서 강연을 하려고 기다리던 연사가 돌멩이를 씹어 이가 부러졌습니다. 옆에 있던 사람이 "제가 도와드릴 수 있을 것 같군요."라고 하면서 주머니에서 틀니를 꺼냈습니다. 첫 번째 것은 너무 커서 맞지 않았습니다. 두 번째는 너무 작아서 들어가지 않았습니다. 세 번째는 꼭 들어맞았습니다. 연사는 너무 감사했습니다. "이가 부러졌을 때 큰 낭패라고 생각했는데 치과의사 옆에 앉게 되니 이런 행운도 있군요."라고 말했습니다. 친절한 그 사람은 웃으면서 말했습니다. "저는 치과의사가 아니라 장의사입니다."

내가 누구 옆에 앉느냐 하는 것은 아주 중요합니다. 좋은 자리는 영광이요, 기쁨이요, 감사입니다. 더구나 하나님의 나라에서 하나님 곁에 앉는 것은 무한한 영광입니다. 시편 1편에는 "죄인들의 길에 서지 아니하며 오만한 자들의 자리에 앉지 아니하고"라고 합니다. 영적 삶을 살기 위해서는 온전한 자리에 앉아야 합니다. 온전한 자리란 하나님의 나라밖에 없습니다. 하나님의 나라에 앉을 자가 되기 위하여 다시 한번 말씀을 묵상하며 꼭 그 나라에 앉기 바랍니다.

## 하나님의 나라에 앉는 것은 믿음 때문입니다

11절에는 "동서로부터 많은 사람이 이르러 아브라함과 이삭과 야곱과 함께 천국에 앉으려니와"라고 합니다. 어떻게 하나님의 나라에 앉는다고 했습니까? 오늘의 본문은 백부장 하인의 중풍을 고쳐 주시는 예수님의 기적 이야기입니다. 예수님께서 백부장에게 "내가 가서 고쳐 주리라"라고 하셨습니다. 그때 백부장은 "내 집에 들어오심을 나는 감당하지 못하겠사오니 다만 말씀으로만 하옵소서 그러면 내 하인이 낫겠사옵나이다"라고 했습니다. 백부장은 겸손하였고, 말씀에 대한 믿음을 가지고 있었습니다. 10절에는 예수님께서 "내가 진실로 너희에게 이르노니 이스라엘 중 아무에게서도 이만한 믿음을 보지 못하였노라"라고 하십니다. 그리고 하나님의 나라에 앉을 자격에 대한 말씀을 하십니다. 하나님의 나라에 앉을 자격은 오직 믿음입니다.

　"동서로부터 많은 사람이"라고 했습니다. 같은 내용의 말씀인 누가복음 13 : 29에는 좀더 포괄적으로 "동서남북으로부터"라고 합니다. 유대나라 유대인뿐만 아니라 많은 이방인들이 하나님의 나라에 앉게 될 것을 의미합니다. 믿음을 가진 사람은 유대인이나 이방인의 구분이 없이 하나님의 나라에 들어가 앉게 될 것이라는 말씀입니다.

　사도행전 19 : 10에는 "유대인이나 헬라인이나 다 주의 말씀을 듣더라"라고 합니다. 로마서 10 : 12에는 "유대인이나 헬라인이나 차별이 없음이라"라고 합니다. 고린도전서 1 : 24에는 "오직 부르심을 받은 자들에게는 유대인이나 헬라인이나 그리스도는 하나님의 능력이요 하나님의 지혜니라"라고 합니다. 믿음과 구원은 국경과 인종을 초월합니다. "아브라함과 함께 천국에 앉으려니와"라는 말은 세계 만민이 복음 전파로 말미암아 믿고 구원받아 하나님 나라의 잔치에 참여하게 된다는 말입니다.

'앉다'라는 말은 '기대어 눕다'라는 의미입니다. 유대인의 식사 예법인 비스듬히 누워 식탁에 기대어 앉는 데서 비롯된 말입니다. '식탁에 앉다'라는 말은 하나님의 나라에서 베풀어질 향연과 그 큰 기쁨을 상징합니다. 하나님의 나라에 앉아서 뭘 합니까? 먹는 것입니다. 누구에게나 먹는 것은 즐거운 일입니다. 그 즐거운 일을 하나님의 나라에 가게 되면 하게 될 것입니다.

요한계시록 3:21에는 라오디게아에 주신 말씀 마지막에 "이기는 그에게는 내가 내 보좌에 함께 앉게 하여 주기를 내가 이기고 아버지 보좌에 함께 앉은 것과 같이 하리라"라고 합니다. 하나님 나라의 보좌에 앉는 것은 이기는 자에게 주시는 복입니다. 무엇이 이기게 합니까? 믿음입니다. 믿음이 우리를 이기게 하는 것입니다. 우리 찬송가에도 "믿음이 이기네 믿음이 이기네 주 예수를 믿음이 온 세상 이기네"라고 합니다. 믿음으로 이겨 하나님의 나라에서 아버지 보좌에 앉는 여러분이 되기를 바랍니다.

마틴 루터는 "나는 천국에 앉아 있었고 바로 내 옆 자리에는 내가 느끼는 천국을 지옥으로 여기는 한 사람이 있었다."라고 하였습니다. 천국을 천국으로 알지 못하는 사람이 있을까요? 이런 사람이 있다면 하나님의 나라에 안 가는 게 낫습니다. 이런 자에게는 하나님의 나라가 아깝습니다.

삭개오는 아마 믿음 때문에 예수님께서 그 집에 들어오시고, 예수님 곁에 앉아서 먹는 복을 누렸을 것입니다. 옥합을 깨트린 여인은 믿음으로 예수님께 자신의 모든 것을 드렸습니다. 예수님은 그녀에게 "네 믿음이 너를 구원하였다."라고 하셨고, 예수님 곁에 앉게 하셨을 것입니다. 예수님께서 길을 가시다가 두 맹인을 만났습니다. 두 맹인은 예수님께 자신의 눈을 고쳐 달라고 하였습니다. 예수님께서는 "내가 능히 이 일을 할 줄을 믿느냐?"라고 하였고, 그들은 "주여, 그러하오이다."라고 합니다. 그때 예수님은 "네 믿음대로 될지어다."라고 선포하십니다. 믿음이 그들을 보게 하였고 예수님 곁에 두었습니다. 가나안인 수로보니게 여인은 자신의 딸을 고쳐 달라고 예수님께 갔습니다. 예수님은 그녀에게 "주인의 먹이를 개에게 주는 것이 옳지 않다."라고 하셨습니다. 그때 여인은 "개도 주인의 상에서 떨어지는 부스러기는 먹지 않습니까?"라고 합니다. 이때 예수님은 "네 믿음이 크도다. 네 소원대로 되리라."라고 하십니다. 이 여인의 딸도 여인의 믿음 때문에 낫게 되었고, 여인은 예수님 곁의 사람이 되었습니다. 열두 해를 혈루증으로 앓던 여인이 예수님의 옷자락에 손을 대고 나았습니다. 예수님께서는 이 여인에게 "딸아, 네 믿음이 너를 구원하였다."라고 하셨습니다. 믿음이 낫게 하였고, 이 여인에게 예수님 옆에 앉는 허락을 받게 한 것입니다. 이 모든 사람들이 믿음 때문에 구원을 받았습니다. 믿음 때문에 예수님 곁에 앉았습니다. 믿음 때문에 훗날 우리 모두가 하나님의 나라에 앉게 됩니다.

어떤 남자가 아가씨에게 "아가씨, 옆자리 비었어요?"라고 물었습니다. 이 말을 들은 여자는 "아저씨가 앉으면 금방 빌 거예요."라고 하였습니다. 옆에 앉으면 자신은 일어나겠다는 말입니다. 옆에 앉으면 좋은 사람이 있고, 싫은 사람이 있습니다. 자리에 함께 앉기만 해도 영광인 사람이 있습니다. 어떤 이는 대통령 옆에서 사진 찍은 것을 아주 자랑스럽게 생각합니다. 아마 대단한 자랑일 수도 있을 것입니다. 그러나 그것은 영원하지 않습니다. 믿음은 하나님의 나라에서 하나님 옆에 있게 합니다. 하나님과 함께 앉게 합니다. 하나님과 함께 살게 합니다. 믿음의 상급을 받고, 영광의 면류관을 다 쓰시기 바랍니다.

### 본래의 자손은 하나님의 나라에서 쫓겨납니다

12절에는 "그 나라의 본 자손들은 바깥 어두운 데 쫓겨나 거기서 울며 이를 갈게 되리라"라고 합니다. "그 나라의 본 자손들"은 그 나라를 상속하게 된 자들입니다. 유대 민족을 말합니다. 자신을 아브라함의 자손이라고 여기는 자들입니다. 이들은 자신들이 틀림없이 하나님의 나라에 앉는다는 생각을 하고 있었습니다. 그런데 예수님은 단순한 혈통적 순수성만으로는 하나님의 나라에 들어갈 수 없다고 하십니다.

본 자손들이 쫓겨 어디로 갑니까? "바깥 어두운 데"로 갑니다. 메시야의 잔치가 아닌 바깥으로 쫓겨 갑니다. 그곳은 영영한 절망과 죽음과 형벌이 있는 곳입니다. 거기서 "울며 이를 갈게" 될 것입니다. '운다'라는 말은 불가항력적인 고통을 말합니다. '이를 간다'라는 것은 깊은 바다에 빠진 것처럼 절망을 의미합니다.

"더러움이란 자리를 떠나는 것이다."라는 말이 있습니다. 물에서 헤엄치는 물고기는 아름답지만 물에서 나와 흙에 뒹굴고 있을 때는 더럽습니다. 아름답던 고기가 더러워지는 것은 '본질' 때문이 아니라 '자리' 때문입니다.

하나님의 자리, 하나님의 품을 떠나면 더러워집니다. 탕자의 비유에 나오는 탕자를 보세요. 아버지의 품을 떠나 사는 것이 더럽습니다. 그는 돼지와 같이 시궁창에서 돼지가 먹는 음식을 먹었습니다. 호세아의 아내인 고멜을 보세요. 음란하고 방탕한 여인이었습니다. 이 여인은 남편을 떠나서 자신의 마음대로 살았습니다. 이 얼마나 더러운 삶이었습니까? 성경에는 나쁜 왕들이 많았습니다. 북 이스라엘은 19명의 왕이 있었지만 선한 왕이 하나도 없었습니다. 남 유다는 20명의 왕이 있었는데 12명의 왕이 나쁜 왕이었습니다. 성경은 이들을 '여호와 앞에 악을 행하여'라고 합니다. 하나님을 떠난 왕은 더러운 왕입니다. 하나님을 떠나면 악을 행하게 되는 것입니다.

호세아 4 : 6에는 "내 백성이 지식이 없으므로 망하는도다 네가 지식을 버렸으니 나도 너를 버려 내 제사장이 되지 못하게 할 것이요 네가 네 하나님의 율법을 잊었으니 나도 네 자녀들을 잊어버리리라"라고 합니다. 하나님이 버리고, 하나님이 잊으면 망합니다. 멸망은 하나님의 품에서 쫓겨나는 것입니다.

성경에 보면 혼인 잔치에 예복을 입지 않은 자가 있습니다. 마태복음 22 : 13에는 "임금이 사환들에게 말하되 그 손발을 묶어 바깥 어두운 데에 내던지라 거기서 슬피 울며 이를 갈게 되리라 하니라"라고 합니다. 달란트 비유에는 한 달란트를 받아 남기지 못한 자가 있습니다. 마태복음 25 : 30에는 "이 무익한 종을 바깥 어두운 데로 내쫓으라 거기서 슬피 울며 이를 갈리라 하니라"라고 합니다. 하나님께로부터 내어 쫓김을 당하면 멸망입니다. 하나님의 나라에서 내어 쫓기면 멸망입니다.

우리 옛말에 "굴러 온 돌이 박힌 돌 뺀다."라는 말이 있습니다. 뒤에 온 것이 원래의 것을 대치한다는 뜻입니다. 오늘 성경에도 본래의 자손들은 쫓겨나고, 이방인들이 들어가서 앉게 된다고 합니다. 우리가 흔히 쓰는 말로 뒤에 온 이방인들이 유대인의 안방을 차지하게 된다는 말입니다.

"객반위주"(客反爲主)라는 말이 있습니다. 손님이 도리어 주인 노릇을 한다는 말입니다. "주객전도"(主客顚倒)라는 말도 있습니다. 주인과 손님의 위치가 서로 뒤바뀐다는 뜻으로 사물의 경중, 선후가 서로 뒤바뀜을 이르는 말입니다. 하나님의 나라에서는 이런 사태가 많다고 합니다. 예수님은 나중 온 자가 먼저 된다고도 하셨고, 둘째 아들이 아버지의 뜻을 따라서 아버지의 아들이 되었다고도 하셨습니다.

먼저 온 것을 내세우고, 대가에만 관심을 가지고, 감사보다 불평이나 하는 이런 사람이 늦게 온 자에게 자리를 빼앗깁니다. 믿음 없이 전통만 내세우고, 혈통만 붙잡고 사는 사람들은 자리에서 쫓겨납니다. 쫓겨난 다음에는 후회하지만 이미 늦습니다.

에베소 교회를 보세요. 첫사랑을 버리고 습관적으로만 살아갑니다. 예수님은 촛대를 옮기겠다고 하십니다. 두아디라 교회를 보세요. 이세벨을 용납하여 사람들로 하여금 음행하게 하고, 죄를 짓게 합니다. 예수님은 큰 환난에 던지겠다고 하십니다. 라오디게아 교회를 보세요. 차지도 덥지도 않은 미지근한 신앙을 가지고 있습니다.

예수님은 토하여 버리겠다고 하십니다. 처음에는 다 좋은 교회들이었습니다. 그러나 나중에 변질되었습니다. 교회의 좋은 모습을 상실했습니다. 그래서 교회의 자리를 빼앗겼습니다. 지금 가 보면 폐허 밖에 남지 않았습니다.

하나님의 나라에 가서 시대별로 온 사람들을 구분하면 첫째는 백인들일 것입니다. 둘째는 아시아인들일 것입니다. 셋째는 흑인들과 아메리카의 인디오들일 것입니다. 최근에는 유색인종이 주류일 것입니다. 본래 처음 복음을 받고 세상의 복도 받았던 사람들은 사라지고, 다른 사람들이 자리를 차지하고 있을 것입니다. 본래의 자손들은 바깥 어두운 데서 울고 이를 갈고 있을 것입니다. 구원에서 가장 멀어 보이던 사람들이 하나님의 나라에서 하나님과 함께 앉아 있을 것입니다.

° 한 어부가 잡은 물고기를 시장에 내어 판 후에 해변에 앉아 바다를 바라보고 있었습니다. 그때 한 여행자가 다가오더니 "왜 고기를 잡으러 바다에 나가지 않죠?"라고 물었습니다. "난 오늘 치를 다 잡았고 이제 쉬고 있습니다."라고 그는 대답했습니다. 여행자는 "어획고를 높이세요. 그래서 모터 달린 배를 하나 사고 또 한 사람의 어부를 고용하세요. 모터 달린 배로 하루에 두 번 고기잡이를 하면 지금보다 네 배는

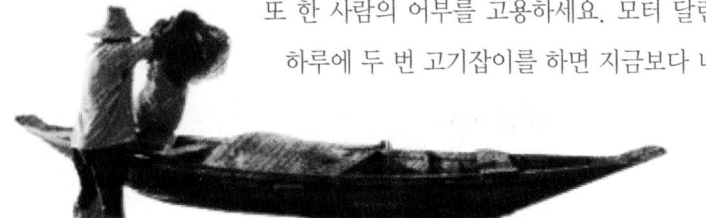

더 많이 벌 수 있을 겁니다. 그러면 직원을 고용하여 해산물 레스토랑을 하든지, 아니면 통조림 회사를 설립하면 됩니다." 이 말을 들은 어부가 말합니다. "그리고 나면요?", "그러면 더 이상 일할 필요 없어요. 온종일 이곳에 앉아서 행복하게 바다를 바라볼 수 있지요." 이 말을 들은 어부는 말했습니다. "난 이미 그렇게 하고 있는 걸요."

해변에 앉아 바다를 바라보는 행복은 많은 고기 때문이 아니라 마음의 만족 때문입니다. 하나님의 나라에는 영원한 만족이 있습니다. 이 영원한 만족은 믿음만으로 가능합니다. 믿음으로 하나님의 나라에 앉읍시다. 오랜 전통이나 혈통이 걸림이 되지 않게 합시다. 하나님의 나라 보좌에 앉는 최후의 복을 누리는 주님의 백성들이 다 되시기 바랍니다.

> **T.i.p.**
>
> 내가 누구 옆에 앉느냐 하는 것은 아주 중요합니다. 좋은 자리는 영광이요, 기쁨이요, 감사입니다. 더구나 하나님의 나라에서 하나님 곁에 앉는 것은 무한한 영광입니다. 시편 1편에는 "죄인들의 길에 서지 아니하며 오만한 자들의 자리에 앉지 아니하고"라고 합니다. 영적 삶을 살기 위해서는 온전한 자리에 앉아야 합니다. 온전한 자리란 하나님의 나라밖에 없습니다.

## 세 번째 비밀

## 비워야 얻는 것

[마태복음 5 : 3]

유대의 분봉 왕은 로마 황제가 임명한 왕입니다. 나라를 자기 마음대로 할 수도 없는 꼭두각시 왕에 불과합니다. 예수님 탄생 당시의 헤롯은 헤롯 대왕입니다. 그는 열 명의 부인이 있었습니다. 그의 부인 중 넷째 부인 말다케는 사마리아 여인이었는데 그녀에게서 태어난 아들이 헤롯 안티파스입니다. 헤롯 안티파스는 아라비아의 아레 대왕의 딸과 결혼하였지만, 동생의 아내 헤로디아와 다시 결혼하였습니다. 세례 요한은 이것이 옳지 않다고 헤롯 안티파스에게 직언하였습니다. 이 일로 첫째 부인은 친정인 아라비아로 도망하였고 유대와 아라비아 사이에 전쟁이 벌어져 헤롯 안티파스는 크게 패하였습니다. 전쟁이 세례 요한이 죽은 후에 있었으므로 백성들은 전쟁에 진 것이 요한을 죽인 벌 때문이라고 하였습니다.

헤로디아에게 살로메라고 하는 딸이 있었습니다. 헤롯의 생일잔치에서 살로메가 춤을 추어 헤롯을 크게 기쁘게 하였습니다. 왕은 살로메에게 "무엇이든지 원하는 대로 주겠다."라고 하였습니다. 심지어 헤롯은 살로메에게 "내 나라의 절반까지라도 주리라."라고 하였습니다. 그런데 살로메는 나라의 절반이 아니라 세례 요한의 머리를 소반에 담아 달라고 하였습니다. 헤롯보다 헤로디아가 더 악한데 지혜가 있습니다. 분봉 왕인 헤롯은 나라를 줄 수 없습니다. 헤롯은 여자 앞에서 큰소리치는 허풍쟁이였습니다. 헤로디아는 이 사실을 미리 알고 있었을 것입니다. 그래서 딸에게 나라 대신 요한의 머리를 요구하게 했습니다. 줄 수 없는 나라보다 눈엣가시를 제거하려고 했던 것입니다.

헤롯이 가진 나라는 줄 수 없는 나라입니다. 헤로디아는 가질 수 없는 나라인 것을 알고 있었습니다. 이 땅의 나라는 알고 보면 다 영원히 가질 수 없습니다. 그러나 하나님의 나라는 예수님 때문에 이미 주어진 나라입니다. 예수님은 "하나님의 나라가 그들의 것이다."라고 합니다. 예수님의 말씀 때문에 하나님의 나라는 이미 우리의 것입니다.

하나님의 나라는 이미 얻은 나라입니다. 여러분은 이미 하나님의 나라에 간 것이나 마찬가지입니다. 어느 나라의 시민권을 가지고 있다면 아직 다른 나라에 살고 있더라도 이미 간 것이나 마찬가지입니다. 가는 데 아무 문제가 없습니다. 우리가 다 하늘 나라의 시민권을 가진 자들입니다. 우리가 다 하나님의 나라를 소유하고 있습니다.

예수님의 팔복 가운데 첫째 복과 마지막 복, 즉 '의를 위하여 핍박을 받는 자의 복'은 하나님의 나라입니다. 하나님의 나라는 처음과 마지막의 복입니다. 저는 군대시절 상당한 기간 동안 미 8군 파견대에 나가 있었습니다. 미군부대 주변에 '찰리'라고 하는 청년이 있었습니다. 이 청년은 미군 백인 아버지와 한국인 어머니 사이에서 난 혼혈아였습니다. 참 잘생겼고 성격도 아주 좋은 청년이었습니다. 그런데 그는 어쩌다 호적에 입적하지 않아 무국적자가 되었습니다. 호적이 없고, 주민등록이 없기에 우리나라에 살지만 우리나라 사람이 아닙니다. 교육도 받지 못하고, 건장한 청년이지만 군에 입대하지도 못합니다. 나라가 없다는 것이 얼마나 큰 설움인지 모릅니다. 요즘 우리나라는 다민족 국가가 되었습니다. 지금도 다문화 가정들이 얼마나 많습니까? 우리나라에 살지만 자기 나라가 아니라고 인정받지 못합니다. 미국에서도 그렇습니다. 영주권이란 게 있는 자는 별것 아니지만 없는 자에게는 굉장한 힘입니다. 시민권이 없어 설움과 괄시를 받고 착취를 당하는 것을 보면 참 안타깝습니다. 있는 것과 없는 것의 차이는 엄청납니다. 이 세상의 나라는 없는 것이 조금 서럽고 불편하지만, 하나님의 나라는 얻은 자와 얻지 못한 자의 차이가 곧 생명과 죽음의 차이입니다.

스가랴 2 : 11에는 "그날에 많은 나라가 여호와께 속하여 내 백성이 될 것이요"라고 합니다. 이 말씀은 "땅의 모든 족속이 너를 인하여 복을 얻으리라"라는 아브라함과의 언약의 결과입니다. 그들이 얻은 복의 결과는 하나님의 백성이 된다는 것입니다. 우리는 언약의 백성입니다. 복 있는 백성입니다. 하나님의 나라를 얻고 하나님의 백성으로 약속 받은 백성이 된 것을 감사하고 하나님의 나라를 소유한 백성이 되기 바랍니다.

## 심령이 가난한 자가 하나님의 나라를 소유합니다

마태복음 5 : 3에는 "심령이 가난한 자는 복이 있나니 천국이 그들의 것임이요"라고 합니다. 심령이 가난한 것이 하나님의 나라를 소유할 수 있는 조건입니다. 마음이 가난하지 않은 자는 하나님의 나라를 소유하지 못합니다. 왜냐하면 마음이 부요하여 하나님의 나라를 필요로 하지 않기 때문입니다.

우리가 나가서 전도합니다. "예수 믿고 구원받으세요!" 그러나 마음이 부요한 사람들은 믿지 않겠다고 합니다. 이런 자들은 아직 건강하다고 합니다. 아직 부유하다고 합니다. 아직 젊다고 합니다. 아직 예수님을 믿을 만큼 궁색하지 않다고 합니다. 이런 자들은 한결같이 마음이 너무 부요해서 그런 말을 합니다.

'가난한 자'란 헬라어로 '프토코스'라는 말입니다. 극히 작은 수입을 가진 자 혹은 가장 낮은 자리의 사람을 의미하는 말입니다. 이 말은 히브리어의 '아나임'이란 말입니다. 부자나 권력가의 경제적 수탈과 사회적 억압에도 불구하고 자신을 구원할 능력이 없음을 의미합니다. 이런 사람들은 하나님만 의지할 수밖에 없습니다. 하나님의 나라 외에 소망이 없는 사람을 의미합니다.

하나님의 나라에 갈 때에는 가난해야 갈 수 있습니다. 모두 버리고 가야 합니다. 가지고 갈 것도 없고, 가지고 가지도 못합니다. 하나님의 나라에 갈 때에 무엇을 가지고 갈 생각도 마십시오. 하나님의 나라에 들어갈 사람은 모든 것을 다 버린 사람이며, 완전히 가난하게 된 사람입니다.

예수님의 제자들은 모든 것을 버리고 주님을 따른 사람들입니다. 철저히 가난하게 된 사람들입니다. 예수님께 와서 옥합을 깨트리고 향유를 부은 여인을 보세요. 모두 쏟아 버리고 하나도 남기지 않고 가난해진 사람입니다. 삭개오를 보세요. 사람들에게 세금이라는 명목으로 착취하면서 모은 돈을 모두 버렸습니다. 자기 재산의 절반을 나누어 가난한 자들에게 주었습니다. 남의 것을 억지로 빼앗은 것은 4배나 갚았습니다. 다 갚고 나면 자기 재산을 모두 다 써서 빚지지 않았을지 모르겠습니다. 바울을 보세요. 그 좋은 문벌도 학벌도 재산도 다 버렸습니다. 자신이 가진 모든 것을 배설물과 같이 여겼습니다. 완전히 가난하게 되었습니다. 예수님의 비유에 나오는 탕자를 보세요. 자신의 분깃을 가져다가 다 쓰고 잃고 가난하게 되어 돌아옵니다. 가난해야 돌아옵니다. 가난하면 돌아오고, 돌아오면 하나님 나라의 백성이 됩니다.

언젠가 교회 행사에 축하 메시지를 녹화해 달라고 저의 방에 여러 사람이 왔었습니다. 그중 어느 집사님이 저를 한참 보더니 "목사님, 목사치고는 너무 잘생겼습니다. 너무 멋있습니다."라고 했습니다. 그런 말을 들으면 좋지요. 중증 왕자병이거든요. 그런데 가만 생각해 보니 어쩐지 말이 좀 이상했습니다. 그래서 제가 그랬습니다. "목사 중에서도 잘생긴 사람 많습니다." 그리고는 제가 어떤 목사님 가정의 얘기를 했습니다. 어느 목사님께서 오래전에 아들에게 "너 목사 해야 한다."라고 했더니 그 아들이 "아버지, 공부 잘해도 목사 돼야 합니까?"라고 하더랍니다. 그래서 아버지 목사님이 "원래 공부 잘하는 사람이 목사 하는 거다." 그러셨다는 것입니다. 이전에는 대학교에 떨어지면 신학교에 가는 사람들이 더러 있었습니다. 그래서 그런 말을 한 것 같습니다. 버릴 것이 없는 자가 아니라 버릴 것이 있는 자가 버려야 진정한 가난입니다. 이런 가난이 하나님의 나라를 소유하는 조건입니다.

돌 전체에 0.1%의 금만 있어도 금광석이라고 부릅니다. 1000분의 1이 전체를 귀하게 만드는 것입니다. 금광석은 돌의 다른 부분은 다 버려도 0.1%의 금은 절대 버리지 않습니다. 다 버리고 남는 것이 가치 있는 금입니다. 다 버려 가난하게 된 자라도 끝까지 버리지 못하는 것이 있습니다. 다 버리면 마지막에 남는 것이 있습니다. 이것이 하나님의 나라입니다.

수도사들은 수도원에 들어가서 수도사가 될 때 서약을 합니다. "가난하게 살겠습니다. 순결을 지키겠습니다. 순종하며 살겠습니다." 이 세 가지 고백은 한 번의 고백이 아니라 매일의 고백입니다. 수도사의 이런 가난의 서약이 수도원을 하나님의 나라로 만들어 갑니다. 가난한 자가 만드는 하나님의 나라가 그곳에 있습니다. 수도사들이 광야로 간 목적은 자신의 많음에서 해방되기 위함입니다. 가난해지기 위함입니다. 물질의 가난을 통해서 영혼의 가난을 맛보기 위함입니다.

프랑스 북부에서 스페인까지 걸어서 순례하는 '야고보의 길'이라고 불리는 곳이 있습니다. 조이스 럽이란 분이 이곳을 경험한 다음 쓴 「느긋하게 걸어라」라는 책에는 이런 말이 있습니다. "하나를 얻으려면 다른 하나를 버려야 한다는 것도 가르쳐 주셨다. 버리는 것 없이 내가 원하는 것을 다 얻을 수는 없다." 버리지 않으면 절대 얻지 못하는 것이 있습니다. 다 버리고 가난하게 되어야 얻는 것이 있습니다. 이것이 하나님의 나라입니다.

　누가복음 14 : 33에는 "이와 같이 너희 중의 누구든지 자기의 모든 소유를 버리지 아니하면 능히 내 제자가 되지 못하리라"라고 합니다. 심지어 예수님은 집이나 형제나 자매나 부모나 자신이나 전토를 버려야 영생을 상속한다고 하셨습니다. 하나님의 나라를 얻는

것은 모든 것을 버리는 것입니다.

　우리 그리스도인들 가운데는 '나는 이만하면 괜찮다.', '이만하면 예수 잘 믿는다.' 라는 마음을 가진 자들이 제법 있습니다. 이런 마음은 자칫 교만이 됩니다. 마음이 부한 자가 됩니다. 하나님은 교만한 자를 물리치십니다. 겸손한 자가 하나님의 나라를 차지합니다. 요한계시록에 나오는 라오디게아 교회를 보세요. 요한계시록 3 : 15에는

라오디게아 교회에 대하여 "내가 네 행위를 아노니 네가 차지도 아니하고 뜨겁지도 아니하도다 네가 차든지 뜨겁든지 하기를 원하노라"라고 합니다. 왜 라오디게아 교회가 이런 미지근한 교회가 된지 아십니까? 17절에 말합니다. "네가 말하기를 나는 부자라 부요하여 부족한 것이 없다 하나 네 곤고한 것과 가련한 것과 가난한 것과 눈먼 것과 벌거벗은 것을 알지 못하는도다" 마음이 너무 부요하여 하나님의 나라에 살지 못하는 것입니다. 가난하지 못한 죄는 멸망입니다. 가난한 자가 받는 복을 누릴 수 있기 바랍니다.

### 하나님의 나라를 소유하는 것이 진정한 복입니다

오늘 말씀에는 "복이 있나니 천국이 그들의 것임이요"라고 합니다. 복은 하나님의 나라에 있습니다. 하나님의 나라를 소유하는 것이 복입니다. 팔복의 첫째 복은 하나님의 나라를 소유하는 것입니다. 하나님의 나라를 소유하는 것이 아니면 어떤 것도 진정한 복이 아닙니다. 하나님의 나라 없이 어떤 것이 참평안과 기쁨이 될 수 있겠습니까? 팔복의 마지막 복도 마찬가지입니다. "의를 위하여 박해를 받은 자는 복이 있나니 천국이 그들의 것임이라"라고 합니다. 복의 처음도, 마지막도 하나님의 나라입니다. 하나님의 나라는 처음이요 마지막입니다. 하나님의 나라는 모든 복의 종합입니다.

사람들은 복을 받기 원합니다. 중국에서는 우리의 설날인 춘절이 되면 '福' 자를 뒤집어 붙여 놓습니다. 그리고는 "새해 복 많이 받으세요."라고 합니다. 복을 뒤집어 놓는다고 복이 옵니까? 복 많이 받으라고 한다고 복이 굴러 들어오나요? 복은 그렇게 오는 것이 아닙니다. 복은 하나님의 나라를 소유해야 하며, 마음이 가난해야 복을 받을 수 있습니다.

'복'이란 말은 헬라어로 '마카리오스'입니다. 신약에 52번이나 나오는 단어입니다. 구약의 축복이란 말은 히브리어로 '아쉬레'라는 말인데, 이 말은 '외적 번영'을 의미합니다. 신약의 복은 내적이며 하늘의 것인 '풍성'을 의미합니다.

복은 행복과 다릅니다. 행복이란 주관적인 것으로 느끼면 됩니다. 복은 느끼는 것이 아닙니다. 성경적인 의미에서 복이란 말은 사람의 힘으로 얻지 못하는 초자연적인 은혜를 뜻합니다. 성경적 복은 하나님의 절대적 은총을 의미합니다.

성경은 하나님께서 우리에게 복과 저주를 둔다고 하십니다. 사람은 복과 저주를 선택합니다. 그런데 하나님은 선택하게 하시는 것이 아니라 일방적입니다. 하나님은 복 주시기를 기대하십니다. 복 주시는 것은 하나님의 본성입니다.

신명기 8 : 16에는 "네 조상들도 알지 못하던 만나를 광야에서 네게 먹이셨나니 이는 다 너를 낮추시며 너를 시험하사 마침내 네게 복을 주려 하심이었느니라"라고 합니다. 하나님께서 마침내 주시는 복이 무엇입니까? 가나안입니다. 가나안은 하나님 나라의 상징입니다. 하나님께서 이스라엘 백성들에게 광야 생활 끝에 주기 원하신 것은 하나님의 나라입니다. 하나님이 다스리시는 젖과 꿀이 흐르는 땅입니다. 구약성경에서 끊임없이 반복하시는 말씀은 "나는 너의 하나님이 되고 너는 내 백성이 되리라"라는 말씀입니다. 하나님께서 주기 원하시는 것은 하나님의 나라입니다.

중국의 1%의 부자는 모든 것을 일제만 사용한다고 합니다. 심지어 물도 일제 생수를 마십니다. 왜 그런지 아십니까? 중국제는 모두 짝퉁이니까 그렇게 한다고 합니다. 어느 농부가 봄에 종자를 사서 뿌렸는데 싹이 나지 않았습니다. 씨앗들이 모두 가짜였습니다. 이 농부가 너무 속이 상해서 자살하려고 농약을 마셨는데 죽지도 않았습니다. 농약도 가짜였습니다. 중국에서 들으면 기분 나쁠지 모르지만 중국은 짝퉁 천지입니다. 그런데 세상에는 그것 말고도 얼마나 짝퉁이 많은지 아십니까?

여기가 천국이다, 지상낙원이다, 하나님의 나라라고 하는 짝퉁이 얼마나 많은지 모릅니다. 하나님의 나라와 세상의 어느 것을 비교할 수 있겠습니까? 짝퉁을 가지고 하나님의 나라를 비교하는 것은 어리석은 일입니다. 특히 그런 것과 비교하여 하나님의 나라를 갈망하지도 않고 살아가는 것은 바보 같은 삶입니다. 하나님의 나라를 소유하지 않으면 어떤 것도 복이 아닙니다. 하나님의 나라를 소유하는 그 자체가 복입니다.

C. S. 루이스는 "천국에는 소유라는 것이 없다. 누구든지 무엇을 자기 것이라고 주장하는 사람은 즉시 지옥으로 떨어져 악한 영이 된다."라고 하였습니다. 하나님 나라의 모든 복을 소유한 자는 다른 소유나 복이 필요 없습니다. 자신의 소유를 주장하는 자는 이미 하나님 나라의 사람이 아니라는 증거입니다. 아직도 진정한 복이 없는 자입니다.

옛날 수도원 이야기 가운데 제자와 스승의 대화가 있습니다.

◦ "저는 빈손을 들고 선생님께 왔습니다."

"그럼 그것도 당장 버려라."

"어떻게 버릴 수가 있습니까? 빈손인데 말입니다."

"너는 네게 아무것도 없다는 그 자체를 소유할 수도 있다. 자신의 포기 의식을 트로피처럼 지니고 다니는 것이다. 네 소유물을 버리지 말고, 네 자아를 버려라."

하나님의 나라는 모든 것을 버리고, 빈손으로, 가난함으로 얻는 나라입니다.

찬송가에 즐겨 부르는 찬송이 있습니다. "참 즐거운 노래를 늘 높이 불러서 이 세상 사는 동안 주 찬양하겠네 복 주실 산에 올라 멀리 바라보니 나 건너갈 요단강 뚜렷이 보이네" 복 주실 산에서 보는 것이 무엇입니까? 요단강 건너편 가나안입니다. 하나님의 나라입니다. 하나님의 나라를 보는 것이 축복입니다. 하나님의 나라는 멀리서 보는 것만으로도 축복입니다. 이 하나님의 나라가 우리의 것입니다. 우리 모두가 이미 소유하고 있습니다.

제2차세계대전 후에 일본 재건을 위해 미국에서 교사들을 파송하였습니다. 그중 한 사람이 이렇게 말했습니다. "전쟁으로 패배한 나라이기 때문에 가르치기 쉽다. 승리한 국가는 자부심을 갖고 새로운 것을 배우려 하지 않는다." 마음이 가난해야 배우고, 마음이 가난해야 얻고, 마음이 가난해야 차지합니다. 세상에는 가난한 부자와 부한 빈자가 있습니다.

김경일 교수의 「나는 오랑캐가 그립다」라는 책에는 "버리지 않으면 얻지 못하고, 죽지 않으면 살지 못한다."라는 말이 있습니다. 하나님의 나라는 정말 그렇습니다. 우리의 모든 것을 버리고 가난해야 얻습니다. 우리가 죽어야 얻는 나라입니다.

재물에, 건강에, 명예에, 자녀에 가난하게 되세요. 그리고 아직 부요한 자를 가난하게 만드세요. 가난한 자에게 주시는 하나님의 나라를 우리 모두 다 소유하고, 아직 소유하지 못한 사람들에게 소유하게 하고, 이 땅에서 많은 영혼들을 구원하여 하나님의 나라를 확장하는 성도들이 되시기 바랍니다.

> **T.i.p.**
>
> 하나님의 나라에 갈 때에는 가난해야 갈 수 있습니다. 모두 버리고 가야 합니다. 가지고 갈 것도 없고, 가지고 가지도 못합니다. 하나님의 나라에 갈 때에 무엇을 가지고 갈 생각도 마십시오. 하나님의 나라에 들어갈 사람은 모든 것을 다 버린 사람이며, 완전히 가난하게 된 사람입니다.

네 · 번째 · 비밀

# 해뜨님의 나라에 합당한 자

[누가복음 9 : 60~62]

요즘 올라온 글 가운데 이런 글이 있습니다.

° 우리나라 사람이 쇼트트랙을 잘 하는 이유는?
  새치기를 잘하기 때문에.

쇼트트랙은 다리가 길지 않아도 됩니다. 더구나 끼어들기를 잘 해야 하는 운동이므로 이런 말이 나온 것 같습니다. 어쩌면 우리나라 사람들이 쇼트트랙을 잘하게 지어졌는지 모릅니다.

최근에 가장 중요한 기술 중의 하나는 나노기술입니다. 작게 만드는 기술입니다. 나노란 사이즈는 작고, 기능은 다양한 것을 말합니다. 우리나라 사람들은 손이 발달해서 나노기술이 발달했다고 합니다. 그런 의미에서 볼 때, 우리나라는 정보화시대에 가장 적합한 민족이라고 할 수 있습니다. 세계적인 학자들도 우리나라를 이 시대에 가장 적합한 민족이라고 합니다.

얼마 전 신문에서 가수 이미자 씨에 대한 글을 보았습니다. 이미자 씨가 노래를 잘할 수 있는 것은 성대 떨림이 정교해서 목소리가 맑기 때문이라는 것입니다. 이렇게 맑은 목소리를 낼 수 있는 것은 발성 폐활량이 일반인보다 2.5배나 높기 때문이라고 합니다. 그렇게 보면 이미자 씨는 가수로서 합당한 인물입니다. 가수로서 적합한 체질을 타고난 것입니다. 마라톤의 황영조 선수도 폐활량이 보통 사람보다 배나 많다고 하지 않습니까? 합당하게 태어난 인물이 그 분야에서 두각을 나타내게 되어 있습니다.

한국인은 세계화 시대에 가장 적합한 민족이라고 합니다. 피부는 모든 나라에 다 맞습니다. 음식은 못 먹는 게 없습니다. 없어서 못 먹을 뿐입니다. 입은 세계 모든 발음을 다 낼 수 있습니다. 그래서 어떤 학자는 이제 'Pax Koreana' 시대라고 합니다. 한국의 평화 시대입니다. 한국 때문에 세계 평화가 유지되는 시대입니다.

안성 유기는 예로부터 유명했습니다. 안성의 유기제품은 장인정신과 뛰어난 솜씨로 한양의 대갓집들을 상대로 만들어졌습니다. 안성 유기는 두 종류가 있었다고 합니다. 서민들의 그릇을 '장내기'라고 하였습니다. 관청이나 양반들의 그릇은 주문 받아 만들었습니다. 이것을 '모춤'이라고 하는데, 여기서 나온 말이 '맞춤'이 되었다고 합니다. '안성맞춤'이란 안성에서 맞춘 유기

그릇이 품질이나 모양이나 기교면에서 만족스럽고 마음에 쏙 든다고 하여 생긴 말입니다. 요구하거나 생각한 대로 잘된 물건을 비유적으로 하는 말이 안성맞춤입니다. 옷을 사러 가서 잘 맞으면 흔히 "아저씨 거네."라고 합니다. 요즘은 "딱이네."라고 합니다. 맞춘 듯이 잘 맞는 것을 일컬을 때 그렇게 말합니다.

하나님의 나라에 합당한 자가 누구입니까? 하나님의 나라에 맞춤형, 하나님의 나라에 딱인 자가 누구입니까? 하나님의 나라에도 맞춘 듯이 딱 맞는 사람이 있습니다. 반면에 그렇지 못하고 하나님의 나라와 거리가 먼 사람들이 있습니다. 하나님의 나라에 합당한 자가 어떤 자인가 하는 것을 성경은 가르치고 있습니다.

'합당하다' 라는 말은 '어떤 기준, 조건, 용도, 도리 따위에 꼭 알맞다' 라는 말입니다. 이 말은 헬라어로 '유데토스' 라고 하는데 '잘 놓여 있는', '적합한', '순응하는' 의 의미가 있습니다. 맞춘 것처럼 알맞은 자, 용도에 딱 맞는 자를 의미합니다.

구약의 모세와 다윗, 신약의 베드로와 바울은 한결같이 하나님을 만나기 전 세상일에 열심이었습니다. 모세는 궁중의 일에, 다윗은 국가와 전쟁에, 베드로는 고기잡이에, 바울은 예수 믿는 사람 핍박에 열심이었습니다. 그러나 세상에서 하나님께로 돌아섬으로 완전히 회복되었습니다. 하나님의 마음에 일치하고 합한 삶을 살았습니다.

어떻게 하면 하나님의 마음에 맞춤형이 될 수 있을까요? 하나님께 합당한 자가 될까요? 디모데후서 2 : 21에는 "그러므로 누구든지 이런 것에서 자기를 깨끗하게 하면 귀히 쓰는 그릇이 되어 거룩하고 주인의 쓰심에 합당하며 모든 선한 일에 준비함이 되리라"

라고 합니다. 큰 그릇도 있고, 작은 그릇도 있고, 금그릇도 있고, 은 그릇도 있고, 나무그릇도 있고, 질그릇도 있습니다. 그런데 그릇이 문제가 아니라 깨끗하게 한 그릇이 귀하게 쓰이는 그릇입니다. 그릇마다 다 다르게 사용되지만 깨끗하지 않은 그릇은 주인에게 소용이 없습니다. 우리가 하나님의 나라에 맞춤형이 됩시다. 하나님의 나라에 합당한 자가 됩시다. 어떻게 하면 하나님의 나라에 합당한 자가 될까요?

### 하나님의 나라를 전파하는 자가 합당한 자입니다

누가복음 9 : 60에는 "죽은 자들로 자기의 죽은 자들을 장사하게 하고 너는 가서 하나님의 나라를 전파하라"라고 하십니다. 하나님 나라의 우선순위는 전파입니다. 철저한 의식을 가지고 궁극적인 목적에 모든 관심을 집중시키는 사람이 하나님의 나라에 적합한 자입니다. 하나님의 나라를 전파하는 것이 가장 긴급한 일인 것을 아는 자가 합당한 자입니다. 긴급하지 않은 것에 시간이나 에너지를 소모하지 않는 자가 하나님의 나라에 합당한 자입니다.

사람들에게 보편적인 혼돈과 착각이 있습니다. 인생에 있어서 가장 긴급한 것과 중요한 것을 혼돈하는 것입니다. 중요한 것 때문에 긴급한 것을 놓치는 것은 어리석은 일입니다. 아무리 중요하다고 하더라도 긴급한 것보다 앞설 수 없습니다. 그런데 사람들은 중요한 것을 먼저하고, 긴급한 것을 외면하는 어리석음을 범합니다.

사람들은 죽은 자를 장사 지내는 것이 우선입니다. 그러나 예수님은 하나님 나라의 전파가 우선입니다. 제자들은 이스라엘 나라의 회복이 우선입니다. 그러나 예수님은 성령의 임재와 땅 끝까지 증인이 되는 것이 우선입니다. 백성들은 나라의 해방이 우선입니다. 그러나 예수님은 회개와 천국이 우선입니다.

"하나님의 나라를 전파하라." 이 문구는 누가만이 전하는 것입니다. 신학자 콘첼만(Conzelmann)은 본문을 회개의 긴박성으로부터 전도의 긴박성으로 옮겨 간 구절이라고 합니다. 신앙인들의 최고의 의무는 예수님을 따르는 일입니다. 예수님을 따르는 일은 제자의 길의 핵심입니다. 죽은 자의 장사가 아니라 하나님의 나라를 전파하는 데 제자의 길의 핵심이 있음을 말해 주고 있습니다.

괴테는 "가장 중요한 일이 가장 중요하지 않은 일 때문에 희생되어서는 안 된다."라고 하였습니다. 마르다와 마리아의 경우에서 이것을 잘 알 수 있습니다. 마르다는 덜 중요한 것 때문에 가장 중요한 것을 놓쳤습니다. 가장 중요한 것을 놓치니 불평과 불만이 생기고, 결국 책망을 듣고 꾸중을 들었습니다. 가장 중요한 것은 절대로 놓쳐서는 안 되는 것입니다.

예수님께서 "죽은 자들로 자기의 죽은 자들을 장사하게 하고"라고 하십니다. 이 말은 인륜을 무시하는 말이 아닙니다. 영적으로 죽은 자들로 하여금 육적으로 죽은 자를 장사하게 하라는 말입니다. 세상일은 세상 사람들에게 맡기고 오직 성도들은 하나님 나라의 일에 전심전력하라는 의미입니다. 결정적인 우선순위는 세상일과 하나님의 일 중 어디에 둘 것인가라는 문제입니다.

죽은 자 때문에 하나님의 나라를 잃어버리고 있지 않습니까? 죽음 때문에 생명을 잃지 않았습니까? 세상에서 가장 억울한 일은 귀하지 않은 것 때문에 가장 귀한 것을 잃어버리는 경우입니다. 어떤 경우에라도 하나님의 나라는 잃지 말아야 합니다.

성공과 실패는 그 사람의 우선순위에 의해 측정됩니다. 베드로를 위시한 제자들은 모든 것을 버리고 주님을 따랐습니다. 주님이 제일의 우선순위였습니다. 이 우선순위 때문에 모든 것을 버릴 수 있었습니다. 모든 것을 버릴 때 모든 것을 얻습니다. 예수님께서 비유로 말씀하신 밭의 보화도 가장 귀한 것을 발견한 다음 모든 것을 팔았습니다. 우선순위 때문입니다. 진주장사 비유도 마찬가지입니다. 가장 값진 진주를 사기 위하여 모든 것을 팔았습니다. 진주가 제일의 우선순위입니다.

하나님은 하나님과 세상 사이에서 선택을 원하십니다. 세상과 하나님의 나라에 중간지대는 없습니다. 엘리야는 바알을 섬기는 선지자들에게 "너희가 어느 때까지 이 둘 사이에서 머뭇머뭇하겠느냐?"라고 합니다. 하나님과 세상 사이에서 머뭇거릴 수는 없습니다.

베드로와 요한은 예수님과 복음이 우선순위였습니다. 율법이 아니었고, 공회의 권력이 아니었습니다. 사도행전 5 : 41에는 "사도들은 그 이름을 위하여 능욕 받는 일에 합당한 자로 여기심을 기뻐하면서 공회 앞을 떠나니라"라고 합니다. 어떤 사람도, 어떤 것도 사도들이 복음을 전하는 것을 막을 수 없었습니다. 왜냐하면 복음 전파가 우선순위이기 때문입니다.

하나님의 나라가 우선인 자는 하나님의 나라를 전파합니다. 이런 자는 하나님이 '딱'으로 지으신 자입니다. 천국을 소유한 자는 천국을 전합니다. 천국을 전하지 않는 자는 왜 전하지 못합니까? 그 이유는 간단합니다. 천국을 소유하지 못했기 때문입니다.

대개 하나님의 나라를 전파하지 못하는 것은 몇 가지 이유 때문입니다. 첫째는 "우리는 해도 안 된다."라는 패배주의입니다. 둘째는 "너희들끼리 잘해 보라."는 냉소주의입니다. 셋째는 "나는 할 수 없다."라는 자조주의입니다. 그리고 넷째는 "하나님이 구원하실 자를 이미 정해 놓으셨으니 내가 하지 않아도 된다."라는 방관주의입니다. 이 모든 것이 하나님의 나라에 합당하지 않은 생각들입니다.

## 세상에 미련을 가진 자는 합당한 자가 아닙니다

61절에는 "주여 내가 주를 따르겠나이다마는 나로 먼저 내 가족을 작별하게 허락하소서"라고 합니다. 62절에는 "손에 쟁기를 잡고 뒤를 돌아보는 자는 하나님의 나라에 합당하지 아니하니라"라고 합니다. 가족에게 미련을 가지고, 뒤에 미련을 가진 자는 하나님의 나라에 합당하지 않습니다. 이들이 하나님을 따르지 않는 것이 아닙니다. 앞으로 가지 않는 것이 아닙니다. 따르지만 전적으로 따르지 않습니다. 앞으로 나가지만 전심을 다해 가지 않습니다. 교회에 안 나오는 것이 아닙니다. 예수님을 안 믿는 것이 아닙니다. 그러나 전적 헌신을 못 하고, 뒤를 돌아보는 자세입니다.

마태복음 19 : 27에는 "이에 베드로가 대답하여 이르되 보소서 우리가 모든 것을 버리고 주를 따랐사온대 그런즉 우리가 무엇을 얻으리이까"라고 합니다. 베드로는 모든 것을 버리고 따른 사람입니다. 이에 대하여 예수님은 29절에 "또 내 이름을 위하여 집이나 형제나 자매나 부모나 자식이나 전토를 버린 자마다 여러 배를 받고 또 영생을 상속하리라"라고 합니다. 주님이 원하시는 것은 그냥 따르는 것이 아니라 온전하게 따르는 것입니다. 예수님이 요구하시는 것은 전적 헌신(total commitment)입니다.

정말 가족을 버린 사람도 있습니다. 성경말씀대로 하나님의 나라를 위하여 고자가 된 자도 있습니다. 그러나 문자 그대로 행동해도 여전히 문제가 있습니다. 성경에는 눈이 범죄하면 빼라고 했습니다. 손이 범죄하면 자르라고 했습니다. 친구를 위하여 목숨을 버리라고 했습니다. 죄 안 짓는 사람이 없을 텐데, 성경대로 했다면 남는 게 뭐가 있습니까? 바울처럼 자신이나 세상을 위해서가 아니라 하나님을 위해 사용하는 것이 진정 버리는 것입니다.

가족을 작별하게 해 달라는 것을 주님은 거절하십니다. 예수님은 가족을 무시하거나 가정을 소홀히 하라는 말이 아닙니다. 더 중요한 것이 무엇인지를 판단하라는 말입니다. 가족 때문에 예수님을 따르지 못하는 자가 있습니다. 교회를 잘 다니다가 결혼하고 교회를 못 나오는 사람도 있습니다.

손에 쟁기를 들고 뒤를 돌아보는 자는 밭일을 하지 않는 것이 아니지만 밭이랑을 곧게, 제대로 하지 못합니다. 예수님을 좇는 자의 유일하고 궁극적인 목적은 하나님의 나라를 전파하는 것입니다. 예수님을 따르는 자는 누구든지 목적의식을 잠시라도 망각해서는 안 됩니다.

마태복음 10 : 38에는 "또 자기 십자가를 지고 나를 따르지 않는 자도 내게 합당하지 아니하니라"라고 합니다. 이 말은 참 이상한 말입니다. 예수님을 따르지도 않을 사람이 십자가는 왜 집니까? 예수님께서 십자가를 지고 따르라고 하셨습니다. 그래서 십자가를 지긴 했는데 제대로 따르지 못한다는 말입니다. 따르지 않으려면 지지도 말아야 합니다. 세상과 하나님의 나라를 동시에 섬기려는 것은 어리석은 일입니다. 두 주인을 섬기려는 생각은 어리석은 생각입니다. 이런 자가 하나님의 나라에 합당하지 않은 자입니다.

"주님 뜻대로 살기로 했네"라는 복음성가가 있습니다. "세상 등지고 십자가 보네 세상 등지고 십자가 보네 세상 등지고 십자가 보네 뒤돌아서지 않겠네" 세상을 등지고 십자가만 바라보아야 합니다. 세상을 버리고 주님을 얻어야 합니다. 이런 자가 하나님의 나라에 합당한 자입니다.

여러분, '뒤돌아보는 자'라고 하면 연상되는 사람이 있지요? 롯의 아내입니다. 소돔과 고모라가 멸망할 때에 천사는 뒤를 돌아보지 말고 빨리 도망치라고 하였습니다. 그런데 롯의 아내는 자신이 살던 그곳에 미련이 있어 뒤를 돌아보다가 소금기둥이 되었습니다. 지금도 사해 근처에 가면 롯의 아내라고 하는 기둥이 있습니다. 세상을 돌아보지 말고 하나님의 나라를 향하여 가야 합니다. 세상에 아쉬움과 미련과 관심을 가진 자는 하나님의 나라에 합당하지 않습니다.

마태복음 22 : 8에는 "이에 종들에게 이르되 혼인 잔치는 준비되었으나 청한 사람들은 합당하지 아니하니"라고 합니다. 주인이 종들에게 한 말입니다. 왜 청한 사람들이 잔치에 합당하지 않습니까? 세상의 일에 너무 집착합니다. 세상의 즐거움에 너무 빠져 있습니다. 우리가 찬송에서 부른 대로 "세상 즐거움 다 버리고 세상 자랑 다 버렸네"라고 해야 하나님의 나라에 합당합니다.

회개는 거절이자 수용이며, 도착을 위한 출발이며, 하나님께는 "예." 하고 세상에 대하여는 "아니오."라고 말하는 것입니다. 하나님의 나라는 이렇게 돌아오는 자들의 것입니다. 찬송가의 가사처럼 "세상과 나는 간 곳 없고 구속한 주만 보이도다"라고 해야 합니다. 이래야 하나님의 나라에 합당한 자가 됩니다. 세상에서 하나님의 나라로 돌아설 때는 점차적으로 서서히 하는 것이 아니라 단칼에 자르듯이 단번에 돌아서야 합니다. 하나님과 세상 사이에 양다리가 아니라 한 다리가 되어야 합니다.

˚클로비스 채플 목사님의 '두 척의 외륜선' 이야기가 있습니다. 두 배가 멤피스를 출발하여 미시시피 강을 따라 뉴올리언스로 향했습니다. 빨리 가는 배가 느린 배를 보며 비웃었습니다. 그러

자 느린 배가 약이 올라 속도를 내기 시작하였습니다. 결국 두 배는 시합을 하게 되었습니다. 점차 한 배가 뒤로 처지기 시작하였습니다. 그런데 그 배는 연료가 충분하지 않았습니다. 목적지까지 가기에는 충분했지만 경주를 하기에는 부족하였습니다. 그러자 그 배는 화물을 꺼내 태우기 시작하였습니다. 결국 그 배는 경주에는 승리했지만 수송해야 할 화물을 다 태우고 말았습니다.

우리도 세상에서 1등을 하기 위하여 더 소중한 화물을 태우고 있지 않습니까? 화물선의 우선순위는 경주에서 1등을 하는 것이 아니라 안전하게 화물을 운반하는 것입니다. 세상에서 필요도 없는 것을 얻으려고 경쟁하다가 하나님의 나라를 상실하지 않았습니까?

일전에 이런 글을 본 적이 있습니다. "우리가 수업시간에 조는 이유는? 교장 선생님이 꿈을 가지라고 해서." 그러면 하나님의 나라를 소유하라고 하면 자살하겠네요? 세상에서 하나님의 나라를 합당하게 사는 비결이 있습니다. 세상에 살지만 하나님의 사람으로 살아야 합니다. 세상의 모든 것을 하나님의 나라를 얻는 도구로 유용하게 사용해야 합니다. 하나님의 나라가 우선이 되고, 세상의 것 때문에 하나님의 나라를 잃지 않는 이런 삶의 자세가 있어야 합니다. 이런 사람이 하나님의 나라에 합당한 사람입니다. 우리 모두 세상에 합당한 사람이 아니라 하나님의 나라에 합당한 사람들이 다 되기 바랍니다.

### T.i.p.

디모데후서 2 : 21에는 "그러므로 누구든지 이런 것에서 자기를 깨끗하게 하면 귀히 쓰는 그릇이 되어 거룩하고 주인의 쓰심에 합당하며 모든 선한 일에 준비함이 되리라"고 합니다. 큰 그릇도 있고, 작은 그릇도 있고, 금그릇도 있고, 은그릇도 있고, 나무그릇도 있고, 질그릇도 있습니다. 그런데 그릇이 문제가 아니라 깨끗하게 한 그릇이 귀하게 쓰이는 그릇입니다. 그릇마다 다 다르게 사용되지만 깨끗하지 않은 그릇은 주인에게 소용이 없습니다. 우리가 하나님의 나라에 맞춤형이 됩시다. 하나님의 나라에 합당한 자가 됩시다.

## 다섯 번째 비밀
# 하나님의 나라를 유업으로 받을 자

[고린도전서 6 : 9~10]

하나님께서는 지난 115년 동안 연동교회에 많은 유업을 주셨습니다. 앞으로 올 시대에도 많은 유업을 받을 만한 자가 됩시다. 우리에게 주신 유업을 잘 이어가는 자가 됩시다.

저의 선친이 세상을 떠나신 지도 10년이 지났습니다. 이제 저의 선친 얘기를 좀 해도 될 듯합니다. 저의 아버님께서는 책을 많이 저술하셨습니다. 당시만 해도 책이 잘 팔려 돈을 조금 모으셨고, 그 돈으로 땅을 사셨습니다. 그리고 1984년, 제가 미국에서 공부할 시절에 전 재산을 시무하던 교회에 헌정하셨습니다. 그때 아들인 제게 아버님께서 헌정에 대한 동의를 해 달라고 편지를 하셨습니다. 그때 저는 너무 감사했습니다. 아버님께서 가지고 계시는 재산에 관심도 없었을 뿐더러 아버님께 받은 믿음의 유산이 더 귀한데 돈이 문제이겠습니까? 그래서 저는 그때 감사하는 마음으로 아버님의 헌정을 동의했습니다. 돈이란 유산은 받지 못했지만 최고의 유산을 받았습니다. 믿음이란 유산이며, 목사라는 유업이며, 하나님의 나라라는 위대한 유산을 받은 것입니다.

우리 교회도 마찬가지입니다. 우리 교회가 많은 유산을 받았습니다. 눈에 보이는 유산도 많이 받았지만, 보이지 않는 유산이 얼마나 많은지 모릅니다. 믿음의 유산을 받았고, 역사의 유산을 받았고, 좋은 전통의 유산을 받았고, 하나님의 나라를 받았습니다.

성경에는 유업, 기업, 분깃 등의 단어들이 있습니다. 성경은 자녀의 권리, 하나님 백성의 권리, 지파별로 나누어 주는 땅, 그리고 정신적 권리 등을 말할 때 이런 단어들을 사용합니다. 유산이란 단어는 구약에는 '나할' 혹은 '야라쉬' 라는 말입니다. 상속을 물려주는 것보다 소유를 강조하고 있습니다. 이 단어들은 창세기, 출애굽기보다 민수기, 신명기에 더 많이 등장하는 단어입니다. 구약의 유산, 유업이란 재산보다 가나안이란 거처를 강조하고 있습니다. 가장 귀한 유산은 하나님이 주신 약속의 땅이라는 말입니다.

이스라엘의 전승에서 장자는 다른 아들보다 두 배의 유산을 받았습니다. 아들이 없으면 딸이 유산을 물려받았습니다. 딸이 없으면 형제가 물려받았습니다. 형제가 없으면 아버지의 형제가 물려받았습니다. 아버지의 형제가 없으면 다음 친척이 물려받았습니다. 이런 상속법은 재산이 다른 족속에게 흘러 들어가지 않게 하는 것이었습니다.

신약에는 '클레로노모스' 라고 합니다. '클레로스' (제비)에서 파생된 말입니다. 신약에서 유산이라는 단어는 그리스도께서 유산의 상속자이심을 강조하는 말입니다. 마태복음 21 : 38에는 "농부들이 그 아들을 보고 서로 말하되 이는 상속자니 자 죽이고 그의 유산을 차지하자 하고"라고 합니다. 예수 그리스도가 유산의 상속자이심을 말하는 것입니다. 하나님의 모든 복을 유산으로 받아 전달하는 그리스도를 상징합니다. 신약에서 유산이란 물질적이며 동시에 영적인 것을 의미합니다.

유업이 없는 사람은 참 불쌍합니다. 유업이 없는 것보다 많은 것이 좋습니다. 느헤미야가 예루살렘에 돌아와 성곽을 수축할 때 방해하는 사람들이 있었습니다. 느헤미야는 그들의 방해에도 불구하고 공사가 진행될 것이라고 합니다. 그리고 느헤미야 2:20에는 "내가 그들에게 대답하여 이르되 하늘의 하나님이 우리를 형통하게 하시리니 그의 종들인 우리가 일어나 건축하려니와 오직 너희에게는 예루살렘에서 아무 기업도 없고 권리도 없고 기억되는 바도 없다 하였느니라"라고 합니다. 우리가 적극적으로 하나님 나라의 확장에 열심히 일하여 하나님의 나라에서 기업이 있게 하고, 권리가 있게 하고, 유산이 있게 하기 바랍니다.

## 불의한 자는 하나님의 나라를 유업으로 받지 못합니다

9절에는 "불의한 자가 하나님의 나라를 유업으로 받지 못할 줄을 알지 못하느냐"라고 합니다. '아디코이'란 단어는 '불의한 자', 즉 의롭지 못한 자를 의미합니다. '악을 행하는 집단'이 아니라 악의 성격 때문에 하나님의 나라와 대적 관계에 놓인 자들을 의미합니다.

왜 불의한 자는 하나님의 나라를 유업으로 받지 못합니까? 하나님은 의로운 분이기 때문입니다. 하나님의 나라는 의로운 나라이기 때문입니다. 하나님의 속성인 성품을 보세요. 사랑, 선, 의가 하나님의 성품입니다. 영원, 창조가 하나님의 속성입니다. 마귀는 어떻습니까? 미움, 악, 불의가 마귀의 성품입니다. 마귀는 숙명적이고, 피조물입니다. 그래서 하나님의 나라는 아예 불의가 없고 악이 없습니다. 그래서 이런 자들은 하나님의 나라를 유업으로 받지 못합니다.

로마의 네로 황제는 악정의 대표자입니다. 기독교 박해를 시작한 악한 왕입니다. 그러나 그도 처음에는 사형집행 후에 "내가 차라리 글을 안 배웠더라면 좋았을 것을……." 하고 후회하였다고 합니다. 세계를 대전으로 몰았던 히틀러도 "정치를 떠나 그림을 그리며 살았으면 좋겠다."라고 하였다고 합니다. 원래 사람의 모습은 의롭고, 천사처럼 순한 모습입니다. 그러나 인간이 타락한 모습은 마귀의 모습입니다. 불의한 모습입니다. 악마처럼 변한 모습입니다.

로마서 14 : 17에는 "하나님의 나라는 먹는 것과 마시는 것이 아니요 오직 성령 안에 있는 의와 평강과 희락이라"라고 합니다. 하나님의 나라는 의와 평강과 희락의 나라입니다. 하나님의 나라에는 의가 가득 차 있습니다. 그래서 불의는 하나님 나라의 것이 아닙니다. 불의한 자가 하나님의 나라를 유업으로 받지 못합니다.

불의한 자는 하나님 나라의 유업이 없습니다. 반면에 의로운 자를 보세요. "의를 위하여 박해를 받은 자는 복이 있나니 천국이 그들의 것임이라"라고 합니다. 의로운 자는 하나님의 나라를 유업으로 받습니다. 의로운 자를 박해하는 자는 불의한 자입니다. 이런 자에게는 하나님의 나라가 없습니다.

존 오트버그는 "우리를 인도하시는 하나님의 목적은 우리로 하여금 의로운 행동을 하게 하는 데 있지 않습니다. 우리를 도와 우리가 의로운 백성이 되게 하는 데 있습니다."라고 하였습니다. 하나님은 우리를 의로운 백성이 되게 하시는데, 왜 의로운 백성이 되게 하십니까? 하나님의 나라에 들어가게 하기 위하여 의로운 자가 되게 하십니다. 불의한 자는 못 들어가므로 의롭게 하여 들어가게 하십니다.

이런 이야기가 있습니다. 목사와 변호사는 하나님의 나라에 없답니다. 하나님의 나라에 간 어떤 남녀가 결혼을 하고 싶었습니다. 그래서 하나님께 "우리 결혼할래요."라고 했답니다. 하나님이 "여기는 결혼이 없다."라고 대답하시자, "왜요?"라고 되묻습니다. "여기에는 목사가 없어 결혼 주례할 사람이 없다."라고 하셨습니다. 그런데 이 두 사람은 그냥 둘이서 결혼하고 살았습니다. 한참 살다 보니 싫증이 나서 다시 하나님께 왔습니다. "하나님, 저희들 이혼할래요." 하나님은 "이혼할 수도 없다."라고 하셨습니다. "왜요?", "이곳에는 변호사가 없어서 안 된다." 왜 이런 얘기가 나올까요? 목사들, 변호사들이 다 여러분보다 죄가 많다고 생각하세요? 아닙니다! 누구보다 목사나 변호사가 더 의롭기를 기대한다는 말입니다.

불의를 가지고는 절대로 하나님 나라의 유업을 받을 수 없습니다. 받지 못할 뿐만 아니라 오히려 불의의 보응을 받습니다. 하나님의 나라에서는 절대 발을 붙일 수 없습니다. 골로새서 3 : 25에는

"불의를 행하는 자는 불의의 보응을 받으리니 주는 사람을 외모로 취하심이 없느니라"라고 합니다. 불의의 보응이 무엇입니까? 하나님의 나라를 빼앗기고, 음부에 빠지는 것입니다. 지옥불이 보응입니다.

사랑장인 고린도전서 13 : 6에는 사랑은 "불의를 기뻐하지 아니하며"라고 합니다. 진짜 사랑은 불의를 기뻐하지 않습니다. 사랑은 그 자체가 의로운 행위입니다. 의롭지 못하면 더 이상 사랑이 아닙니다.

유산을 다 주면 굶어 죽고, 절반만 주면 볶여서 죽고, 안 주면 맞아 죽는다는 말이 있습니다. 하나님께 유산을, 유업을 못 받으면 완전히 죽습니다. 믿음으로 받는 하나님 나라의 유업이 있는 우리가 되고, 우리 교회가 되기 바랍니다.

## 미혹을 받지 말아야 하나님의 나라를 유업으로 받습니다

9절에는 "미혹을 받지 말라"라고 합니다. 미혹이 무엇입니까? 음행하는 자, 우상숭배하는 자, 간음하는 자, 탐색하는 자, 남색하는 자, 도적, 탐욕 부리는 자, 술 취한 자, 모욕하는 자, 속여 빼앗는 자를 미혹을 당한 자라고 합니다. 이런 자들은 "하나님의 나라를 유업으로 받지 못하리라"라고 합니다. 모든 형태의 성적 타락을 하나님의 나라는 배격합니다. 우상숭배란 이방 신전을 통해 많이 나타났습니다. 이방의 우상숭배는 성적 타락과 깊은 연관을 가졌습니다. 탐색이란 '여자 같은'의 뜻입니다. 미혹을 받지 말라는 말은 갈라디아서 6 : 7에서 말한 것과 같은 '스스로 속이지 말라' 는 뜻입니다.

성적인 유혹은 가장 강하고 성공할 때가 많습니다. 성 아우구스티누스도 "주여, 정절을 지키게 하옵소서. 하지만 지금이 아니고 나중에요."라고 기도했습니다. 성적 욕구는 누구에게나 다 있습니다. 단지 이 욕구가 유혹되지 않게 잘 다스려야 하는 것입니다.

사탄은 두 가지로 사람을 속입니다. 첫째는 하나님이 안 계신다고 속입니다. 둘째는 만약 하나님이 계신다고 하더라도 하나님이 너를 사랑하지 않는다고 합니다. 사탄은 그 본질이 시험하는 자입니다. 넘어지게 하는 자입니다. 미혹은 사탄의 전용물인 것을 잘 알아야 합니다.

시험에 들지 않고 죄짓는 경우는 없습니다. 그래서 예수님도 "시험에 들게 하지 마시고"라고 기도를 가르치십니다. 모든 그리스도인들에게 절실한 기도입니다. 우리에게 시험이 있지만 시험에 들지는 말아야 합니다. 마귀가 미혹하지만 미혹을 받지 말아야 합니다. 그래야 하나님의 나라를 유업으로 받을 수 있습니다.

노무라 마사키는 「내 하루의 도둑맞은 58분」이란 책에서 술자리에서 악마의 유혹만큼 위험한 세 가지 '더' 가 있다고 합니다. '한 잔만 더', '한 집만 더', '한 곡만 더' 입니다. 왜냐하면 '더' 라는 말이 나올 때가 가장 기분이 좋은 상태이기 때문이라고 합니다. 저는 경험이 없지만 그렇다고 하네요. 미혹을 받지 않으려면 절제해야 합니다. 여러분 잘 아시지요? 절제는 성령의 열매입니다. 성령의 도우심으로 절제할 수 있습니다.

°간디가 어느 날 기차를 타다가 승강장에 신발 한 짝을 떨어뜨렸습니다. 그러나 기차가 이미 움직이고 있어서 신발을 주울 수 없었습니다. 그때 간디는 다른 한 짝도 신발이 떨어져 있는 곳에 던졌습니다. 같이 있던 사람이 깜짝 놀라서 물었습니다. "왜 그렇게 했습니까?", "누군가 가난한 사람이 저걸 줍는다면 짝이 맞아야 신을 것이 아닙니까."

적어도 간디에게는 세 가지 선택이 가능했을 것입니다. 첫째는 신발을 주우러 내려가는 것입니다. 둘째는 신발 한 짝만 두고 갈 수 있습니다. 셋째는 그가 했던 것처럼 다른 한 짝마저 던질 수 있습니다. 아마 순간적인 판단이 필요했을 것입니다. 순간적인 유혹은 누구에게나 있습니다. 평소의 마음,
신앙, 인격, 하나님의
나라가 있어야

이런 선택, 판단이 가능합니다.

우리가 세상에 살면서 항상 미혹을 당합니까? 항상 악합니까? 아닙니다. 순간적, 충동적인 미혹을 피하기 위해서는 평소에 수련하고 하나님의 나라를 소유해야 합니다. 우리 모두가 교회 안에서뿐만 아니라 세상에서, 직장에서, 사업장에서 하나님의 나라를 드러내야 진짜 그리스도인입니다.

요즘 우리가 사는 세상 나라가 왜 이럴까요? 인간의 타락으로 말미암아 상실한 마음을 가지고 있기 때문입니다. 로마서 1 : 24에는 "그러므로 하나님께서 그들을 마음의 정욕대로 더러움에 내버려 두사"라고 합니다. 26절에는 "하나님께서 그들을 부끄러운 욕심에 내버려 두셨으니"라고 합니다. 하나님이 내버려 두셔서 죄지은 상태로 살게 되고, 세상의 온갖 미혹을 당하고 사는 것입니다.

요즘 신문을 보면, 왜 그렇게 성폭행 기사가 국내외에 많은지 모르겠습니다. 한국의 조두순 사건뿐만 아니라 외삼촌이 조카딸을 여러 해 동안 성폭행한 사건도 있었습니다. 외숙모도 옆에서 구경하며 조카딸을 달랬다고 하네요. 미국에서는 "19년 만에 짐승을 잡다"라는 기사가 났습니다. 제니퍼 슈에트라는 여성은 8세 때 성폭행을 당했는데 지금 27세가 되어 범인을 잡았습니다. 또 자살이나, 음주나, 흡연 등을 보세요. 흡연의 나이가 낮아집니다. 요즘에는 초등학생까지 흡연하고 있습니다. 자살의 주요인도 이전에는 생활고였지만 최근에는 가정파괴라고 합니다. 미혹하게 하는 것들이 너무 많은 세상에 우리가 살고 있는 것입니다.

이런 미혹에서 벗어나야 하나님의 나라를 유업으로 받습니다.

왜요? 짐승은 못 가니까요. 에서와 야곱을 보세요. 에서는 미혹을 받았습니다. 어떤 미혹입니까? 팥죽 한 그릇 때문에 장자권을 동생에게 팔았습니다. 얄팍한 현실적 배부름에 자신의 명분, 권리를 팔아먹는 것입니다. 이런 마음은 의가 아닙니다. "숭고한 학은 천 리를 날아 지쳐도 오동나무에 앉지 않고 아무리 주려도 좁쌀은 먹지 않는다."라고 합니다. 의는 바른 판단입니다. 하나님의 축복을 소홀히 여겨 미혹당하지 않는 것입니다.

알렉산드리아의 키루스는 정욕의 유혹을 받지 않는 사람은 희망이 없다고 했습니다. 우리가 유혹을 받지 않는 까닭은 이미 죄를 짓고 있기 때문입니다. 죄를 범하고 있는 사람은 미혹을 받지 않습니다. 이미 마귀의 수하에 있으면 마귀는 미혹하지 않습니다. 가장 큰 유혹은 유혹이 전혀 없는 것입니다. 가장 큰 공격은 공격을 전혀 받지 않는 것입니다.

우리 교회가 믿음의 유산을 받았습니다. 하나님의 나라를 유업으로 받아야 합니다. 하나님의 나라를 유업으로 받지 못할 요건들을 제거합시다. 115주년을 지나 120주년, 200주년에 이를 때까지, 그리고 예수님이 다시 오실 세상 끝까지 하나님의 나라를 잘 이어가는 유업을 잇는 교회가 되기 바랍니다.

### T.i.p.

마태복음 21 : 38에는 "농부들이 그 아들을 보고 서로 말하되 이는 상속자니 자 죽이고 그의 유산을 차지하자 하고"라고 합니다. 예수 그리스도가 유산의 상속자이심을 말하는 것입니다. 하나님의 모든 복을 유산으로 받아 전달하는 그리스도를 상징합니다. 신약에서 유산이란 물질적이며 동시에 영적인 것을 의미합니다.

# When 곧 올 그곳 다가

l Coming Soon
l 우리 안에 있는 하나님의 나라
l 40일간의 외침
l Just do it!
l 잃어버리지 말아야 할 것

## Coming Soon

여섯 · 번째 · 비밀

[마가복음 1 : 14~15]

온통 나라가 강호순 살인사건으로 떠들썩했습니다. 충격도 받았고, 슬픔도 컸습니다. 만약 그가 안 잡혔으면 더 많은 사람을 죽였을지 모릅니다. 살인이 아니더라도 여죄가 있을 것입니다. 이럴 때 흔히 인면수심(人面獸心)이란 말을 씁니다. 인간의 얼굴을 가지고 있지만 짐승의 마음을 가졌다는 뜻입니다. 우리와 함께하는 이 세상에 인면수심이 얼마든지 많이 있습니다. 많은 사람들은 "어쩜 인간이 그럴 수 있나?"라고 하지만 얼마든지 그럴 수 있습니다.

사람이 죽이는 영에 사로잡히면 사람을 죽이게 합니다. 나쁜 영에 지배받게 되면 사람이 자기 정신이 아닙니다. 죽이는 영은 사람으로 하여금 죽이게 조종합니다. 그러나 살리는 영에 사로잡히면 사람을 살리게 합니다. 성령님은 살리는 영입니다. 성령의 사람인 우리는 살리는 영에 사로잡힌 사람들입니다. 우리가 살리는 영에 지배받고 있다고 하면서 얼마나 사람을 살렸습니까? 살리는 영에 사로잡히면 생명을 살릴 수 있습니다. 우리는 그 사람을 살인마라고 욕만 할 것이 아니라 살리지 못한 내 자신을 부끄러워해야 할 일입니다.

더 기가 막히는 것은 강호순의 팬 카페가 생겼다는 것입니다. 카페의 주소가 '나는 호순을 사랑한다' 라는 뜻의 'ilovehosun'입니다. 이에 대한 사회의 비난여론이 거셉니다. 카페 개설자의 닉네임이 '위대한 살인자'(Great Killer)라고 합니다. 그렇다면 죽은 사람들은 '위대한 희생자'(Great Victim)입니까? 팬 카페의 가입자가 17,000명이 넘었습니다. 살인을 대리만족하는 사람들이 우리 사회에 많다는 증거입니다. 비난여론이 많지만 개설자는 카페를 폐쇄하지 못한다고 버티고 있습니다. 이 사회의 다수는 "연쇄 살인범이 영웅시 되다니 말세다. 말세!"라고 합니다.

요즘에는 예수 안 믿는 사람들까지도 말세라고 합니다. 말세란 시간적 종말을 의미합니다. 하나님 나라의 도래를 예수 믿지 않는 사람들까지도 인정하고 있습니다. 우리의 눈으로 아무리 봐도 하나님의 나라가 가깝습니다. 그래서 이제는 "죽지 않고 하나님 나라를 볼 자가 있으리라"는 말씀의 실현 가능성이 높아졌습니다. 저는 개인적으로 제가 살아 있을 때 주님이 다시 오시고 하나님의 나라가 오기를 기도하고 있습니다. 죽는 것도 겁날 것은 없지만 죽음을 맛보지 않는 것이 더 나을 것 같아서 그렇습니다.

자동차 옆에 달린 거울에는 "사물이 거울에 보이는 것보다 가까이 있습니다."라는 글귀가 있습니다. 같은 맥락으로 "행복은 생각하는 것보다 가까이 있습니다.", "기회는 항상 가장 가까이 있습니다." 등의 말도 있습니다. 그런데 정말 이제는 하나님의 나라가 가까이 왔습니다. 예수님의 재림도 가까웠고, 하나님 나라의 도래도 가까웠습니다.

호세아 5 : 1에는 "제사장들아 이를 들으라 이스라엘 족속들아 깨달으라 왕족들아 귀를 기울이라"라고 합니다. 선지자는 모든 백성이 알기를 원합니다. '들으라' 는 히브리말로 '쇠마' 입니다. '깨달으라' 는 '카쇠브' 입니다. '기울이라' 는 '아잔' 입니다. 이 세 단어는 점차적으로 강한 의미의 단어입니다. 듣는 것보다는 깨닫고, 깨닫는 것보다는 마음을 기울이라고 합니다. 무엇을 듣고, 무엇을 깨닫고, 무엇에 기울여야 합니까? 하나님의 심판입니다. 하나님의 공의로운 심판입니다. 하나님은 하나님의 나라를 세우시기 전에 먼저 심판하십니다.

예수님의 처음 선포는 "하나님 나라가 가까웠으니"라는 말로 시작합니다. 회개와 복음의 전제가 가까워진 하나님의 나라입니다. 사탄의 통치와 사탄의 주권에서 하나님의 통치와 하나님의 주권으로 옮겨 갑니다. 이야말로 혁명적입니다. 혁명이란 성공하면 영웅이 되며, 삽니다. 그러나 실패하면 역적이 되며, 죽습니다. 하나님의 나라가 다가오는 것은 혁명입니다. 성공자는 하나님 나라의 영웅이 되며, 영원히 삽니다. 그러나 실패자는 하나님 나라의 역적이 되며, 영원히 죽습니다. 하나님 나라의 백성이며 이미 그 나라를 소유한 사람에게는 하나님의 나라가 가까이 오는 것이 기쁨이며, 기다림이며, 영광입니다. 그러나 소유하지 못한 자에게는 슬픔이며, 경악이며, 거부입니다. 가까워진 하나님의 나라를 모든 사람에게 소유하게 하는 것이 우리의 소명입니다. 우리가 소유한 하나님의 나라를 많은 사람에게 알립시다. 하나님의 나라가 가까이 왔습니다. 지체하지 말고 알리는 우리가 되기 바랍니다.

## 하나님의 나라는 하나님의 복음입니다

14절에는 "요한이 잡힌 후 예수께서 갈릴리에 오셔서 하나님의 복음을 전파하여"라고 합니다. 하나님의 복음을 마태복음 4 : 23에는 "천국 복음을 전파하시며"라고 합니다. 하나님의 나라는 천국, 즉 하늘 나라입니다. 하나님의 나라는 하나님이 계시는 곳을 상징합니다. 하나님이 계시는 곳은 오랜 전승에서부터 하늘이라고 생각했습니다.

복음은 문자적으로 기쁜 소식입니다. 하나님 편에서 무엇이 가장 기쁠까요? 하나님이 주실 가장 기쁜 소식이 무엇일까요? 하나님께서는 "내가 내 나라를 만들어 놨으니 와 보라."라고 하실 것입니다. 이것이야말로 가장 기쁜 소식일 것입니다. 반면 하나님의 슬픔이 무엇인지 아십니까? 하나님의 나라를 떠나 자기 나라를 만들고, 사탄의 나라를 만드는 것입니다. 임금의 혼인 잔치 비유를 보세요. 잔치를 베풀고 사람들을 초청했지만 초대 받은 자가 오지 않자 임금이 얼마나 화를 냅니까? 죽이라고까지 말합니다. 잔치에 오지 않는 것이 가장 하나님을 슬프고 노하게 만드는 일입니다.

"전파하여"라는 말은 헬라어로 '케뤼손'이란 단어인데 이 말은 현재 능동태 분사형입니다. 전파하는 행동이 쉬지 않고 계속되는 모습을 암시합니다. 쉼 없이 전파한다는 말입니다. 그때부터 지금까지, 그리고 앞으로도 계속 복음이 전파될 것이라는 말입니다. 지금도 우리 귀에 복음 전파의 소리가 들립니다.

하나님 나라의 기쁜 소식을 들어 보세요. 여러분은 사는 집이 걱정입니까? 성경은 "내 아버지의 집에는 거할 곳이 많다."라고 하십니다. 여러분은 돈이 걱정입니까? 하나님의 나라는 성곽이 벽옥입니다. 성은 정금이고, 길도 정금입니다. 하나님 나라의 모습을 보세요. 이런 보석 이름을 들어 보셨나요? 벽옥, 남보석, 옥수, 녹보석, 홍마노, 홍보석, 황옥, 녹옥, 담황옥, 비취옥, 청옥, 자수정입니다. 요한계시록 21 : 18~21에 이런 보석들이 열거되어 있습니다. 여러분은 옷이 걱정입니까? 우리가 하나님의 나라에 가자마자 찬란하고 흰 세마포 옷으로 갈아입을 것입니다. 여러분은 먹을 음식이 걱정입니까? 하나님의 나라에 가면 주님과 더불어 먹고 마시는 풍성한 잔치가 베풀어집니다. 여러분은 세상에서의 고통이 걱정입니까? 하나님의 나라에는 아픔도 애통도 없습니다. 여러분은 죽음이 걱정입니까? 거기는 영원히 죽지 아니합니다. 이 얼마나 기쁜 소식입니까? 이것이 하나님의 나라를 알리는 하나님의 복음입니다.

일전 어느 신문에 죽지 않고 영원히 사는 해파리가 급격히 늘어가고 있다는 기사가 실렸습니다. 죽지 않고 영원히 젊게 살 수 있는 생물체가 바다에서 점점 개체 수를 늘려 가고 있다는 것입니다. 해파리의 일종인 '투리토프시스 누트리큘라'는 성적으로 매우 성숙한 단계에 도달한 후에 다시 강장동물의 기본 체형인 폴립으로 돌아가는 이 과정을 무한히 반복할 수 있다고 합니다. 잡아먹히거나 병들어 죽지 않는 한 이론적으로 영생불사할 수 있는 유일한 생물체라고 합니다. 그런데 우리는 하나님의 나라에서 다시 젊은 육체로 돌아갈 것도 없고, 잡아먹히거나 병들어 죽을 일도 없이 영원히 사는 영적 몸이 됩니다.

요한이 잡힌 후에 예수님이 전하려고 하신 복음은 하나님의 나라입니다. 예수님은 하나님의 나라를 끝없이, 열정적으로 전하시려고 하였습니다. 예수님은 하나님의 나라를 전하기 위하여 이 땅에 오셨습니다. 이 좋은 복음을 들은 사람들은 이 좋은 하나님의 나라를 전하지 않을 수 없었습니다. 베드로와 요한은 관원들이 아무리 때리고, 아무리 말려도 전하지 않을 수 없었습니다. "나사렛 예수의 이름으로 도무지 말하지 말라."라고 하였지만, "누구의 말을 듣는 것이 옳겠는지 당신들이 판단해 보시오."라고 하면서 끝까지 전했습니다. 하나님의 복음을 전하세요. 하나님을 전하고, 하나님에 대해 전하고, 하나님 말씀을 전하세요. 이것이 복음을 받은 자의 사명입니다.

현대 독일의 영성가인 안셀름 그륀은 그리스도교의 복음을 이렇게 말했습니다. "새로운 삶의 시작이 아닌 죽음은 없다. 부활 없는 십자가는 없다. 부활의 빛을 밝히지 않는 어둠은 없다. 나에게만 주어진 고통은 없다." 정말 복음은 값진 것입니다. 이 좋은 소식을 전하지 않을 수 없습니다.

예수님이 전한 하나님의 복음은 말씀으로 전해졌습니다. 삶으로 전해졌습니다. 온몸으로 전해진 복음이었습니다. 예수님의 전 삶과 죽음이 복음입니다. 성지를 순례하면서 들은 말입니다. 성지순례는

'발로 읽는 성경' 이라고 하였습니다. 예수님이 전한 하나님의 나라는 온몸으로 전한 복음입니다. 우리도 하나님의 나라를 온몸으로 전합시다. 온몸으로 하나님의 복음을 전합시다.

## 하나님의 나라가 가까이 왔으니 회개하고 복음을 믿어야 합니다

15절은 "때가 찼고 하나님의 나라가 가까이 왔으니 회개하고 복음을 믿으라"라고 합니다. 복음 전파의 핵심은 하나님의 나라입니다. 하나님의 나라는 회개하고 복음을 믿음으로 얻는 나라입니다. '회개하라' 는 말은 복음을 믿는 전제입니다. 하나님의 나라를 준비하는 자세는 단연 회개입니다. 회개해야 복음을 믿을 수 있고, 복음을 믿어야 하나님의 나라에 들어갈 수 있습니다.

예수님은 "때가 찼고"라고 합니다. 때가 차면 어떻게 해야 합니까? 우스개로 목욕탕에 가야 한다고 합니다. 이 말은 하나님의 경륜에 따른 구속사의 결정적인 시점을 맞이했음을 시사합니다. 하나님의 역사하심이 일어날 결정적 기회를 일컫습니다. 하나님의 날을 히브리말로 '하 욤 야훼' 라고 합니다. 하나님의 날, 하나님의 시간은 0.1초도 어김이 없습니다.

갈라디아서 4 : 4에는 "때가 차매 하나님이 그 아들을 보내사 여자에게서 나게 하시고 율법 아래에 나게 하신 것은"이라고 합니다. 하나님의 시간이 꽉 차서 예수님께서 아기로 오셨습니다. 예수님의 초림이라고 합니다. 다시 하나님의 시간이 꽉 차서 예수님께서 다시 오십니다. 예수님의 재림이라고 합니다. 하나님의 나라는 어김이 없이 하나님이 정하신 때에 우리에게 임할 것입니다.

'운명의 날 시계'(Doomsday Clock)가 있습니다. 핵전쟁으로 인한 인류 최후의 날을 상징적으로 알려 주는 시계입니다. 미국 핵과학자협의회가 주관하여 1947년에 처음 만들었습니다. 그때 이 시계는 자정 7분 전에서 시작하였습니다. 가장 0시에 근접했을 때는 1963년 미국과 소련이 수소폭탄을 만들었을 때로써 2분 전이었습니다. 제일 뒤로 물러났을 때는 미국과 소련이 핵무기 감축을 합의했을 때로 17분까지 뒤로 물러갔습니다. 지금까지 전부 17차례나 조정되어 현재는 12시 7분 전에 머물러 있습니다. 인류의 종말이 가까워졌다는 의미입니다.

운명의 날 시계는 핵무기의 사정에 따라 가까이 갔다가 다시 물러났다가 하지만, 하나님 나라의 때는 계속 가까이만 가고 있습니다. 뒤로 물러나지 않는 시간입니다. 히브리적 시간관은 직선과 같습니다. 처음과 종말이 있습니다. 성경이 말하는 하나님의 시간은 태초를 출발하여 종말을 향해 가고 있습니다. 하나님의 나라를 향해 가는 시간이 이제 종점에 거의 다 온 것 같습니다. 하나님의 나라가 가까이 왔다는 것입니다.

우리는 알지도 못하고, 알 수도 없고, 알 필요도 없고, 알려고 하지도 말아야 하지만 하나님의 나라는 가까이 다가오고 있습니다. 예수님께서 언제나 오실까요? 예수님의 재림에 대한 지나친 관심은 이단을 만듭니다. 이보다 우리에게 더 중요한 것은 예수님께서 오실 것을 맞이하는 준비가 필요합니다.

"지구가 멈추는 날"이란 영화가 있습니다. 이런 종류의 영화가 왜 나올까요? 지구의 종말에 대한 공포와 우려를 표현하는 것입니다. 이 영화의 카피 가운데 "지구가 죽으면 당신들도 죽어요. 하지만 당신들이 죽으면 지구는 삽니다."라고 합니다. 카피가 멋은 있지만 우리가 볼 때는 아닙니다. 우리가 죽으면 지구는 산다고요? 우리가 죽으면 우리는 영원히 삽니다. 우리가 죽어야 우리가 삽니다. 이것이 하나님 나라의 진리입니다. 그래서 지구의 종말도 그리 두렵지는 않습니다. 왜냐하면 하나님의 나라가 기다리고 있기 때문입니다.

실존철학자 야스퍼스는 인간을 '죽음 앞에 선 존재'라고 하였습니다. 모든 인간의 죽음과의 거리는 똑같습니다. 출생 순서가 죽음 순서는 아닙니다. 이렇게 가까운 하나님의 나라에 가는 방법을 알고 계십니까? '회개하고 복음을 믿음'입니다. 이 선포는 세례 요한의 광야의 메시지와 동일합니다.

회개와 믿음은 하나님의 나라를 대면하고 있는 자들의 올바른 삶의 자세이자 구원의 핵심적 요소입니다. 회개란 말은 헬라어로

'메타노이아' 입니다. 이 말은 본래의 자리로 돌아가는 것을 뜻합니다. 하나님과 하나였던 인간이 죄로 분리되었다가 다시 하나가 되는 것입니다. 다시 하나였던 상태로 돌아가는 것입니다. 단절된 하나님과의 관계가 회복되는 것입니다.

베드로는 예수님을 처음 만나 많은 고기를 잡았을 때, 예수님의 신성을 발견하였습니다. 그때 그는 "나는 죄인입니다."라는 회개의 고백을 합니다. 초대교회에서 베드로가 설교할 때에 3천 명이 "형제들아, 어찌할꼬?" 하며 회개합니다. 바울이 빌립보의 감옥에 갇혀 있을 때, 지진이 나고 흔들려 문이 열렸습니다. 그때 간수는 바울이 도망한 줄로 알고 자결하려고 하였습니다. 그때 바울은 도망하지 않았으니 자결하지 말라고 합니다. 그때 간수는 "내가 어떻게 하여야 구원을 얻겠느냐?"라고 하며 회개합니다.

회개는 입으로 하는 것이 아니라 삶이 원래 자리로 되돌아가는 것입니다. 세상 나라에서 하나님의 나라로 옮기는 것입니다. 회개는 내 힘이 아니라 성령의 힘으로 가능합니다. 성령은 회개하게 하는 영입니다. 내가 회개하려고 하지 말고 성령님께 의지하십시오. 회개하게 될 것입니다. 그리고 회개하는 자에게 하나님의 나라가 임할 것입니다. 그리고 믿음은 막힌 담이 헐어지고, 그리스도와 하나 되고, 전적으로 의지하는 것입니다. 믿음으로 되어지는 그 자체가 하나님의 나라입니다.

오래전 노만 빈센트 필 박사는 이런 이야기를 하였습니다.

°어느 작은 도시의 이발사협회가 회의를 하였습니다. 도시의 가장 더러운 곳을 찾아가서 가장 더러운 누더기를 입은 술 취한 사람을 깨끗하고 새롭게 해 주기로 했습니다. 한 사람을 찾아 그에게 이발을 해 주고, 목욕을 시켜 주고, 얼굴에 마사지를 해 주고, 완전한 신사복을 입혔습니다. 그리고 모자를 씌우고 지팡이를 손에 들려 사진을 찍어 신문에 냈습니다. 어떤 사람이 술주정뱅이의 이 모습에 감동을 받아 그에게 일자리를 주려고 하였습니다. 그 사람을 만나 다음날 아침 8시에 출근하기로 약속을 하였습니다. 그런데 그 다음날 정한 시간에 나타나지 않았습니다. 그 사람을 아침부터 종일 찾았습니다. 마침내 그 사람을 찾고 보니 그는 다시 옛날 그 자리에서 술에 취해 옷은 다 더러워지고, 길에서 드러누운 채 잠을 자고 있었습니다.

외모를 변화시킨다고 하더라도 자신의 내면적인 모습이 변화하기까지는 옛사람이 그대로 남아 있습니다. 하나님의 나라를 그 마음에 가지기 전에는 세상 나라, 사탄의 나라의 지배를 받기 마련입니다.

하나님의 본래의 자리로 돌아가는 회개와 하나님이 주시는 기쁜 소식인 복음을 믿음으로 더욱 가까워진 하나님의 나라를 소유하고 삽시다. 그리고 우리만 이 좋은 하나님의 나라를 소유할 것이 아니라 아직도 소유하지 못한 사람들에게 전하고, 그들의 영혼을 주님 앞으로 구원하는 하나님 나라의 백성들이 되기 바랍니다.

### T.i.p.

자동차 옆에 달린 거울에는 "사물이 거울에 보이는 것보다 가까이 있습니다."라는 글귀가 있습니다. 같은 맥락으로 "행복은 생각하는 것보다 가까이 있습니다.", "기회는 항상 가장 가까이 있습니다." 등의 말도 있습니다. 그런데 정말 이제는 하나님의 나라가 가까이 왔습니다. 예수님의 재림도 가까웠고, 하나님 나라의 도래도 가까웠습니다.

일곱 · 번째 · 비밀

# 우리 안에 있는 하나님의 나라

[누가복음 17 : 20~21]

 김수환 추기경이 세상을 떠나 장례가 끝났을 때, 나라가 온통 추기경 이야기로 가득했습니다. 언론과 방송들이 추기경 이야기를 끊임없이 내보냈습니다. 어느 신문에는 심지어 "김수환 추기경 신드롬"이라고까지 보도했습니다. 세태가 어렵다 보니 그분의 삶이 돋보인 것입니다. 장례 기간에 손봉호 교수가 텔레비전에서 해설하면서 추기경을 존경하지만 지나치게 신격화하는 것은 금물이라고 일침을 놓았습니다. 제가 볼 때는 손 교수가 제대로 말했다고 봅니다.

 미국에서는 오바마 대통령의 취임식과 더불어 '링컨 신드롬'이 생겼습니다. 취임식에서도 링컨의 정신을 되살리느라 분주했습니다. 링컨의 정신이 부활한 취임식이었습니다. 오바마 대통령도 링컨이 서약했던 그 성경에 손을 얹고 서약했습니다.

 ° 오래전 링컨이 하원의원에 출마할 때의 일입니다. 라이벌 후보가

정견발표를 하면서 "여러분, 천당 가고 싶은 분 손들어 보세요."라고 했습니다. 다들 손을 들었지만 링컨은 안 들었습니다. 그때 라이벌 후보는 링컨을 향해 "당신은 손을 들지 않았는데 지옥에 가고 싶단 말이오?" 하고 빈정댔습니다. 그때 링컨은 "난 천당도 지옥도 다 가고 싶지 않소. 다만 의사당으로 가고 싶을 뿐이오."라고 했습니다. 링컨이 연설할 시간이 되자 링컨은 "상대방 후보는 피뢰침까지 달린 호화 저택에 살고 있습니다. 그러나 나는 벼락을 무서워할 정도로 죄를 많이 짓지 않았다고 생각합니다."라고 했습니다.

링컨은 이미 하나님의 나라를 마음에 소유하고 살았기에 그렇게 대답했을 것입니다. 하나님의 나라를 이미 소유한 사람들은 얼마든지 당당할 수 있습니다.

우리가 이미 가지고 있지만 알지 못하는 것이 있습니다. 자신의 손에 있을 때는 귀한 줄 몰랐지만 정말 귀한 것이 있습니다. 이것이 하나님의 나라입니다. 이스라엘 백성들의 출애굽은 가나안의 시작이며, 가나안의 보장입니다. 그런데 이스라엘 백성들은 이미 손안에 잡은 가나안을 불평과 절망 때문에 놓치고 말았습니다. 다 잡았던 고기를 놓치는 것이나 마찬가지입니다. 축구에서 연장시간인 인저리 타임에 역전되어 다 이긴 경기를 놓치는 수가 있습니다. 아마 경기 가운데 가장 억울한 일일 것입니다.

칼뱅은 "그리스도인의 첫째 의무는 보이지 않는 하나님의 나라를 보이게 하는 것이다."라고 하였습니다. 아직 오지 않은 하나님의 나라를 이미 온 것처럼 보게 하는 것이 우리의 사명입니다.

세상의 것은 이미 내 것인 줄 알았는데, 다 잡은 줄 알았는데 내 것이 아닌 것들이 많이 있습니다. 선거 때도 보면 다 이긴 선거에서 막판에 뒤집혀 떨어지는 것을 봅니다. 돈도 많이 벌 수 있는 좋은 기회가 왔는데 갑자기 상황이 변화되어 손에 다 잡았던 재물을 놓치는 경우가 있습니다. 이런 것들은 내 손에 잡히기 전까지는 내 것이 아닙니다.

반면에 아직 오지 않고, 가지지 않았지만 내 것인 것들도 많이 있습니다. 학교의 합격증을 받았으면 이미 합격한 학생이나 다름이 없습니다. 로또에 당첨이 되었으면 아직 은행에서 돈을 찾지는 않았지만 이미 내 돈입니다.

인간은 구원의 이중성 속에 살아갑니다. 구원받았지만 아직 죄와 고통의 문제 안에서 삽니다. 그러나 이미 구원받았으므로 틀림없이 하나님의 나라에 들어갈 것입니다. 의로 인정받으면 성화의 단계를 거쳐 영화의 단계, 즉 하나님 나라의 영원한 구원 속에 들어가게 보장되어 있는 것입니다.

마틴 루터는 "나는 천국에 앉아 있었고 바로 내 옆자리에는 내가 느끼는 천국을 지옥으로 여기는 한 사람이 있었다."라고 하였습니다. 우리의 마음에 있는 하나님의 나라에 따라 하나님의 나라에 살 수도 있고, 지옥에 살 수도 있습니다. 우리 안에 있는 하나님의 나라를 소유하며 살기 바랍니다.

## 하나님의 나라는 이미 임하였습니다

누가복음 17 : 20에는 "바리새인들이 하나님의 나라가 어느 때에 임하나이까 묻거늘 예수께서 대답하여 이르시되 하나님의 나라는 볼 수 있게 임하는 것이 아니요"라고 합니다. 하나님의 나라는 이미 임하여 있다는 말씀입니다.

바리새인들이 가지고 있던 하나님 나라의 개념은 현실적이며, 가시적이었습니다. 다윗과 같은 왕이 나타나 로마제국을 타도하고 그들의 왕국을 건설하는 것이 그들의 왕국 개념이었고, 이렇게 완성되는 것이 하나님의 나라라고 여겼습니다. 그런 나라가 언제쯤 올 것인가를 물어본 것입니다. 바리새인들의 이 질문에 예수님의 답변은 보이게 오는 것이 아니라 이미 임하였다는 것입니다.

이 같은 물음은 제자들도 궁금해 하던 것입니다. 사도행전 1 : 6에는 제자들이 예수님께 "주께서 이스라엘 나라를 회복하심이 이때니이까"라고 묻습니다. "현실적으로 이스라엘 땅에 하나님의 나라가 회복하심이 이때입니까?"라는 질문입니다. 예수님의 제자들도 유대인의 천국관을 벗어나지 못하고 있습니다. 그들은 하나님의 나라가 임한다면 이스라엘 땅에 임해야 한다고 생각했습니다.

마태복음 13 : 33에는 "천국은 마치 여자가 가루 서 말 속에 갖다 넣어 전부 부풀게 한 누룩과 같으니라"라고 합니다. 하나님의 나라에 대한 비유를 말씀하시면서 예수님은 하나님의 나라는 보이지 않지만 이미 내면에 와 있는 것이라고 하십니다. 누룩은 보이지 않지만 가루를 부풀게 합니다. 하나님의 나라도 보이지 않지만, 현실적이며, 가시적이지는 않지만 이미 임하였다고 하십니다.

　마태복음 5장의 팔복을 보세요. 첫째 복과 마지막 복은 하나님의 나라가 그들의 것이라는 복입니다. 나머지 여섯 복은 위로를 받을 것, 땅을 기업으로 받을 것, 배부를 것, 긍휼히 여김을 받을 것, 하나님을 볼 것, 하나님의 아들이라 일컬음을 받을 것입니다. 이 여섯 가지 복은 시제가 모두 미래형입니다. 앞으로 그렇게 될 것이라는 복입니다. 그런데 천국이 그들의 것이라는 복은 현재형입니다. 하나님의 나라는 이미 와 있는 하나님의 축복입니다.

　초대교회는 하나님의 나라를 열망하였습니다. 당장 눈앞에 하나님의 나라가 임할 것으로 믿고, 하나님의 나라를 역동적으로 실천하였습니다. 베드로와 요한과 바울은 가는 곳마다 하나님의 나라를 외쳤습니다. 하나님의 나라 때문에 핍박을 받고, 순교하고, 고난을 당했습니다. 왜 그랬을까요? 하나님의 나라가 임하였다는 확신 때문이었습니다. 하나님의 나라가 임재한다는 절박한 믿음 때문이었습니다. 하나님의 나라가 이미 와 있다는 지혜 때문이었습니다. 예수님께서 곧 재림하신다는 긴급성 때문이었습니다.

　근래에 와서 강단에서 번영, 신앙, 은사, 도덕, 사역 등을 외칩니다. 그러나 하나님의 나라는 강단의 외침 가운데 거의 없습니다. 예수님의 재림은 강단에서 외쳐지지 않습니다. 하나님의 나라나 재림을 설교하게 되면 교인들이 떠난다고 합니다. 가장 중요하지만 이런 주제를 설교하는 것을 교인들이 원하지 않는다고 합니다.

　° 오래전 미국의 어느 아들이 대학교에 입학하자 자동차를 사 달라

고 아버지를 졸랐습니다. 아버지는 그 아들에게 잠언 2장을 읽으면 자동차를 사 주겠다고 약속하였습니다. 그런데 아들은 계속해서 자동차를 사 달라고 졸라 대기만 했습니다. 아들은 "잠언 2장을 읽었어요. 사 주세요."라고 했습니다. 사실은 잠언 2장을 읽지도 않고 졸라 대기만 한 것입니다. 참다 못한 아버지가 화가 나서 말했습니다. "정말 읽었니? 네가 사 달라고 하는 그날 이미 잠언 2장 갈피에 자동차 살 돈을 다 넣어 두었다."

　아들은 아버지의 작은 요구에 순종하지 못하고 요구만 하다가 이미 준 것을 가지지 못했습니다. 진작 읽었더라면 바라던 자동차를 이미 가졌을 것입니다. 불순종은 이미 준 것도 소유하지 못하게 합니다. 가질 수 있는 가장 좋은 방법은 말씀에 순종하는 것입니다.
　종말론 가운데는 여러 가지 학설이 있습니다. 그 가운데 가장 학자들의 지지를 받는 학설이 '실현된 종말론'입니다. 예수님이 오심으로 이미 종말이 시작되었다는 것입니다. 예수님께서 오심으로 이미 심판이 시작되었습니다. 믿는 자와 믿지 않는 자가 나뉘게 되고 다른 곳으로 갑니다. 예수님이 오심으로 하나님 나라가 도래하였다는 것입니다.
　미국 플로리다에 '디즈니랜드'를 개장하던 날, 한 기자가 월트 디즈니의 아들을 인터뷰했습니다. "당신 아버지가 이것을 못 봐서 유감이네요.", "아닙니다. 우리 아버지는 이미 보셨어요. 당신이 지금 이것을 볼 수 있는 것은 우리 아버지가 먼저 보셨기 때문입니다." 월트 디즈니는 이것을 설계할 때 이미 머릿속에 실상을 보고 있었습니다. 아직 실현되지 않았지만 이미 있는 것이나 마찬가지입니다. 하나님의 나라가 이렇다고 예수님은 말씀하십니다.

히브리서 11 : 1에는 "믿음은 바라는 것들의 실상이요 보이지 않는 것들의 증거니"라고 합니다. 믿음은 하나님의 나라를 이미 임재한 나라로, 실상으로 보게 합니다. 이미 우리 가운데 임재한 하나님의 나라를 보며 사는 복 있는 자들이 되기 바랍니다.

### 하나님의 나라는 우리 안에 있습니다

누가복음 17 : 21에는 "하나님의 나라는 너희 안에 있느니라"라고 합니다. '안에' 라는 말은 '엔토스' 란 헬라어 단어입니다. 이 단어는 단순히 '안에' (in)라는 말이 아니라 '속에' (within) 혹은 '가운데' (among)란 뜻입니다. '속에' 란 말은 사람의 내면에 하나님의 나라가 있다는 말입니다. 사람의 마음속에 하나님의 나라가 임재했다는 뜻입니다. 그런데 지금 예수님께 질문하는 사람이 바리새인인데 바리새인의 마음속에 하나님의 나라가 있을까요? 그 속에 있을 리가 없습니다. 그래서 학자들은 대체로 '속에' 라는 뜻보다 '가운데' 라는 뜻으로 해석합니다. '가운데' 란 말은 그리스도 공동체 가운데 하나님의 나라가 있다는 뜻입니다. 그리스도와 제자들을 통하여 하나님의 나라가 임하였습니다.

탕자가 돌아오기 전에 아버지는 이미 그 아들을 용서하였습니다. 이미 아들로 회복되었습니다. 아버지의 집이 이미 자기 집입니다. 더 이상 고생하거나 방황할 필요가 없는 집이 그에게 있습니다.

그런데 그 평안의 집을 알지 못하고 있었습니다. 먼 나라에 가서 방탕하게 살던 그곳이 자기에게 기쁨을 주는 집인 줄 알았습니다. 그 집이 아니라 아버지의 집은 오래전에 자기 집이었고, 한 번도 자기 집이 아닌 적이 없는 집입니다. 우리에게 하나님의 나라가 그렇습니다. 처음부터 우리 안에 있었고, 우리의 집이었고, 한 번도 우리의 집이 아닌 적이 없었습니다.

한 남자가 수년 전에 농장을 샀는데 대출금을 상환하지 못해 우울증에 걸렸습니다. 담보 회사의 직원은 60일의 기한을 줄 테니 상환하라고 다그쳤습니다. 만일 그 안에 상환하지 못하면 농장을 압류하겠다고 했습니다. 정해진 기한 일주일 전까지 염려와 걱정에 싸여 있었습니다. 그런데 어떤 석유회사에서 찾아와서 혹시 석유가 나오는지 땅을 파고 테스트해 봐도 되겠냐고 하였습니다. 그는 어차피 넘어갈 것이니 손해될 것이 없다고 생각하여 허락하였습니다. 며칠 후 기계를 들여와서 땅을 파는 날, 땅속에서 기름이 펑펑 나와서 백만장자가 되었습니다. 그는 언제부터 백만장자입니까? 기름을 발견했을 때부터 백만장자입니까? 아닙니다. 농장을 사는 순간부터 이미 백만장자가 된 것입니다. 그런데 땅에 시추할 때까지 그것을 알지 못하고 있었을 뿐입니다. 하나님의 나라는 이미 우리의 것입니다. 우리 가운데 있습니다. 단지 우리가 그것을 느끼지 못하고 있을 뿐입니다.

우리 안에 하나님의 나라가 있습니다. 하나님의 나라를 초대하면 우리 마음, 우리 가정, 우리 교회, 우리 사회가 하나님의 나라가 됩니다. 이미 하나님의 나라는 우리 가운데 와 있습니다. 이것을 알고 느껴야 합니다.

초대교회는 자신의 물건을 다 팔아 나누어 가졌습니다. 재산을 공유하였습니다. 마음을 같이 하였습니다. 성전에 모이기를 힘썼습니다. 떡을 떼고 음식을 나누었습니다. 하나님을 찬미하였습니다. 이미 그들 공동체가 하나님의 나라였습니다. 그들의 아름다운 삶이 그들 가운데 하나님의 나라를 이룬 것입니다.

하나님의 나라가 자신 안에 있는 사람들은 가는 곳마다 하나님의 나라를 만듭니다. 그리스도인의 영향력을 두루 미칩니다. 바울은 하나님의 나라를 전파하는 삶을 살았습니다. 바울이 가기 전 그리스는 미신과 신화의 나라였습니다. 그러나 바울이 아테네에 가서 복음을 전하였을 때, 그리스 사람들이 믿기 시작하였습니다. 미신이 가득한 나라가 그리스도의 나라가 되었습니다. 지금은 그리스인 전체의 98%가 신자입니다. 로마도 마찬가지입니다. 법과 정치의 나라였지만 바울이 "로마도 보아야 하리라"는 마음으로 로마에 가서 복음을 전했습니다. 로마도 지금은 그리스도 없이는 볼 것이 없습니다. 하나님의 사람들은 하나님의 나라를 만드는 사람들입니다.

3세기의 성 키프리안은 친구 도나투스에게 이렇게 편지를 보냈습니다. "도나투스, 아름다운 정원에서 보는 세상은 유난하게만 보이네. 산길에는 강도가, 바다에는 해적이, 원형 극장에서는 박수치는 군중들을 즐겁게 하기 위해 살인을 저지르는 사람들이 있었네. 하지만 그 가운데서 평온하고 거룩한 사람들을 찾았다네. 그들은 경멸당하고 핍박받아도 개의치 않는다네. 그들은 세상을 이긴 것일세. 도나투스, 그 사람들은 크리스천일세." 초대교회 교인들은 핍박과 고통 속에서 살았습니다. 그러나 그들 가운데 있는 하나님의 나라를 빼앗기지 않았습니다. 하나님의 나라가 그들 안에 있었습니다. 그들이 사자의 입 앞에서도, 화형대 앞에서도 극도의 평안을 유지할 수 있었던 비결은 하나님의 나라 때문이었습니다.

에스겔 36 : 26에는 "또 새 영을 너희 속에 두고 새 마음을 너희에게 주되"라고 합니다. 27절에는 "또 내 영을 너희 속에 두어"라고 합니다. 영이란 말, '루아흐'는 이성적 사고와 행위를 제어하는 내적 본질을 의미합니다. 마음이란 말, '네브'는 지정의의 좌소를 의미합니다. 하나님은 영과 마음을 우리 속에 둔다고 하십니다. 내 속에 하나님의 영과 마음이 있으면 내 마음이 하나님의 나라입니다. 우리 가운데 하나님의 영과 마음이 있으면 우리 모임이 하나님의 나라입니다.

어느 스코틀랜드 사람에게 왕이 하늘 나라에 가기를 기대하느냐고 질문하였습니다. "각하, 아닙니다. 저는 이미 그곳에 살고 있습니다." 그 사람은 대답했습니다. 그리스도의 생명을 소유하고 사는 사람은 이미 하늘 나라에 간 것입니다. 하나님의 나라 사람이 된 것을 확신하고 살아갑니다.

° 맥스 비어봄의 소설 「행복한 위선자」는 비양심적인 악인 로드 조지 헬의 이야기입니다. 야비한 마음을 가진 그의 얼굴만 보아도 사람들이 두려워하였습니다. 그는 아름답고 청순한 미어라는 소녀를 사랑하게 되었습니다. 그 소녀는 "얼굴이 저렇게 무서운 사람의 아내가 될 수 없어." 하며 거절하였습니다. 헬은 그녀를 꼭

갖고 싶었기 때문에 세상에서 가장 거룩하게 보이는 가면을 쓰고 구애에 성공하여 결혼하였습니다. 그는 위선을 감추고 참을성 있고 너그럽게 보이려고 주의하였습니다. 좋은 사람으로 보이려고 끊임없이 나쁜 성질을 감추었습니다. 어느 날 옛 친구가 찾아와서 아내가 보는 앞에서 헬의 가면을 무자비하게 벗겨 버렸습니다. 그런데 가면을 벗겼을 때 거룩한 얼굴 모습이 나타났습니다. 매일 그렇게 실천하며 살았더니 모습이 완전히 바뀌게 된 것입니다.

마음에 하나님의 나라가 있으면 얼굴에 하나님의 나라가 나타납니다. 자신의 삶에 하나님의 나라가 만들어집니다.

사랑하면 바뀝니다. 모습도 바뀌고, 성품도 바뀝니다. 하나님을 사랑하면 이 나라가 하나님의 나라로 바뀝니다. 주기도문에는 "아버지의 나라가 오게 하시며"라는 구절이 있습니다. 우리 속에, 우리 가운데 하나님의 나라가 이루어지게 해야 합니다. 이미 우리 가운데 와 있는 하나님의 나라를 모든 사람들이 들어가게 해야 합니다. 우리 안에 하나님의 나라를 만듭시다. 우리 모임 가운데 하나님의 나라를 만들며 삽시다. 우리의 마음과 우리의 가정과 우리의 교회와 우리의 사회가 하나님의 나라가 될 수 있게 하는 우리가 되기 바랍니다.

### T.i.p.

우리가 이미 가지고 있지만 알지 못하는 것이 있습니다. 자신의 손에 있을 때는 귀한 줄 몰랐지만 정말 귀한 것이 있습니다. 이것이 하나님의 나라입니다. 이스라엘 백성들의 출애굽은 가나안의 시작이며, 가나안의 보장입니다. 그런데 이스라엘 백성들은 이미 손안에 잡은 가나안을 불평과 절망 때문에 놓치고 말았습니다. 다 잡았던 고기를 놓치는 것이나 마찬가지입니다.

## 여덟 번째 비밀

## 40일간의 외침

[사도행전 1 : 1~3]

성경에는 40일이란 숫자가 많이 나옵니다. 노아 시대에 40일간 비를 내려 대홍수가 나게 하셨습니다. 모세는 시내산에서 40일을 있으면서 십계명을 받았습니다. 광야에서 정탐꾼들은 40일 동안 가나안에 들어가 약속의 땅에 대한 꿈을 키웠습니다. 다윗은 40일 동안 블레셋의 장수 골리앗과 대치하였습니다. 엘리야는 로뎀나무 아래에서 죽기를 청하다가 하나님께서 힘을 주셔서 40일간 걸었습니다. 니느웨는 죄가 많은 도시였지만 40일 동안 회개할 기회를 얻었습니다. 예수님은 40일간 금식하시며 광야생활을 하셨습니다. 그리고 예수님은 부활 후 40일간 하나님의 나라를 말씀해 주셨습니다. 흔히 인간에게 40일은 인간극기의 한계라고 합니다. 또 40이란 세상적 만수, 즉 꽉 찬 수라고 합니다. 더함도 모자람도 없는 수를 의미합니다. 40이란 땅의 수(4)와 세상의 수(10)를 곱한 수를 말합니다.

예수님께서는 무엇 때문에 부활 후에 하루도 어김없는 40일을 꽉 채우고 가셨을까요? 하나님의 나라 때문이라고 성경은 해답을 줍니다. 예수님께서는 하나님으로서 이 세상에 오셨다는 그 자체가 힘든 일입니다. 이 세상에 오셔서 수치를 당하셨고, 채찍으로 맞으시고, 십자가에 못 박히시고, 죽임을 당하셨습니다. 이런 세상에 무슨 미련이 있어  서 더 머물고 싶으셨겠습니까? 그러나 차마 이 세상을 버리고 가실 수 없었습니다. 왜냐하면 아직도 하나님의 나라를 알지 못하는 사람이 너무나 많이 있었기 때문입니다.

　흡연의 세 가지 이점이 있답니다. 첫째는 미친개에게 안 물린다고 합니다. 동물이 니코틴을 싫어해서 담배 피우는 사람을 물지 않는다고 하네요. 한번 시험해 보세요. 둘째, 집에 도둑이 안 든다고 합니다. 왜냐하면 밤에 잘 때 잦은 기침소리 때문입니다. 셋째는 미련 없이 빨리 죽는다고 합니다. 정말 이 세상을 미련 없이 떠날 수 있을 것 같습니까? 빨리 죽을 수 있을 것 같습니까? 누구나 생에 대한 애착을 가지고 있습니다. 미련 없이 떠나는 사람은 없을 것입니다.

　그런데 예수님은 이 세상에 미련이 많으십니다. 왜 그렇습니까? 첫째는 이 세상에서 모진 고통을 받으셨지만 하나님이 창조하신 세상이기 때문입니다. 둘째는 사랑하는 제자들이 이 세상에 남아 있기 때문입니다. 사랑이 많으면 미련이 많습니다. 셋째는 하나님의 나라를 전파하여 한 사람이라도 더 구원해야 하기 때문입니다.

마더 테레사의 「아름다운 영혼 행복한 미소」라는 책에 보면 테레사 수녀가 세운 뉴욕의 에이즈 병원에서 있었던 이야기가 있습니다.

° 어떤 젊은 남자가 죽음을 기다린다고는 하지만 그의 눈에는 생을 마감할 준비가 안 되어 있었습니다. "무슨 일로 이렇게 괴로워합니까?" 그때 이 남자는 "제가 아버지의 용서를 받기 전에는 눈을 감을 수 없습니다."라고 하였습니다. 병원에서는 아버지가 있는 곳을 알아내어 불렀습니다. 이때 엄청난 일이 일어났습니다. 아버지는 아들을 껴안고 "내 아들아, 내 사랑하는 아들아."를 반복했습니다. "아버지, 저를 용서해 주세요." 아버지와 아들은 서로 부드럽게 안았습니다. 그리고 두 시간이 지난 뒤, 그 젊은이는 눈을 감았습니다.

목적을 이루기 전에는 차마 제자를 버리고 가지 못하는 예수님이십니다. 눈을 감지 못했던 아들처럼, 예수님도 버리고 갈 수가 없었습니다. 하나님의 나라 때문이었습니다. 제가 미국에 가서 공부할 즈음에 풀러 신학교의 조지 래드 교수는 하나님의 나라 연구에 가장 탁월한 공헌을 남긴 학자였습니다. 그분은 학교에서 강의 도중에 '하나님의 나라' 라는 말만 나와도 눈물을 주르륵 흘리셨다고 합니다. 하나님의 나라에 대한 간절함 때문이었습니다. 우리에게도 이런 간절함이 있기 바랍니다. 하나님의 나라 전파에 대한 주님의 관심이 우리에게도 있기 바랍니다. 하나님의 나라에 대한 애정이 있기 바랍니다.

## 하나님의 나라는 예수님이 오신 목적입니다

사도행전 1 : 1~2에는 "데오빌로여 내가 먼저 쓴 글에는 무릇 예수께서 행하시며 가르치시기를 시작하심부터 그가 택하신 사도들에게 성령으로 명하시고 승천하신 날까지의 일을 기록하였노라"라고 합니다. 누가가 먼저 쓴 글이라는 것은 누가복음을 의미합니다. 누가복음에서 복음이란 예수님의 이야기입니다. 더 구체적으로 말하면 예수님 자신이 복음입니다. 예수님의 오심, 하신 일, 죽으심, 살아나심, 승천하심, 다시 오심 등 예수님의 모든 주제가 하나님의 나라입니다. 하나님의 나라 때문에 오시고, 말씀을 전하시고, 죽으시고, 부활하시고, 40일을 더 계셨고, 다시 이 땅에 오시겠다고 하셨습니다.

"성령으로 명하시고"라는 말씀은 제자들에게 당부하신 말씀입니다. 제자들에게 명하신 말씀은 가서 제자를 삼고, 가르쳐 지키게 하는 일입니다. 무엇을 가르치고 지키게 합니까? 하나님의 나라입니다. 하나님의 나라는 가르치고 지키게 해야 할 일의 핵심입니다.

"승천하신 날까지의 일"은 예수님의 지상 사역입니다. 예수님의 지상 사역이 무엇일까요? 그것 또한 하나님의 나라입니다. 예수님의 일이란 오로지 하나님의 나라입니다. 예수님의 생애에 하나님의 나라와 무관한 것은 하나도 없습니다. 예수님의 말씀, 기적, 행동, 삶, 이 모든 것이 하나님의 나라에 집중되어 있었습니다. 이것이 예수님께서 이 세상에 오신 목적이었습니다.

우리나라 초대교회에 최봉석 목사님이라는 분이 계셨습니다. 이

분은 별명이 '최권능 목사'였습니다. 이분은 어디에서나 열심히 전도하셨는데 항상 "예수 천당!"을 외치고 다니셨습니다. 한번은 평양 시내에서 전도를 하는데 어떤 젊은이에게 "예수 믿고 천당 가시오."라고 소리쳤습니다. 그 젊은이가 "나 신학생입니다." 그랬더니 "신학생도 예수 믿고 천당 가시오."라고 하셨답니다. 최 목사님은 일본 헌병에 잡혀가서 매를 맞았습니다. 매를 때릴 때마다 "예수 천당!"이라고 소리를 쳤습니다. 일본 헌병은 소리 지르지 말라고 했지만 최 목사님은 "내 안에 예수님이 꽉 차 있어서 내 몸을 건드리기만 하면 저절로 나오니 알아서 하시오."라고 했다고 합니다. 온몸에 예수님으로 꽉 찬 삶을 살았습니다.

바울은 갈라디아서 6 : 17에서 "이후로는 누구든지 나를 괴롭게 하지 말라 내가 내 몸에 예수의 흔적을 지니고 있노라"라고 하였습니다. 온몸에 예수님의 모습을 가지고 삽니다. 온몸에 예수님의 피가 흐릅니다. 골로새서 1 : 24에는 "나는 이제 너희를 위하여 받는 괴로움을 기뻐하고 그리스도의 남은 고난을 그의 몸 된 교회를 위하여 내 육체에 채우노라"라고 합니다. 바울의 온몸에 그리스도의 흔적이 있습니다. 그리스도의 고난으로 꽉 차 있었습니다.

사람의 제일 되는 목적이 무엇입니까? 하나님의 영광입니다. 우리의 말이나, 일이나, 행동이나, 먹는 것이나, 입는 것, 이 모든 삶의 목적은 하나님의 영광입니다. 칼뱅은 "그리스도인의 첫째 의무는 보이지 않는 하나님의 나라를 보이게 하는 것이다."라고 하였습니다. 하나님의 영광이란 결국 하나님의 나라를 보이게 하는 것입니다. 사람들에게 하나님의 나라를 증거하게 될 때에 하나님께서는 영광을 받으십니다.

우리는 구원을 받았지만 아직은 완전한 구원이 아닙니다. 우리가 장래에 죽어야 완전한 구원에 들어가게 될 것입니다. 영국의 존 스토트는 "우리는 '이미' 와 '아직도' 의 중간지대에 살고 있다."라고 하였습니다. 우리가 왜 구원받은 다음에도 이 땅에 더 머물러 있습니까? 우리의 목적이 남아 있기 때문입니다. 우리의 목적이 무엇입니까? 하나님의 나라입니다.

대구에 어느 교회가 1959년 장로교회가 통합측과 합동측으로 분열될 때에 분열되어 두 교회가 되었습니다. 교회는 두 교회이고, 교단도 다르지만 분열된 이후 지금까지 계속 교회 묘지를 함께 쓴다고 합니다. 참 대단한 일입니다. 그런데 아무리 교회가 분열되고, 나누어져 서로 만나지 않고, 교단이 다르다고 하지만 죽으면 같이 갑니다. 죽으면 같이 가는 것이 아니라 죽어야 같이 갑니다. 예수님께서 세상에 오셔서 죽었다가 다시 사신 후부터 모두가 죽으면 함께 갑니다. 죽은 자는 부자나 빈자나, 백인이나 흑인이나, 남자나 여자나 다같이 갑니다. 세상에서는 구별도 하고 차별도 받지만, 다 초월하여 그냥 하나님의 나라에 함께 갑니다. 인생의 목적, 목적지는 하나님의 나라입니다.

° 칭기즈칸이 어느 날 자신이 아끼는 매를 데리고 사냥을 갔습니다. 숲 속에서 마실 물이 없어 두리번거리다가 암석 틈에서 물이 한 두 방울씩 떨어지는 것을 발견하였습니다. 떨어지는 물에 컵을 대고 몇 분 동안 떨어지는 물을 받았습니다. 컵의 물을 마시려고 입

으로 가지고 가는 그 순간, 매가 날아와 컵을 쳐서 물을 쏟아 버렸습니다. 칭기즈칸은 화를 내고 다시 물을 받았습니다. 마시려는 순간 매가 다시 와서 떨어트렸습니다. 칭기즈칸은 매에게 소리 지르며 한 번만 더 그렇게 하면 죽이겠다고 하였습니다. 그리고 다시 컵에 물을 받아 마시려고 할 때, 세 번째로 방해하였습니다. 그는 칼을 빼 매를 죽였습니다. 다시 물을 받으려고 했지만 더 이상 물이 나오지 않았습니다. 그는 화가 나서 암석을 타고 올라가 보았습니다. 거기에는 작은 웅덩이가 있었고, 웅덩이에는 거대한 독사가 죽은 채 물 위에 있었습니다. 뱀의 몸이 암석으로 떨어지는 물길을 막고 있었습니다. 매는 그 사실을 알고 주인의 목숨을 구해 준 것입니다. 그런데 칭기즈칸은 자신의 목숨을 구해 준 매를 죽였고, 그는 깊이 후회하였습니다.

**예수님은 인류를 구원하기 위하여 오셨는데 유대인들은 자신을 구하기 위하여 오신 메시야를 죽였습니다. 그리고 그들은 후회하였고, 회개하였습니다.**

**부활 후 40일 동안 예수님은 제자들을 격려하셨습니다. 하나님의 나라를 전파하셨습니다. 이때 예수님이 전한 하나님의 나라 때문에 유대인들은 메시야를 죽인 죄를 회개하였습니다. 후회하였습니다. 그래서 그들은 이 일을 깨달을 때마다 "형제들아 어찌할꼬"라고 회개하였습니다. 예수님의 부활 후의 40일은 유대인의 회개를 가능하게 하였던 것입니다.**

## 하나님의 나라는 전해야 하는 복음입니다

3절에는 "사십 일 동안 그들에게 보이시며 하나님 나라의 일을 말씀하시니라"라고 합니다. 예수님께서는 자신을 보이시며 말씀하셨습니다. 보기만 하고 말씀이 없으면 아무 소용이 없습니다. 말씀만 있고 보이지 않으면 의심했을 것입니다. 예수님께서는 부활하신 몸을 보이며 말씀하신 것입니다. 어떻게 하든지 한 사람이라도 더 하나님의 나라를 듣게 하시려는 것이 예수님의 뜻입니다. 한 사람이라도 잃는 것을 원하지 않으시는 하나님의 마음을 헤아릴 수 있습니다.

하나님의 마음은 한 사람이라도 더 하나님의 백성이 되게 하는 것입니다. 한 사람이라도 더 하나님의 나라에 더 들어오게 하는 것입니다. 예수님이 말씀하신 포도원 품꾼의 비유가 있습니다. 주인은 0시에 나가서 품꾼들을 모아 옵니다. 3시에 또 나가서 모아 옵니다. 6시와 9시에 나가서 또 모아 옵니다. 이제 일할 시간이 한 시간밖에 남지 않은 11시에 나가서 또 마지막 품꾼들을 모아 옵니다. 이런 하나님의 끈기와 간절하심 때문에 우리가 포도원에 들어간 품꾼이 된 줄로 믿습니다. 하나님은 끝까지 머물고, 기다리고, 들어오기를 기대하십니다. 이런 하나님의 사랑이 우리를 구원하신 것입니다.

예수님은 부활하신 다음에 빨리 안전한 하나님의 나라에 가고 싶어 하신 것일까요? 더 오래 머물러 계셔야 우리가 삽니다. 예수님은 이 세상에 오셔서 너무 고생하시고 죽으셨기에 다시 오지 않으실까요? 우리를 영원히 살려 하나님의 나라에 데리고 가려고 또 오실 것입니다. 이것이 구원자 예수님의 마음입니다.

마태복음 28 : 17에는 "예수를 뵈옵고 경배하나 아직도 의심하는 사람들이 있더라"라고 합니다. 예수님을 눈으로 보기만 하면 이렇습니다. 분명히 부활하신 주님을 보고 있지만 의심하는 사람들이 있었습니다. 그런데 예수님은 의심하는 자들에게 이렇게 말씀하십니다. "너희는 가서 모든 민족을 제자로 삼아 아버지와 아들과 성령의 이름으로 세례를 베풀고 내가 너희에게 분부한 모든 것을 가르쳐 지키게 하라"라고 하십니다. 예수님을 보는 자에게 말씀을 전하라고 하십니다. 보는 것만으로는 부족합니다. 봤으면 말씀을 전해야 합니다.

하나님의 나라는 끊임없이 전해져야 합니다. 기회가 좋든지 나쁘든지 전해야 합니다. 누구에게나 전해야 합니다. 예수님은 승천도 안 하시고 전하셨습니다. 우리도 하나님의 나라에 대한 간절함으로 그렇게 해야 합니다.

바울은 하나님의 나라를 전하기 위해 생명을 조금도 귀한 것으로 여기지 않는다고 했습니다. 자신은 복음을 전하지 않으면 화가 있을까 한다고 했습니다. 바울이 로마까지 간 이유가 무엇입니까? 죄인이라서 잡혀갔습니까? 로마 시민권자라서 고소해서 갔습니까? 아닙니다. 이 모든 것이 하나님의 나라 때문입니다. 사도행전 28 : 30~31을 보세요. "바울이 온 이태를 자기 셋집에 머물면서 자기에게 오는 사람을 다 영접하고 하나님의 나라를 전파하며 주 예수 그리스도에 관한 모든 것을 담대하게 거침없이 가르치더라"라고 합니다. 바울의 행전은 끝나지 않았습니다. 전하지 않고서는 견딜 수 없었습니다. 바울행전의 핵심이 무엇입니까? 전파의 핵심이 무엇입니까? 하나님의 나라입니다.

'하나님 나라의 일'은 예수 그리스도의 생애와 직접적인 연관을 맺고 있는 이야기들을 말합니다. 예수님의 공생애 동안에 일어났던 일들을 다시 설명해 주는 것입니다. 예수님의 공생애 이야기가 하나님의 나라 이야기입니다. 하나님의 나라는 예수님의 가르침의 주제일 뿐만 아니라 구약의 주제이기도 합니다. 오랫동안 구약의 선지자들을 통하여 예언된 주제가 하나님의 나라입니다. 이렇게 구약에 예언된 하나님의 나라가 예수님이 오심으로 시작된 나라입니다. 하나님의 나라는 예수님이 다시 오심으로 예수님의 재림 때에 절정을 이루어 완성될 것입니다. 그러니까 예나 지금이나 재림 때까지 줄기차게 전해질 것은 하나님의 나라입니다. 하나님의 나라 외에 어떤 것도 영원한 주제는 없습니다.

마이클 지가렐리가 쓴 「예수님 가방 속 설득 매뉴얼」이란 책이 있습니다. 이 책에 보면 이런 이야기가 있습니다. 어떤 설문조사 결과 목사들은 자기 교회 교인의 70%가 삶 속에서 하나님을 가장 중시한다고 말했습니다. 그러나 신앙이 삶에서 가장 중요하다고 대답한 사람들은 교인 중에 15%에 불과했습니다. 대부분의 성도들이나 세상 사람들에게 하나님의 나라가 중심인 것 같고, 소유하고 사는 것 같지만 실제로 그렇지 않습니다. 하나님의 나라는 더 말하고 전해져야 합니다.

예수님은 보이시고 전하셨습니다. 우리도 예수님을 보러 온 사람들에게 하나님의 나라를 전합시다. 예수님께서는 당시의 사람들에게 무엇을 보려고 광야로 갔더냐고 물으십니다. 갈대를 보러 갑니까? 좋은 옷을 입은 사람을 보러 갑니까? 선지자보다 나은 자를 보러 가야 합니다. 예수님을 보았으면 예수님을 통하여 하나님의 나라를 보아야 합니다. 교회를 보았으면 교회를 통하여 하나님의 나라를 보아야 합니다. 우리도 예배를 보러 오지 말고, 하나님의 나라를 가지러 와야 합니다. 예배의 구경꾼이 아니라 예배자로, 구원받은 자로 나와야 합니다.

최근 인터넷에 임신한 여성이 담배를 피우는 사진이 한 장 올라왔습니다. 사진 밑에는 이런 설명이 있습니다. "근처 공사장 소음이 태아의 건강에 문제가 될까 걱정이 된다며 담배를 피우고 있는 엘리사 윌리엄스" 더 중요한 것과 덜 중요한 것이 뒤바뀌는 혼돈의 시대입니다. 세상일에는 엄청난 관심을 가지고 있지만 하늘의 일에는 관심이 적습니다. 사실은 하늘의 일이 가장 중요한 것입니다.

현대인의 이데올로기는 건강과 장수입니다. 이 땅에서 건강하게 오래 사는 것이 최대 관심사입니다. 삶의 초점입니다. 그리스도인의 이데올로기는 하나님의 나라여야 합니다. 이것 외에는 어떤 것도 영원한 가치가 아닙니다.

예수님은 세상에 40일을 더 계시면서 병을 고치신 적이 없습니다. 먹는 기적을 베푸신 적도 없습니다. 죽은 사람을 살리신 적도 없습니다. 현실적인 문제를 이야기하신 적도 없습니다. 예수님께서 40일을 계시면서 하신 일은 오로지 하나님의 나라입니다. 이 세상의 일이 아니라 하나님의 나라만 말씀하셨습니다. 우리의 관심은 아직도 세상 나라에 집중되어 있지 않습니까? 먹는 것, 입는 것, 사는 집, 더 건강하게 오래 사는 것, 더 많이 가지고, 더 재미있게 사는 것이 우리의 관심이 아닙니까? 관심을 바꾸세요. 가치를 새롭게 하세요. 우리의 전 삶을 바쳐서 얻어야 할 것이 하나님의 나라입니다. 우리의 전 삶을 통해 전해야 할 것이 하나님의 나라입니다. 우리 모두가 예수님을 닮아 마지막 순간까지 하나님의 나라를 전하는 그리스도인이 되기 바랍니다.

### T.i.p.

예수님께서는 무엇 때문에 부활 후에 하루도 어김없는 40일을 꽉 채우고 가셨을까요? 하나님의 나라 때문이라고 성경은 해답을 줍니다. 예수님께서는 하나님으로서 이 세상에 오셨다는 그 자체가 힘든 일입니다. 이 세상에 오셔서 수치를 당하셨고, 채찍으로 맞으시고, 십자가에 못 박히시고, 죽임을 당하셨습니다. 이런 세상에 무슨 미련이 있어서 더 머물고 싶으셨겠습니까? 그러나 차마 이 세상을 버리고 가실 수 없었습니다. 왜냐하면 아직도 하나님의 나라를 알지 못하는 사람이 너무나 많이 있었기 때문입니다.

## 아홉 번째 비밀 — Just do it!

[마태복음 4 : 23~25]

일전에 어느 텔레비전 토크쇼에서 들은 이야기입니다. 어느 여성이 유럽으로 배낭여행을 갔습니다. 가방을 내려놓고 잠시 쉬는데 웬 뻔뻔한 프랑스인이 오더니 가방을 가지고 가더랍니다. 그 사람을 따라가서 뒤에서 치니 그가 섰습니다. 그 프랑스인에게 "It's my bag."(이건 내 가방이야.)이라고 하였습니다. 그랬더니 그 프랑스인은 태연하게 "It's my job."(이건 내 직업이야.)이라고 했다는 것입니다. 좀 뻔뻔하기는 하지만 자신의 일에 충실한 사람입니다. 여러분은 여러분의 일에 얼마나 충실합니까? 먼저 여러분의 일에 충실한 자가 되기 바랍니다.

교회의 본질적 사명은 '케리그마'와 '디아코니아'와 '코이노니아'입니다. 디아코니아는 케리그마의 외적 작용입니다. 디아코니아는 케리그마 없이는 절대 안 됩니다. 말씀은 봉사와 교제로 이어지기 때문입니다.

예수님이 이 세상에 오신 목적은 '천국 복음을 전파' 하기 위해서입니다. 하나님의 나라가 목적입니다. 하나님의 나라를 알려 주는 것이며, 하나님의 나라를 소유하게 하는 것입니다. 마태복음 4 : 17에는 "이때부터 예수께서 비로소 전파하여 이르시되 회개하라 천국이 가까이 왔느니라 하시더라"라고 합니다. 하나님 나라의 '전파' 는 예수님께서 이 땅에 오신 핵심 목적입니다. '전파' 라는 단어가 마태복음에 9번, 마가복음에 14번, 누가복음에 9번 기록되어 있습니다. 전파는 그리스도인의 삶의 핵심가치라고 할 수 있습니다.

'케뤼소' 라는 동사는 "사세요."라고 하며 물건을 파는 장사꾼의 소리입니다. 자신이 파는 물건에 자신이 없으면 절대 확신에 찬 소리가 나오지 않을 것입니다. 선포는 자신감을 필요로 합니다. 확신이 있어야 합니다.

자동차를 한 대 샀습니다. 자동차를 판 세일즈맨은 그 후로 지금까지 한 달도 거르지 않고 문자 메시지를 보냅니다. 벌써 자동차의 월부금도 끝났고 차도 중고가 되었지만, 그분의 문자 메시지는 매 달 옵니다. 이런 고객관리가 교회에도 있어야 합니다. 우리는 예수님의 세일즈맨입니다. 이런 정성 없이 예수님을 믿게 할 수는 없습니다. "오빠 보고파. 나 시간 있는데……." 이런 문자 메시지도 옵니다. 그런데 이런 사람들보다 못한 예수 세일즈맨이 되면 되겠습니까?

저의 오랜 친구가 하루는 저를 찾아 왔습니다. 오더니 처음에는 앉아서 차를 한 잔 마셨습니다. 물이 좋아야 건강하다고 해서 맞장구를 쳤습니다. 좋은 물을 마시려면 정수기가 있어야 하는데 좋은 정수기를 소개해 주겠다고 하였습니다. 이러다 보니 별로 필요도 없는 정수기를 하나 샀습니다. 정수기 하나 팔기 위해서 얼마나 끈질긴지 아예 사 주는 게 덜 피곤하겠습디다. 이런 끈기가 있어야 하고 꼭 팔아야 한다는 확신이 있어야 합니다.

예수님이 이 땅에 오신 목적을 오늘 본문에는 세 가지로 말씀합니다. 가르치시며, 전파하시며, 고치시는 일입니다. '디다스콘', '케뤼손', '데라퓨온'이란 단어들입니다. 이 모든 것은 천국을 이루는 방편들입니다. 이 세 가지 전도 방법은 초대교회로부터 오늘날까지 선교 역사에 계승되었습니다. 예수님이 오신 목적은 윤리를 가르치시는 것이 아닙니다. 단순히 치유하시는 것이 아닙니다. 오직 하나, 즉 하나님의 나라입니다. 하나님의 나라가 복음의 핵심입니다. 교회가 아무리 많은 것을 사회에 제공한다고 하더라도 하나님의 나라를 가르치지 못하면 허사입니다.

제가 목회자가 된 이유가 있습니다. 신학교를 졸업하고 교수가 될까 생각도 했습니다. 그러나 책보다 사람이 더 좋았습니다. 이전에도 사람들 사이에 갈등이 있고 다툼이 있으면, 제 돈 들여 가면서 말리고 밥 사 주면서 두 사람을 붙여 주는 것이 너무 재미있었습니다.

여러분, 잘 아는 두 사람이 서로 반목하고 다투고 결별했다면 어떻게 하실래요? 말리고 화해시키지 않겠습니까? 우리는 하나님을 잘 알고 있습니다. 친구를 잘 알고 있습니다. 이 두 사이를 화해시켜야 하는 것은 우리가 마땅히 해야 할 일입니다. 이것이 전도요, 복음 전파입니다.

전도는 이벤트가 아니라 삶의 방식입니다. 우리 교단이 '예장 300만성도운동'을 하지만, 엄밀하게 말하면 운동이 아니라 삶입니다. 목숨을 걸고 해야 할 소명입니다. 성 프란체스코는 "언제나 복음을 전하십시오. 필요하면 말을 사용하십시오."라고 했습니다. 우선 우리의 삶을 보입시다. 예수 믿지 않는 사람들이 우리의 착한 행실을 보고 하늘의 아버지께 영광을 돌리게 합시다. 그리고 우리의 입을 열어 담대하게 복음을 외칩시다. 그리하여 우리 교회가 앞장서서 '예장300만성도운동'을 이끌고, 우리 교회의 목표를 달성할 수 있기 바랍니다.

### 천국 복음은 고침과 함께 전파됩니다

23절에는 "천국 복음을 전파하시며 백성 중의 모든 병과 모든 약한 것을 고치시니"라고 합니다. 예수님은 천국 복음을 전파하실 뿐만 아니라 병을 고치셨습니다. 말씀뿐만 아니라 섬기셨습니다. 말씀과 섬김은 함께합니다. '천국 복음'은 구약의 예언이 성취되어 메시야가 임하셨다는 내용을 함축한 말입니다. 복음 없는 치유는 아무 소용이 없습니다. 복음 없는 섬김, 복음 없는 봉사는 소용이 없습니다.

복음(gospel)이란 기쁜 소식(good spell)입니다. 헬라어로 '유앙겔리온'이란 말은 기쁜 소식이란 말입니다. 죽어 가는 자에게 가장 기쁜 소식이 무엇이겠습니까? 죽지 않고 산다는 것입니다. 아픈 자에게 가장 기쁜 소식이 무엇이겠습니까? 아픈 것이 낫게 될 것이라는 말입니다. 약한 자에게 가장 기쁜 소식이 무엇이겠습니까? 건강하게 된다는 말입니다. 가난한 자에게 가장 기쁜 소식이 무엇이겠습니까? 가난에서 벗어나 부요하게 된다는 것입니다. 복음은 이 모든 것을 가능하게 합니다. 복음을 믿으면 이 모든 것이 가능합니다.

요한복음 3 : 16에는 "멸망하지 않고 영생을 얻게 하려 하심이라"라고 합니다. 영생을 얻는다는 것, 이렇게 기쁜 소식이 있을 수 있습니까? 이 기쁜 소식은 예수님 때문에 가능합니다. 마태복음 10 : 1에는 제자들에게 주신 사명이 있습니다. "모든 병과 모든 약한 것을 고치는 권능을 주시니라" 제자들의 사명은 복음을 전하는 것과 더불어 병을 고치는 일이었습니다.

사도행전 5 : 42에는 "그들이 날마다 성전에 있든지 집에 있든지 예수는 그리스도라고 가르치기와 전도하기를 그치지 아니하니라"라고 합니다. 초대교회의 제자들은 가르침과 선포를 함께하였습니다. 그들이 가르치고 선포한 내용이 무엇입니까? 예수는 그리스도시라는 것입니다. 이것은 초대교회의 가장 중요한 신앙고백이었습니다. 우리가 '예수 그리스도'라고 합니다. 이 말만 해도 엄청난 신앙고백을 하고 있습니다. 인간 예수가 그리스도, 즉 메시야란 사실을 고백하는 말입니다.

병 고침은 예수 그리스도의 이름으로 해야 합니다. 약한 것을 고치는 것도 예수 그리스도의 이름으로 해야 합니다. 예수 그리스도의 이름을 떠난 병 고침은 아무 의미가 없습니다. 오늘 성경은 모든 앓는 자라고 합니다. 각종 병으로 고통당하는 자, 귀신 들린 자, 간질하는 자, 중풍병자들이 다 와서 고침을 받았습니다. 어떤 사람도, 어떤 병도 예수님께 나오면 고침 받지 못할 것이 없습니다.

성경의 기적과 치유를 보세요. 치유는 그 자체가 예수님의 목적이 아닙니다. 고치면 뭘 합니까? 또 아픕니다. 살리면 뭘 합니까? 살려도 또 죽었습니다. 살았던 사람들은 또 죽어서 지긋지긋한 죽음을 두 번이나 경험한 불행한 사람들입니다. 성경이 가르치는 기적이나, 치유나, 죽은 자를 살리심이나, 귀신을 쫓아내심, 이 모든 것의 목적은 그 자체가 아니라 예수가 그리스도시라는 사실입니다.

이제 교회가 '모든' 병들을 치유해야 합니다. 육신의 병을 고쳐야 합니다. 영혼의 병을 고쳐야 합니다. 가정의 병을 고쳐야 합니다. 사회의 병을 고쳐야 합니다. 우리 사회의 병들을 보세요. 자살, 음란, 폭행, 사기, 지역감정 등 중병을 앓고 있습니다. 국가의 병을 보세요. 경제, 교육, 문화, 어느 하나 성한 것이 없습니다. 세계의 병을 보세요. 인종문제, 종교분쟁, 전쟁, 환경문제 등 상처투성이입니다. 이 모든 병들을 복음으로 모두 고칠 수 있기 바랍니다. 복음은 이 모든 병을 고치고도 남습니다.

우리 시대의 소명 있는 종교개혁은 영혼을 치유하는 목회 사역의 재발견이라고 합니다. 우리가 사는 시대는 영성 시대입니다. 영혼의 장애가 심각합니다. 영혼의 병이 중합니다. 혼탁한 영성을 보세요. 과학 시대에 무속이 어느 때보다 성합니다. 이단들이 마지막 때를 당해 맹렬하게 공격하고 있습니다. 이슬람이 한국을 주 포교의 대상으로 폭격하고 있습니다. 독선이 활개를 칩니다. 각종 이데올로기가 참영성을 어지럽게 하고 있습니다. 모든 게 잘못된 영성의 활동입니다.

'전인치유'란 말을 합니다. 육체와 함께 정신, 영혼을 치유하는 것을 의미합니다. 예를 들어 '알콜중독'을 보세요. 술만 끊으면 되는 문제가 아닙니다. 가정을 치유해야 합니다. 영혼을 치유해야 합니다. 함께 치유해야 합니다. 복음은 모든 것을 함께 치료합니다. 라틴어 'cure'의 원래 의미는 치유 의미와 함께 돌봄의 뜻을 담고 있습니다. 돌봄이 없는 치유는 없습니다. 복음이 없는 치유는 없습니다.

어느 신문의 "내가 해 본 가장 좋았던 전도방법은?"이란 기사는 이렇게 답합니다. 만날 때마다 전하고 힘들 때 기도해 주기, 맛있는 음식 함께 먹기, 성경 등 문자 메시지로 보내 주기, 전도훈련 때 배운 방법으로 전하기, 일단 교회에 데리고 오기, 전도용품 선물하기, 두세 명이 집중 공략하기 등입니다. 어떤 방법도 최선의 방법은 아닙니다. 동시에 모든 방법이 최선의 방법입니다. 복음과 함께 모든 것을 동원하세요. 정신적, 육적, 영적으로 치유하고 전도 대상의 삶에 관심을 가지고 나의 삶으로 접근하세요. 그래야 한 영혼을 구원하게 될 것입니다.

### 천국 복음은 많은 무리가 따르게 합니다

25절입니다. "갈릴리와 데가볼리와 예루살렘과 유대와 요단강 건너편에서 수많은 무리가 따르니라" 예수님은 가는 곳마다 많은 무리가 따랐습니다. 왜 그럴까요? 예수님께서 그들의 필요를 충족시켜 주셨기 때문입니다. 복음은 가장 좋은 필요충분 조건입니다.

우리 안에 예수님이 계시면 많은 무리가 따라옵니다. 우리 교회

안에 예수님이 계시면 많은 무리를 따라오게 합니다. 우리 교회를 넘치게 합니다. 왜냐하면 예수님 안에 생명이 있기 때문입니다.

예수님은 빛입니다. 빛이 있으면 벌레가 모입니다. 고기가 모입니다. 지난 여름에 길에서 전기충격으로 벌레를 잡는 채를 샀습니다. 벌레가 채에 닿으면 '딱' 소리를 내며 벌레가 죽습니다. 빛이 있으면 몰려듭니다.

예수님은 길입니다. 길에는 차가 몰려듭니다. 명절이 되면 고속도로가 주차장이 됩니다. 왜 그렇게 몰려듭니까? 길이기 때문입니다. 길에는 몰려들게 되어 있습니다. 예수님은 진리입니다. 당시에 많은 학자들이 예수님의 진리의 말씀을 들으려고 몰려왔습니다. 예수님이 가시는 곳마다 사람이 적었던 때가 없습니다. 야이로의 딸을 살리러 가시는 도중에 혈루증 여인을 만났습니다. 많은 무리가 둘러싸고 예수님을 밀었습니다. 예수님이 여리고로 지나가실 때에 삭개오가 보려고 나왔지만 사람들이 너무 많고 키가 작아 나무 위에 올라갔습니다. 예수님께는 항상 사람들이 몰려왔습니다. 지금도 복음은 사람들이 몰려들게 합니다.

사람들은 생명을 얻었다는 확신이 없으면 절대 평안이 없습니다. 배가 고프면 즐거움도 없습니다. 몸이 아프면 모든 것이 재미없습니다. 예수님께 오면 모든 것이 해결됩니다.

곧 다가올 그곳

모든 것이 해결되므로 모든 사람들이 몰려옵니다.

역대상 16 : 23에는 "온 땅이여 여호와께 노래하며"라고 합니다. 24절에는 '민족', '만민'이라고 합니다. 26절에는 '만국'이라고 합니다. 28절에는 '여러 나라의 종족들'이라고 합니다. 30절에는 '세계'라고 합니다. 다윗은 그리스도의 전우주적 구원 사역을 내다보며 시를 씁니다. 예수 그리스도로 말미암아 성취될 온 세계의 복음화를 미리 말해 주고 있습니다. 이 세계 모두가 하나님의 영역입니다. 모든 사람이 하나님께로 돌아와야 할 대상입니다. 많은 무리가 예수님을 만나야 합니다. 모든 사람이 예수를 믿어야 합니다. 한 사람도 예외가 없습니다. 세상에 예수 믿지 못할 사람은 없습니다. 세상에 예수 믿지 않아도 될 사람은 없습니다. 그래서 성경은 '누구든지'라고 합니다. '한 사람도 잃지 않게'라고 합니다.

요한복음 4 : 41에는 "예수의 말씀으로 말미암아 믿는 자가 더욱 많아"라고 합니다. 사도행전 6 : 1에는 "그때에 제자가 더 많아졌는데"라고 합니다. 성경에는 예수님 주위에 '허다한 무리'가 있었다고 여러 번 말합니다. 베드로가 말씀을 전할 때에 하루에 3천 명이 회개하고 제자가 되었습니다. 교회에 제자의 수가 날마다 더해졌습니다. 허다한 제사장의 무리도 예수님을 믿었습니다. 많은 무리가 따르고 많은 사람이 예수님을 믿는 것은 성경적입니다.

일전에 우리 교회 교역자 수련회를 위하여 교외에서 돌아오는 길에 유명하다는 화로 숯불구이 집에 들어갔습니다. 추운 저녁이었음에도 불구하고 어디에선가 차들을 타고 와서 식사를 하느라 식당에 사람이 바글바글했습니다. 우리 일행은 별관에 들어가서 식사를 하였습니다. 손님이 너무 많아 본관에 들어가지도 못한 것입니다. 이럴 때 목사는 회의가 생깁니다. "음식 맛만 있어도 이렇게 사람들이 바글바글한데 교회는 왜 그렇지 못할까?"라는 것입니다. 교회가 맛이 있어야 하는데 그렇지 못한 것 같습니다.

　　인기인들은 수천 명을 몰고 다닙니다. 유명 연예인이나 운동선수들이 공항에 오면 중고생 오빠 부대로 공항이 미어터집니다. 왜 교회는 그렇지 못할까요? 왜 교회가 쇼핑몰보다 사람을 모으지 못할까요? 왜 교회가 음식점보다 못할까요? 복음이 귀담아들리지 않는 시대이기 때문입니다. 이럴 때일수록 복음이 힘 있게 전해져야 합니다. 모든 사람들에게 복음이 들려져야 합니다.

　　미국 풀러 신학교의 교수였던 도날드 맥가브란은 "지금 세상에는 그 어느 때보다 얻을 수 있는 사람들이 많다. 그런데 곡식이 무르익은 밭에서 빈손으로 그냥 나올 수도 있다."라고 하였습니다. 이전 시대보다 전도 대상자가 훨씬 많습니다. 세계 인구가 증가했기 때문입니다. 그런데 이전보다 전도가 안 됩니다. 왜 그럴까요? 사회의 발달로 교회보다 더 재미있는 곳이 많이 생겼습니다. 소위 말하는 기능적 대행물이 많아졌습니다. 이럴 때일수록 교회도 다양한 선교의 정책이 있어야 하고, 배전의 열정도 있어야 하고, 용기도 있어야 합니다.

○ 예쁜 아가씨에게 구애하던 한 이발사가 있었습니다. 그는 용기가 없어 짝사랑만 하고 있었습니다. 그러던 어느 날 용기 있는 세일즈맨이 그 동네로 이사를 와서 그 아가씨에게 관심을 가지기 시작하였습니다. 이발사는 근심이 되어 약사인 친구에게 상의하고 고민을 털어

놓았습니다. 약사 친구는 약을 제조해 주었습니다. "이 약은 15분 동안 강한 약효가 있을 거야." 그날 밤에 그는 지어 준 약을 먹고 아가씨를 만났습니다. 용기를 내어 껴안으며 "결혼합시다."라고 외쳤습니다. 이 남자의 용기에 끌린 아가씨는 청혼을 받아들였고 결혼에 골인했습니다. 얼마 후 그는 약사에게 그 약의 효과가 대단하다고 하면서 무엇이 들어 있는지 물었습니다. "세 가지야. 첫째 네라틴으로 된 캡슐, 둘째 설탕 조금, 셋째 네가 하면 된다는 믿음이지."

하면 된다는 믿음만 있으면 전도는 됩니다. 전도하지 못할 사람은 하나도 없습니다. 어떤 분이 말했습니다. "전도를 못하는 사람은 없다. 단지 전도를 안 하는 사람만 있을 뿐이다." 우리 서울노회의 전도구호는 "전도, 하면 된다. 전도, 할 수 있다. 전도, 내가 한다." 입니다. 이 구호대로 확신을 가지고 전도하기 바랍니다.

전도에 필요한 지혜를 두 단어로 요약하면 '실천'과 '인내'라고 합니다. 오늘날 불신자 한 사람이 신앙을 갖기까지 전도하는 데는 평균 4년이 걸린다고 추산합니다. 현대인은 2분도 채 안 되는 빨간 정지신호등도 기다리지 못합니다. 컴퓨터가 5초 정도 느리게 반응해도 기다리지 못합니다. 자기 차례를 기다리는 줄서기도 못하는 우리 자세가 문제입니다. 복음을 전파하는 데는 인내가 필요합니다. 4년이 아니라 10년이 걸릴 수도 있습니다. 그러나 인내하면서 실천해야 합니다.

걸음마에 대하여 의문을 가지고 있던 새끼 곰이 어미 곰에게 물었습니다. "어느 쪽 발을 먼저 내디뎌야 해? 오른쪽이야 아니면 왼쪽이야, 아니면 둘 다야?" 어미 곰은 이렇게 대답합니다. "그런 생각하지 말고 걷기만 하거라." 전도는 그냥 실천하는 것입니다. 전도에는 전략과 방법이 필요합니다. 그러나 이것을 다 알아도 실천이 없으면 전도는 안 됩니다. 나이키의 광고 문안을 보세요. "Just do it!" 그냥 해 보라는 것입니다. 전도도 그냥 해 보세요. 분명히 해 보면 전도는 됩니다.

전도왕이라 불리는 사람들은 평범한 보통사람입니다. 그들은 단지 복음에 대한 열정과 소명을 가지고 열심히 실천하는 사람들입니다. 그리스도인은 그리스도를 전파해야 합니다! 복음을 전파함으로 소명을 잘 실천하고, '예장300만성도운동'에 동참하고, 영혼 구원의 사역에 동참하여 열매가 있는 성도가 되시기 바랍니다.

> **T.i.p.**
>
> 예수님이 이 세상에 오신 목적은 '천국 복음을 전파'하기 위해서입니다. 하나님의 나라가 목적입니다. 하나님의 나라를 알려 주는 것이며, 하나님의 나라를 소유하게 하는 것입니다. 마태복음 4:17에는 "이때부터 예수께서 비로소 전파하여 이르시되 회개하라 천국이 가까이 왔느니라 하시더라"라고 합니다. 하나님 나라의 '전파'는 예수님께서 이 땅에 오신 핵심 목적입니다.

## 열 번째 비밀

## 잃어버리지 말아야 할 것

[디모데후서 4 : 1~2]

영국 소설가 마이클 모퍼고의 「조이」라는 소설이 있습니다. '조이'는 말의 이름입니다. 말의 눈에 비친 세상 이야기를 소설로 쓴 작품입니다. 1914~1918년까지 제1차세계대전이 일어났을 때 세상의 참상을 적은 것입니다. 역사적인 아픔에도 불구하고 화해와 용서, 그리고 희망의 메시지를 전달하고 있습니다. 조이가 사는 세상은 전쟁으로 온통 폐허가 되어 버리고 말았습니다. 전쟁으로 풀 한 포기 자라지 않는 마을에 포탄이 떨어집니다. 외마디 비명을 지르고 죽는 병사도 있습니다. 마을에는 온통 시체들이 너부러져 있습니다. 죽어가는 사람과 동물들이 온 마을에 가득합니다. 괴물 같은 탱크는 굉음을 내며 마을을 질주합니다. 잔혹과 학살이 난무합니다. 그런 가운데에도 가족을 그리워하는 병사들의 훈훈한 마음이 있습니다.

군인 가운데는 그림 그리기를 좋아하는 니컬스 대위도 있습니다. 앞으로 대장장이를 꿈꾸는 워런 기병도 있습니다. 자신이 하던 정육점 주인으로 돌아갈 날만 기다리는 늙은 포병 프리드리히도 있습니다. 전쟁이 나기 전에 청과물 시장에서 수레를 끌던 데이비드는 수레를 다시 끌기 원합니다. 이들은 모두 잃어버린 자신감과 용기와 희망을 찾아갑니다. 「조이」라는 소설은 이런 참혹한 전쟁 가운데서도 인간이 끝까지 잃지 말아야 할 것이 무엇인가를 보여 주고 있습니다.

　우리의 지구적 현실을 보세요. 끝나지 않는 전쟁 가운데 우리가 살고 있습니다. G20정상회의에서 2010년 G20정상회의를 유치하고 돌아온 이명박 대통령은 기자들과의 회견에서 "총성 없는 전쟁에서 돌아왔다."라고 하였습니다. 우리의 지구는 폭력과 상처와 절망이 가득합니다. 이런 전쟁 중에 희망이 무엇입니까? 자신의 고향으로, 일로, 취미로, 기쁨으로 다시 돌아가는 것입니다. 이것이 그들에게 절대로 '잃어버리지 말아야 할 것' 입니다.

　그리스도인이 절대로 잃어버리지 말아야 할 것이 무엇입니까? '하나님의 나라' 입니다. 바울은 절대로 잃어버리지 말라는 말을 '하나님의 나라를 두고' 라고 합니다. 하나님의 나라를 '걸고' 말하는 것입니다. 마치 도박을 하는 사람이 큰 베팅을 하듯이 바울은 하나님의 나라를 베팅하면서 엄하게 명령을 전달하고 있습니다.

　사람에게는 모든 것을 다 잃어도 절대로 잃어버리지 말아야 할 것이 있습니다. 어떤 이는 자존심이라고 할 것입니다. 어떤 이는 양심이라고 할 것입니다. 어떤 이는 얼 혹은 정체성이라고 할 것입니다.

　그런데 모든 사람에게 잃어버리면 안 되는 가장 중요한 것은 생명입니다. 불난 집에 보석을 가지러 들어갔다가 죽은 사람이 있습니다. 참 어리석은 사람입니다. 죽고 나면 보석이 무슨 필요가 있습니까? 온 천하를 주고도 바꾸지 못할 것이 생명입니다. 이 소중한 생명의 근원이, 생명의 보금자리가 하나님의 나라입니다. 그래서 하나님의 나라는 절대 잃지 말아야 합니다.

사도행전 1 : 20에는 가롯 유다가 예수님을 배반한 대가를 "그의 직분을 타인이 취하게 하소서 하였도다"라고 시편을 인용하여 말씀합니다. 예수님의 제자가 되었는데 그 소중한 자리를 타인에게 빼앗기고 말았습니다. 절대로 잃지 말았어야 할 자리를 인간적인 욕심 때문에 잃고 말았습니다. 유다는 은 30냥에 스승을 팔고, 생명을 잃었습니다. 예수님을 팔고 자살했다는 것은 결국 절대로 잃지 말아야 할 하나님의 나라를 잃은 것입니다.

하나님의 나라를 걸어 놓고 명한다고 바울은 말합니다. 오래전 제가 미국에 있을 때에 우리 교회에 라스베이거스에서 이사 오신 집사님이 계셨습니다. 그분에게 들은 이야기입니다. 도박하러 와서 베팅하는 습관에도 미국인과 한국인이 차이가 난다는 것입니다. 미국인들에게 라스베이거스는 쉼의 장소이고, 마음을 새롭게 하고 힘을 얻는 장소입니다. 그래서 미국인들은 자신들의 형편에 맞추어 얼마까지 베팅하겠다는 계산을 하고 와서 재미있게 놀다가 그 돈을 잃으면 그냥 웃으면서 일어나 간답니다. 그런데 한국인들은 쉬러 오는 것이 아니라 돈을 따러 옵니다. 그래서 돈을 잃으면 그때부터는 혈안이 되어 돈을 빌려 가면서 베팅을 합니다. 그래서 집과 가산을 모두 날린 사람들이 한둘이 아닙니다. 그리고 거기서 돈을 빌리면 마피아와 연결이 되어 있어 돈을 못 갚으면 목숨을 잃어야 합니다. 모든 것을 다 걸어도 걸지 말아야 할 것이 있습니다. 그런데 목숨까지 담보로 돈을 빌리면 되겠습니까? 모든 것을 다 잃어도 절대 잃지 말아야 할 것이 있습니다. 이것이 하나님의 나라입니다.

담보란 채무를 일정 기간 안에 확실히 갚도록 보장하는 법적 수단입니다. 담보에는 인적 담보와 물적 담보가 있습니다. 바울은 지금 하나님의 나라를 담보로 잡아 놓고 말합니다. "이건 절대로 잃지 말자. 틀림없는 담보물이다."라고 바울이 말합니다. 바울이 하나님의 나라를 두고, 걸고 한 명령의 말씀을 잘 들어 봅시다. 그리고 절대로 그것을 잃지 않는 우리가 됩시다.

## 하나님과 그리스도의 나라를 두고 하신 명령입니다

1절에는 "하나님 앞과 살아 있는 자와 죽은 자를 심판하실 그리스도 예수 앞에서 그가 나타나실 것과 그의 나라를 두고 엄히 명하노니"라고 합니다.

"하나님과 그리스도 예수 앞에서"라는 표현은 명령의 중대성과 엄숙함을 암시하는 말입니다. 하나님의 나라를 담보로 바울은 지금 간곡하게 말합니다. 하나님의 나라를 걸고 이야기합니다. 엄한 명령임을 암시하는 말입니다.

"명하노니"라는 말은 헬라어의 '디아마르튀로마이'라는 말로 두 가지 뜻을 가지고 있습니다. 첫째는 증언한다는 뜻이고, 둘째는 명령한다는 뜻입니다. 본문의 말씀은 분명히 디모데에 대한 명령일 것입니다.

"그가 나타나실 것"은 예수님의 재림을 뜻합니다. 그의 나라는 하나님의 나라입니다. 바울은 지금 재림과 하나님의 나라를 두고 하신 명령을 전합니다. 그리스도의 재림과 하나님의 나라에 참여함을 전제로 한 명령을 의미합니다. 이 명령을 지키면 그리스도의 재림과 하나님의 나라에 참여할 것입니다.

데살로니가전서 4 : 16에는 "주께서 호령과 천사장의 소리와 하나님의 나팔 소리로 친히 하늘로부터 강림하시리니 그리스도 안에서 죽은 자들이 먼저 일어나고"라고 합니다. 예수님의 재림의 모습을 말합니다. 17절에는 "그 후에 우리 살아남은 자들도 그들과 함께 구름 속으로 끌어올려 공중에서 주를 영접하게 하시리니 그리하여 우리가 항상 주와 함께 있으리라"라고 합니다. 하나님의 나라에 입성하는 모습을 설명합니다. 그리스도의 재림과 하나님의 나라는 확실합니다. 재림과 하나님의 나라에는 참여해야 하고, 또 참여할 수 있습니다.

성경에는 명령이 많습니다. "하라.", "하지 말라."라는 말씀들이 많이 적혀 있습니다. 유대인은 하나님께로부터 십계명을 받았습니다. 이 십계명을 613개의 작은 계명으로 만들었습니다. 십계명을 최초로 분류한 사람은 중세 시대 유대의 저명한 랍비 사상가 마이모니데스였습니다. 그는 하나님의 명령을 긍정적인 명령 248개와 부정적인 명령 365개로 나누었습니다. 248개는 사람의 몸을 이루고 있는 모든 부분의 총합이며, 365개는 1년을 뜻한다고 합니다. 유대인이 만든 613개의 명령을 예수님은 하나로 만들었습니다. 그것은 사랑입니다. 하나님을 사랑하고 이웃을 내 몸같이 사랑하는 것입니다.

사람들은 명령의 경중을 따집니다. 성경이 가르치는 거짓말하지 말라는 명령과 살인하지 말라는 명령이 같습니까? 사람들은 살인하면 큰 죄를 지은 것으로 알고, 거짓말하면 별로 가책도 받지 않습니다. 그러나 성경은 모두가 중한 명령이라고 합니다. 심지어는 사랑하라는 명령까지도 중한 명령입니다.

예수님의 지상명령(the Great Commission)은 대제안(the Great Suggestion)이 아닙니다. 우리의 사명은 선택이 아니고 하나님의 백성에게 필수입니다. 모든 명령은 대명령입니다. 모든 명령은 지상명령입니다. 모두가 엄한 명령입니다. 하나님의 명령 가운데 어겨도 되는 작은 명령은 없습니다.

작가 토마스 카힐은 1세기 그리스도인들이 대명령을 실천하는 가장 적절한 단어를 찾다가 '낙천적으로'(buoyantly)라는 단어에 와서 결론을 얻었습니다. 하나님의 명령은 짐이 아니라 축복이며, 은혜이며, 기쁨입니다. 왜 그렇습니까? 하나님의 명령은 보장이나, 축복이나, 은혜가 있습니다. 하나님이 그의 자녀에게 복 주시기 위한 방편이 하나님의 명령입니다.

성자 아우구스티누스는 「고백록」에서 "하나님께서는 당신이 원하시는 것을 우리에게 명령하지만 명령을 수행할 수 있는 능력도 주신다."라고 하였습니다. 반면에 펠라기우스는 "주님의 명령을 순종할 수 있는 은혜를 주시고 주님의 뜻대로 명령하소서."라고 하였습니다. 펠라기우스는 인간의 힘으로 순종하려고 했습니다. 인간의 의지나 힘으로 하나님의 명령에 순종하는 것이 아닙니다. 아우구스티누스는 명령에 대한 순종은 은혜에 의하여 되는 것으로 보았습니다.

하나님의 나라를 두고 하신 명령이 무엇입니까?

### 말씀을 전파하고, 양육해야 합니다

2절에 말합니다. "너는 말씀을 전파하라 때를 얻든지 못 얻든지 항상 힘쓰라 범사에 오래 참음과 가르침으로 경책하며 경계하며 권하라" 바울이 디모데에게 하나님의 나라를 걸고 명령하는 내용이 말씀 전파와 가르침과 경책과 경계와 권함입니다. 말씀 전파와 양육은 하나님의 나라를 걸고 할 만큼 중요한 명령입니다. 누구나 반드시 해야 할 일입니다. 복음 전파와 양육은 선택사항이 아닙니다. "전파하라"는 말은 헬라어로 '케뤼손'인데 대중 앞에서 선포하라는 의미입니다. 모든 사람에게 담대히 복음을 전할 것을 명령하는 말씀입니다.

"때를 얻든지 못 얻든지 항상 힘쓰라"라고 하신 말씀은 '네가 말씀을 전하고 싶든지 그렇지 않든지'라는 뜻입니다. 새번역성경에 보면 "기회가 좋든지 나쁘든지"라고 번역하였습니다. 군인은 언제든지, 어떠한 상황이든지 주어진 임무를 수행하기 위해 준비된 모습을 반영합니다. 이는 항상 복음 전파에 대한 열정과 책임감을 가져야 한다는 말입니다.

아주 오래전 제가 교회의 전임전도사가 되어 심방을 주로 할 때의 일입니다. 1월이었는데 어느 권사님과 심방하기로 약속했습니다. 독립문 옆, 언덕이 심한 동네에 심방하기로 한 것입니다. 그 권사님은 연세가 좀 드신 분인데 약속한 날 새벽에 눈이 왔습니다. 권사님이 아침에 교회로 전화하셔서 "전도사님, 오늘 심방하십니까?" 그러시는 것입니다. 제가 "군인이 눈 온다고 전쟁 안 합니까?"라고 했습니다. 뒤에 알고 보니 다른 분들에게 "무서운 전도사가 왔다."라고 했다는 깃입니다. 제가 무섭긴요? 안 무서워도 그렇게 해야 합니다.

바울의 복음 전파에 대한 열정을 보세요. 사도행전 20 : 23~24에 그의 심정이 나타나 있습니다. "오직 성령이 각 성에서 내게 증언하여 결박과 환난이 나를 기다린다 하시나 내가 달려갈 길과 주 예수께 받은 사명 곧 하나님의 은혜의 복음을 증언하는 일을 마치려 함에는 나의 생명조차 조금도 귀한 것으로 여기지 아니하노라" 결박과 환난이 기다리고 있는 최악의 상황이지만 복음을 전하려 합니다. 기회가 좋든지 나쁘든지 바울의 복음 전파의 열정을 꺾을 수 없었습니다. 하나님 나라의 일은 항상 조건이 좋은 것만은 아닙니다. "항상 힘쓰라"라는 말은 끈기 있게 하라는 뜻입니다. 반대에 부딪쳐도 멈추지 말라는 뜻입니다.

° 어느 권사님은 동네 아주머니를 전도대상자로 정해 놓고 기도하고 전도하러 갔습니다. 그런데 그 아주머니는 교회에 나올 생각이 전혀 없었습니다. 그러나 권사님은 끈기 있게 찾아가서 전도했습니다. 이 아주머니가 얼마나 귀찮았던지 이사를 갔습니다. 그런데 주민센터에 가서 새 주소를 알아내서 찾아갔습니다. 견디다 못해

또 이사를 갔습니다. 이번에는 권사님이 찾아오지 못하게 하려고 일부러 언덕 위의 높은 집으로 이사를 했습니다. 하루는 어디에 가려고 나오다 보니 권사님이 언덕을 기어 올라오고 있었습니다. 얼마나 놀랐던지 얼른 집 안으로 도망하여 캐비닛 안에 들어갔습니다. 그런데 권사님은 아예 마루에 걸터앉아 갈 생각을 안 합니다. 캐비닛 속에 2시간을 숨어 있다가 아주머니가 도저히 견딜 수 없어서 항복했습니다. "아이고, 아주머니 다음 주일에 갈게요." 그리고 다음 주일에 교회에 오셨더랍니다. 그리고 후에 그분이 그 교회의 권사가 되셨습니다.

이런 열정이 생명을 구합니다.

가르치고, 경책하며, 경계하며, 권하라는 것은 말씀을 전파한 후의 양육 과정을 의미합니다. 복음을 전파하기만 하면 안 됩니다. 복음을 전파한 후에 뿌리를 내리고 정착하도록 끝까지 잘 양육해야 합니다. 골로새서 2 : 7에는 "그 안에 뿌리를 박으며 세움을 받아 교훈을 받은 대로 믿음에 굳게 서서"라고 합니다. 복음을 받은 자가 확실하게 뿌리를 내리게 해야 합니다. 양육을 해야 전파의 효과가 나타나고 결실할 수 있습니다.

양육은 전파에 버금가게 중요한 일입니다. 예수님이 하신 일을 보세요. 복음을 선포하시고, 고치시고, 가르치셨습니다. 고치심은 선포의 도구입니다. 가르침은 선포의 마무리 작업입니다. 성경에 보면 예수님께서 말씀하신 부분을 빨갛게 인쇄한 책이 있는데, 예수님의 말씀 부분을 크게 나누면 '케리그마', 즉 선포와 '디다케', 즉 가르침 부분이 있습니다. 그런데 예수님의 말씀에도 가르침 부분이 선포 부분보다 월등하게 많습니다.

바울도 마찬가지입니다. 그도 선포와 양육을 동시에 했습니다. 바울에게도 가르침이 훨씬 많습니다. 사도행전 20장에는 바울이 드로아에서 밤중까지 말씀을 강론하고 있을 때에 유두고라고 하는 청년이 창문에 걸터앉아 있다가 3층에서 떨어져 죽었습니다. 바울은 내려가 죽은 청년을 다시 살렸습니다. 바울도 가르치는 일에 열중했던 것을 알 수 있습니다.

가르치고, 경책하고, 경계하고, 권하는 것은 지금도 전도 후에 양육하는 내용입니다. 우리 교회는 전도한 후에 새가족반에서 가르치고 양육합니다. 성경은 "그에게까지 자랄지라 그는 머리니 곧 그리스도시라"라고 합니다. 그리스도에게까지 자랄 수 있도록 양육하는 것이 전파한 사람의 책임입니다.

존 맥스웰은 "남의 삶에 영향을 미치고 싶다면 양육하라."라고 하였습니다. 영향을 미치는 일을 지도력이라고 합니다. 지도력은 양육하는 일입니다. 양육하면서 세워지는 것이 지도력입니다. 그리스도인의 전도와 양육은 지도력입니다.

° 문경의 신망애육원은 오래전부터 고아들에게 주는 훈련을 하였다고 합니다. 크리스마스이브는 고아들에게도 주는 날입니다. 받는 것보다 주는 훈련을 많이 했더니 그들이 자라서도 고아원을 잊지 않고 찾아온다고 합니다. 설립하신 황용석 장로님이 살아 계실 때는 명절 때면 200~300명씩 원 출신들이 찾아왔다고 합니다. 다른

보육원은 떠난 다음에는 다시 보지도 않는 곳이 많다고 하는데 말입니다.

복음을 심고, 양육하면 그들의 생각이 자랍니다. 그리스도에게까지 자라서 성숙한 인격을 가지게 되는 것입니다.

낚시는 월요일에 제일 잘된다고 합니다. 금요일, 토요일, 주일에 낚시하는 사람들이 낚시 밥을 많이 줘서 고기들이 몰려 있는데, 월요일에는 다 집에 가고 사람들이 없어서 월요일에 가면 가장 잘 잡힌다고 합니다. 그래서 낚시 취미를 가진 목사님들이 월요일에 낚시를 하기 때문에 별로 재주가 없어도 많이 잡는다고 합니다.

본질적으로 전도는 단순한 실천입니다. 특별한 재주로 하는 것이 아니라 간절한 열정으로 하는 것입니다. 전도는 삶으로 실천되기만 한다면 강력한 현실이 될 수 있는 포괄적인 목표입니다. 하나님의 나라를 절대 잃지 마세요. 꼭 소유하세요. 복음 전파와 양육의 명령을 순종하는 자세로 받고, 단순한 실천을 하고, 순종하는 마음만 있으면 전도는 됩니다. 가르침과 경책과 권함도 절로 됩니다. 이미 수많은 사람들이 많은 떡밥을 던져 놨습니다. 이제 가서 건지면 됩니다. 하나님의 나라를 걸고 복음 전파와 양육을 실천합시다. 그래서 복음의 열매를 맺는 우리가 되기 바랍니다.

**T.i.p.**

사람에게는 모든 것을 다 잃어도 절대로 잃어버리지 말아야 할 것이 있습니다. 어떤 이는 자존심이라고 할 것입니다. 어떤 이는 양심이라고 할 것입니다. 어떤 이는 얼 혹은 정체성이라고 할 것입니다. 그런데 모든 사람에게 잃어버리면 안 되는 가장 중요한 것은 생명입니다. 온 천하를 주고도 바꾸지 못할 것이 생명입니다. 이 소중한 생명의 근원이, 생명의 보금자리가 하나님의 나라입니다. 그래서 하나님의 나라는 절대 잃지 말아야 합니다.

# How 기다림

| 거듭남의 조건
| 기다리는 자
| 어린아이와 같이
| 하나님 나라의 문
| 하나님 나라의 비밀
| 복된 자

열한 번째 비밀

## 거듭남의 조건

[요한복음 3 : 3~5]

이런 이야기가 한참 인터넷에 떠올랐습니다.

° 1998년 미얀마의 한 승려가 죽었습니다. 승려가 죽은 수일 후 장례식을 앞두고 시신 썩는 냄새가 났습니다. 장례식이 시작되고 시신을 화장하기 직전에 갑자기 죽은 승려가 몸을 일으키고 일어나 외치기 시작했습니다. "우리는 모두 거짓말에 속고 살았습니다. 저는 우리 조상들이 종류를 알 수 없는 불길 속에서 고통받고 불타고 있는 것을 보았습니다. 저는 또한 부처와 다른 고승들을 보았습니다. 그들 모두가 불바다 속에 있었습니다. 우리들은 기독교인들의 말을 들어야만 합니다. 그들만이 진리를 아는 유일한 사람들입니다." 그 말을 들은 지역 전체가 큰 충격에 빠졌습니다. 그의 말을 듣고 300명의 승려

가 기독교로 개종하여 성경공부를 하였습니다. 그 승려는 계속해서 예수를 믿도록 경고의 음성을 전하였습니다. 이 승려의 녹음테이프가 미얀마 전국에 배포되었습니다. 미얀마의 불교계와 정부가 발칵 뒤집어졌습니다. 승려는 정부에 의하여 체포되었고 그 후에 더 이상 그를 본 자가 없었습니다. 그의 녹음테이프를 듣는 일은 심각한 범죄로 단정되어 테이프를 폐기해 버렸습니다.

    이 이야기가 사실인지 확인할 길은 없지만 이 이야기의 내용은 사실일 것입니다. 죽었다가 살아난 승려는 다시 죽은 것 같습니다. 이 이야기가 사실이라면 이 승려는 죽었지만 영원히 살고 있을 것입니다. 이렇게 죽었다가 살아난 것을 거듭남이나 중생이라고 하지 않습니다. 거듭남은 예수님의 보혈로 새 생명을 얻은 것을 의미합니다.

    성경에서 죽었다가 살아난 사람이 누구인지 아십니까? 엘리야 시대에 사르밧 과부의 아들이 죽었다가 다시 살아났습니다. 엘리사 시대에 수넴 여인의 아들이 엘리사의 기적으로 다시 살아났습니다. 예수님께서는 회당장 야이로의 딸과 나인성 과부의 아들과 나사로를 죽었다가 다시 살게 하셨습니다. 예수님께서 승천하신 후에 베드로는 다비다라는 여인을 다시 살게 하였습니다. 바울은 늦은 밤에 창문에 걸터앉아 말씀을 듣다가 떨어진 유두고라는 청년을 다시 살게 하였습니다. 그리고 예수님께서 죽음에서 다시 사셨습니다.

    예수님을 제외한 이들이 다시 살아난 것은 부활의 증거입니다.

우리 모두가 죽지만 다시 살아날 수 있다는 것을 증명한 것입니다. 그러나 이들이 다시 태어난 것은 아닙니다. 이들이 죽었다가 살아났다고 하여 거듭난 것도 아닙니다. 더욱이 죽었다가 살아났다는 사실이 구원의 확증은 아닙니다. 엄밀하게 말하면 다시 태어남도 아닙니다. 어머니 배 속에 들어갔다가 다시 태어난 것이 아닙니다.

모리스 롤링스의 「지옥에 다녀온 사람들」(Beyond Death's Door)이라는 책이 있습니다. 죽었다가 살아난 많은 환자들을 병상 인터뷰한 책입니다. 철저한 무신론자이자 심장혈관 전문의였던 저자는 1977년 심장마비로 죽어 가는 한 남자를 소생술로 다시 살게 합니다. 심장박동이 다시 살아나고 호흡을 다시 시작하면서 이 남자는 비명을 지릅니다. "나는 지옥에 있다." 공포에 떨며 자기를 도와달라고 의사에게 간청했습니다. 저자는 이 사람의 비명에 충격을 받았고 죽음 후의 나라에 대하여 관심을 가지고 믿게 되었습니다.

죽었다가 살아난 사람들은 구원과 하나님의 나라와 지옥을 증언하였습니다. 그러나 죽었다가 살아난 사람을 보아도 믿지 못합니다. 우리 속에 말씀에 대한 확신 없이 현상만 가지고는 믿을 수 없습니다. 누가복음 16장에는 부자와 거지 나사로의 이야기가 있습니다. 두 사람이 다 죽었습니다. 부자는 죽어 음부에 갔고, 거지 나사로는 죽어 낙원에 가서 아브라함의 품에 안겨 있었습니다. 부자는 얼마나 괴로웠던지 나사로를 보내어 혀에 물 한 방울만 떨어트려 달라고 아브라함에게 부탁합니다. 그러나 아브라함은 서로가 건널 수 없다고 거절합니다. 부자는 다시 나사로를 세상에 보내어 세상에 있는 자신의 형제들에게 가서 음부에 오지 않게 권해 달라고 합니다. 그러나 아브라함은 다시 그들에게는 모세와 선지자, 즉 성경이 있으니 성경을 보고 믿으면 될 것이라고 합니다. 부자는 자신의 형제들은 성경을 보고 믿을 수 없기에 죽은 자가 가야 믿을 것이라고 합니다. 그때 31절에 "이르되 모세와 선지자들에게 듣지 아니하면 비록 죽은 자 가운데서 살아나는 자가 있을지라도 권함을 받지 아니하리라 하였다 하시니라"라고 합니다. 성경말씀을 믿지 못하면 죽은 자가 살아나는 기적을 보아도 믿지 못할 것이라고 합니다. 기적이라는 현상이 아니라 말씀으로 믿을 수 있습니다. 죽었다가 살아나는 것이 중요한 것이 아니라 이 땅에서 말씀을 믿음으로 다시 새로운 생명으로 거듭남을 체험하는 것이 중요합니다.

### 거듭나야 하나님의 나라를 볼 수 있습니다

3절에는 "사람이 거듭나지 아니하면 하나님의 나라를 볼 수 없느니라"라고 합니다. 하나님의 나라를 볼 수 있는 유일한 조건은 거듭남입니다. 여러분은 하나님의 나라를 보기 원하십니까? 거듭남을 체험하시기 바랍니다. 거듭난 사람들에게는 하나님의 나라가 보입니다. 거듭나지 않은 사람에게 하나님의 나라는 아무리 보려고 해도 보이지 않습니다.

신명기 27 : 1~2에는 "내가 오늘 너희에게 명령하는 이 명령을 너희는 다 지킬지니라 너희가 요단을 건너 네 하나님 여호와께서 네게 주시는 땅에 들어가는 날에"라고 합니다. 구약에서는 명령을 다 지켜야 여호와께서 주시는 땅에 들어갈 수 있다고 합니다. 구약적 의미에서 볼 때 하나님의 나라에 들어갈 수 있고, 볼 수 있는 조건은 명령을 다 지키는 것입니다. 그런데 누가 하나님의 명령을 다 지킬 수 있습니까? 아무도 없습니다. 구약의 방법으로는 도저히 하나님의 나라에 들어갈 수 없기에 예수님을 통하여 쉬운 길을 여셨습니다. 신약에서는 하나님의 나라를 볼 수 있고, 들어갈 수 있는 조건을 물과 성령으로 거듭나야 한다고 합니다. 구약과 신약에서 하나님의 나라에 들어가는 조건, 들어가는 방법에는 차이가 있습니다. 신약에서는 믿음으로, 거듭남으로 들어갈 수 있게 하신 것입니다.

'거듭'이란 말은 헬라어로 '아노덴'이란 말입니다. 이 말은 '처음부터 다시', '두 번째', '위에서부터'의 뜻입니다. 유대인들은 이방인이 기도하고, 제사 드리고, 세례를 받아 유대교로 개종하면 중생한 자라고 하였습니다. 그러나 예수님은 행동이나 부분적인 변화가 아니라 전체 본성이 새롭게 되는 사건이 필요하다고 하셨습니다. 마치 병에서 서서히 낫는 것처럼 점진적 회복이 아니라 죽은 자가 살아나는 것과 같은 즉각적인 변화가 있어야 합니다.

지난해 영국에서는 벨마 토마스라는 59세 여성이 뇌사 판정을 받은 지 17시간 만에 완전히 심장이 멈추었습니다. 그런데 그 여성은 10분 후에 다시 살아났습니다. 또 페루에서는 33세 여성이 암으로 죽었습니다. 그런데 시체가 관에 들어간 지 2시간 만에 다시 일어나서 이렇게 증언했습니다. "흰옷을 입은 두 사람과 함께 심해와 사막을 건너 저승에 이르렀는데 아들을 두고 절대로 죽을 수 없다고 다시 데려다 달라고 졸라서 다시 살아났다."라고 하였습니다. 폴란드에서는 84세 된 노파에게 의사가 공식으로 사망선고를 했습니다. 시체를 넣는 가방에 넣어 영안실로 옮겨졌습니다. 그런데 가방이 꿈틀거려 열어 보니 다시 살아났습니다. 최근에 다시 살아난 사람들이 다 여성들입니다. 역시 여성들의 생명이 훨씬 끈질긴 것 같습니다.

죽었다가 깨나도 못하는 것이 죽었다가 깨나는 것이라는데 이런 육체적 깨어남이 거듭남은 아닙니다. 거듭남이란 무엇입니까? 첫째는 다시 태어나는 것입니다. 우리의 생활과 습관이 새로워짐을 말합니다. 새 사람이 됨을 의미합니다. 둘째는 성령으로 사는 것을 의미합니다. 성령으로 살면서 성령으로 열매 맺는 것을 말합니다. 성령의 열매를 가지는 것을 말합니다. 셋째는 위로부터 나는 것입니다. 세상에서 어머니를 통하여 나는 것이 아니라 위로부터 나는 새롭게 태어남을 말합니다. 이것이 거듭남이라는 것입니다.

고린도전서 15 : 50에는 "혈과 육은 하나님 나라를 이어 받을 수 없고 또한 썩는 것은 썩지 아니한 것을 유업으로 받지 못하느니라"라고 합니다. 혈과 육이란 무엇입니까? 육에 속한 자를 말합니다. 육적인 생각으로 살아가는 사람들을 말합니다. 세상에서 아무리 똑똑하다고 하더라도 이것 가지고 거듭남을 체험할 수는 없습니다. 인간의 지식이나, 이성이나, 경험으로는 절대로 거듭날 수 없는 것입니다.

미국의 위대한 목회자요, 학자인 조나단 에드워즈는 거듭남이란 "하나님께서 사람의 마음에 변화를 일으키셔서 그것으로 말미암아 사람이 은혜롭고 거룩하게 되는 것이다."라고 하였습니다. 또한 그는 "회심 또는 중생의 교리는 기독교의 가장 위대한 교리이다."라고 말하였습니다. 거듭남은 가장 소중한 신앙적 삶입니다. 가장 위대한 은혜입니다.

예수님의 말씀에 니고데모는 "늙으면 어떻게 날 수 있습니까? 어찌 그런 일이 있을 수 있나이까?"라고 하였습니다. 참 어리석은 말들을 하였습니다. 예수님은 그의 질문에 대하여 "이스라엘의 선생으로서 이러한 것들을 알지 못하느냐?"라고 하십니다. 니고데모는 율법을 머리로만 알고 있었습니다. 성령을 알지 못했기 때문에 말씀을 영적으로 볼 수 없었습니다. 아마 예수님께서는 니고데모를 불쌍히 보셨을 것입니다.

고린도전서 15 : 19에는 "만일 그리스도 안에서 우리가 바라는 것이 다만 이 세상의 삶뿐이면 모든 사람 가운데 우리가 더욱 불쌍한 자이리라"라고 합니다. 하나님의 나라를 알지 못하고 세상만 알고, 세상에만 관심을 가지고 자신의 머리만 믿고, 거듭남을 모르면 불쌍한 자일 것입니다. 세상에서 아무리 똑똑하고 지식이 있다고 하더라도 신령한 영적 지식이 없으면 누구나 불쌍할 수밖에 없습니다.

## 물과 성령으로 나야 하나님의 나라에 들어갈 수 있습니다

5절에는 "사람이 물과 성령으로 나지 아니하면 하나님의 나라에 들어갈 수 없느니라"라고 하십니다. 하나님의 나라에 들어가는 조건은 물과 성령으로 거듭나는 것입니다. 모르는 사람들은 어렵지만 영적 지혜가 있는 사람들은 참 쉬운 것이 하나님의 나라에 들어가는 것입니다.

'물과 성령'이라고 했는데 물이 무엇입니까? 물은 세례 요한의 세례 혹은 기독교 세례와 관련이 있다고 해석합니다. '자연적 출생'으로 보기도 합니다. 또 물은 깨끗하게 하는 것을 상징합니다. 유대인의 희생 제사에 물은 필수요소입니다. 예를 들어 물을 가지고 씻는 결례라는 예식이 있었습니다. 개종자들을 받아들일 때에는 물세례를 베푸는 관습이 있었습니다.

세례 요한은 죄 사함을 받기 위한 회개를 촉구하였습니다. 이 회개의 촉구를 받아들여 죄를 회개한 자에게는 물로 세례를 주었습니다. 욥바에 있던 베드로가 청함을 받고 가이사랴의 고넬료와 그 집에 모인 사람들에게 말씀을 전했습니다. 그곳에 모인 사람들이 말씀을 듣던 중 성령강림을 체험했습니다. 이때 베드로는

그들에게 세례를 주었습니다. 물세례를 받기 전에 이미 성령을 받았습니다. 사도행전 8장에는 빌립이 에티오피아 간다게의 내시를 만나 성경을 풀어 줍니다. 내시가 말씀을 받고 성령을 먼저 체험했습니다. 그리고 물이 있는 곳에 와서 세례를 받았습니다. 성경에는 물로 세례를 받기 전에 이미 성령으로 세례를 받은 예가 많이 있습니다. 물과 성령 가운데 어느 것을 먼저 받아야 한다는 것보다 "성령으로 나지 아니하면"이라고 말씀하신 '성령의 세례'가 중요하다고 강조되고 있습니다.

세례를 베풀 때에 물은 두 가지 의미를 가지고 있습니다. 첫째는 죽고 다시 살아남을 의미합니다. 둘째는 깨끗하게 씻음을 의미합니다. 다시 살아나는 거듭남과 깨끗하게 되는 성결은 구원의 중요한 의미이기도 합니다. 거듭난 사람들은 계속해서 깨끗한 성결의 삶을 살아야 합니다.

고대로부터 물은 흙, 공기, 불과 더불어 자연계의 4대 구성 성분으로 여겨져 왔습니다. 아르메니아 교회의 신학자 구로이안은 "물은 창조의 피이다. 우리 몸의 80%가 물이다. 물은 또한 세례의 근본요소이다."라고 하였습니다. 물로 세례를 받는 것은 반드시 필요한 일입니다.

칭기즈칸의 법령집인 「대자사크」에는 물의 소중함이 강조되고 있습니다. 함께 먹는 물을 더럽힌 자는 처벌합니다. 물에 오줌을 눠서는 안 됩니다. 물에 손을 담궈서는 안 됩니다. 물을 쓸 때는 반드시 그릇에 담아야 합니다. 옷은 완전히 너덜너덜해지기 전까지 빨래하지 말라고 하였습니다. 성경을 알지 못하는 사람들도 물을 소중히 여겼습니다. 그러나 그들이 소중히 여기는 것은 영적 의미보다 자연적 의미입니다. 물이 그들에게 아무리 소중하다고 해도 성경이 말하는 물의 의미와는 다릅니다.

사도행전 18장에는 아볼로라는 유명한 목회자가 등장합니다. 그는 알렉산드리아 출신의 유대인입니다. 그가 에베소에 와서 열심히 사람들에게 성경을 가르쳤습니다. 그런데 성경은 아볼로가 "요한의 세례만 알 따름이라"(25절)고 합니다. 그의 성경 강해를 들은 브리스길라와 아굴라가 그를 데려다가 더 정확하게 말씀을 풀어 주었습니다. 요한의 세례만 가지고는 말씀을 바르게 해석할 수 없습니다. 고린도전서 16장에 보면 고린도 교회가 아볼로를 그 교회의 목회자로 보내 달라고 바울에게 부탁을 했습니다. 고린도는 당시에 가장 유명한 도시 가운데 하나였고, 아볼로를 청한 것으로 봐서 아볼로는 당대에 가장 걸출한 지적인 지도자였던 것 같습니다. 그러나 성령을 알지 못하면 하나님의 말씀을 바르게 해석할 수 없는 것입니다. 브리스길라와 아굴라는 아볼로에게 굉장히 중요한 도움을 준 것입니다. 하나님의 나라에 들어가기 위해서는 먼저 깨달은 자들의 도움이 절대적으로 필요합니다.

예수님께서 십자가에서 죽으실 때에 옆구리를 창으로 찌르자 "곧 피와 물이 나오더라"라고 합니다. 피는 구원을 의미하며 물은 변화를 의미합니다. 많은 사람들이 피는 받아들이면서 물은 간과합니다. 구원은 받고 싶어하지만 변화는 원하지 않습니다. 또 물은 받아들이지만 피는 간과하는 사람들이 있습니다. 그리스도를 위해 기쁘게 살지만 그리스도와 화목한 관계를 이루지 못한 사람들입니다.

피와 물은 항상 함께 필요합니다.

　우리의 거듭남에는 물과 성령이 다 필요합니다. 물세례와 성령세례가 다 필요합니다. 이 둘 중에서 어느 하나만으로는 부족합니다. 물세례라는 형식과 성령세례라는 내용이 다 필요한 것입니다. 세례가 중생의 표는 아닙니다. 세례를 받아야 하나님의 나라에 가는 것도 아닙니다. 세례를 받지 않았다고 다 하나님의 나라에 가지 못하는 것도 아닙니다. 그러나 세례를 무시하는 것도 안 됩니다.

　요한복음 1 : 13에는 "이는 혈통으로나 육정으로나 사람의 뜻으로 나지 아니하고 오직 하나님께로부터 난 자들이니라"라고 합니다. 물과 성령은 다 하나님으로부터 온 것입니다. 물은 인간에게서, 성령은 하나님에게서 온 것이 아닙니다. 물도, 성령도 다 하나님의 것입니다. 형식도, 내용도 다 하나님으로부터 왔습니다. 하나님은 성경에 형식을 꼼꼼히 일러 주십니다. 제사나 제사장의 옷이나 규범이나 생활이나 신앙이나 음식에 대한 형식을 너무나 소상히 일러 주십니다. 구약성경에 가득 차 있는 내용들이 이런 것들입니다. 신약에도 예수님께서 이런 형식에 대하여 말씀해 주십니다. 물과 성령은 거듭남의 중요한 조건입니다.

　마약 중독자들 사이에서 HIV 바이러스가 급속도로 확산된다고 합니다. 왜냐하면 마약을 할 때에 주사 바늘을 돌려 쓰기 때문입니다. 왜 그렇게 하게 되는지 아십니까? 구입한 마약이 진품인지 확인하는 방법은 직접 주사해 보는 방법밖에 없기 때문이라고 합니다. 직접 해 보는 것은 가장 확실한 방법입니다. 거듭남이란 다른 사람의 경험을 통하여 알 수 있는 것이 아닙니다. 내가 경험해야 합니다. 내가 반드시 경험해야 할 것이 거듭남입니다. 다른 사람의 말을 들어서 아는 것이 아닙니다. 거듭남의 체험 없이는 참그리스도인이 아닙니다.

하나님의 나라에 들어가는 자는 거듭난 자입니다. 거듭난 자는 죄의 습성을 멀리합니다. 그리스도를 믿습니다. 의로운 생활을 힘씁니다. 성령의 인도하심을 받습니다. 세상을 이깁니다. 정결한 생활을 계속합니다. 거듭남의 삶은 우리의 일상에서도 참으로 유익합니다. 거듭남은 머리가 아니라 행동으로 직접 해 봐야 합니다. 지식으로도 모르고, 선생이 된 자도 모르는 하나님 나라의 비밀이 거듭남의 비밀입니다. 우리 모두가 은혜로, 물과 성령으로 거듭남의 지혜를 가지고 있습니다. 거듭남으로 하나님의 나라를 소유하고 날마다 감격으로 거듭남의 삶을 사는 우리가 되기 바랍니다.

> **T.i.p.**
>
> 하나님의 나라에 들어가는 자는 거듭난 자입니다. 거듭난 자는 죄의 습성을 멀리합니다. 그리스도를 믿습니다. 의로운 생활을 힘씁니다. 성령의 인도하심을 받습니다. 세상을 이깁니다. 정결한 생활을 계속합니다.

# 기다리는 자

열두 · 번째 · 비밀

[누가복음 23 : 50~51]

생텍쥐페리의 「어린 왕자」에 이런 말이 나옵니다. "네가 오후 4시에 온다면 난 3시부터 행복해질 거야." 기다림은 행복이고, 기다림은 사랑입니다. 기다림은 그 자체가 상실이 아닙니다. 기다림은 그 자체에 의미가 있습니다.

하나님께서 사람들에게 기다리게 하시는 것은 하나님의 갑절의 축복이 준비되고 있다는 증거입니다. 기다림은 그 자체가 인생입니다. 사람을 기다리고, 전화를 기다리고, 좋은 날을 기다리고, 자신의 순서를 기다리는 데 사람들은 많은 시간을 보내지만, 아까워하지 않습니다. 기다림 속에서 사람은 커집니다.

성경에서 기다림은 신앙입니다. 노아는 하나님의 약속이 이루어질 것을 믿고 120년을 기다렸습니다. 아브라함에게 이삭이 태어나

기까지 25년이 걸렸습니다. 그런데 그는 기다리지 못해 이스마엘을 낳았습니다. 기다리지 못한 결과, 그 가정의 불화의 씨가 되었습니다. 하나님께서 주신 땅에 대한 약속이 구체적으로 모습을 갖추기까지는 꼬박 백년이 걸렸습니다. 하나님의 축복은 언제나 총알 같은 속도로 다가오는 것이 아닙니다. 때로는 더디고 느립니다. 그러므로 우리는 조급해 하지 말아야 합니다. 하나님은 절대로 우리 앞에서 서두르지 않으십니다.

시편 40 : 1에는 "내가 여호와를 기다리고 기다렸더니 귀를 기울이사 나의 부르짖음을 들으셨도다"라고 합니다. 시편의 기자가 하나님을 기다리는 간절함이 우러납니다. "기다리고 기다렸더니"라는 말은 '카오 키위티'라는 말로써 연속적 행위를 의미합니다. 간절하면 만나 주십니다. 부르짖으면 들어주십니다. 시편 기자는 그를 통하여 경험하고 터득한 사실을 말하고 있습니다.

영적 성숙이란 하나님을 참고 기다리는 것입니다. 특히 하나님의 때를 인내심 있게 기다리는 것이 꼭 필요합니다. 게리 토마스는 "초대교회에서는 인내와 기다림이 그리스도의 제자라는 증명서였다."라고 합니다. 부름 받았다는 것은 기다리라고 부탁 받았다는 뜻일 때가 많습니다. 기다림이란 하나님의 약속을 이루는 우리의 자세입니다.

베드로후서 3 : 9에는 "주의 약속은 어떤 이들이 더디다고 생각하는 것같이 더딘 것이 아니라 오직 주께서는 너희를 대하여 오래 참으사 아무도 멸망하지 아니하고 다 회개하기에 이르기를 원하시느니라"라고 합니다. 하나님의 약속은 반드시 이루어집니다. 하나님의 나라는 반드시 옵니다. 하나님의 나라를 잘 기다리는 자가 되기 바랍니다.

아리마대 요셉은 용기 있는 숨은 제자였습니다. 마태는 단순히 예수님의 제자라고 하지만 마가는 누가와 같이 하나님의 나라를 기다리는 자라고 합니다. 그는 메시야 왕국에 대한 소망과 확신을 가지고 있었습니다. 예수님의 죽음을 보고도 예수님이 메시야라는 사실을 변치 않고 믿었습니다. 그는 믿음을 잃지 않았습니다. 요셉을 통하여 하나님의 나라를 기다리는 자가 어떤 자인지 살펴보고, 우리도 하나님의 나라를 기다리는 그리스도인이 되기 바랍니다.

### 하나님의 나라를 기다리는 자는 선하고 의로운 사람입니다

50절에는 "공회 의원으로 선하고 의로운 요셉이라 하는 사람이 있으니"라고 합니다. 51절에는 "유대인의 동네 아리마대 사람"이라고 합니다. 그래서 흔히 아리마대 요셉이라고 부릅니다. 성경에는 여러 명의 요셉에 나오는데 다른 요셉과 비교하기 위하여 그렇게 부르는 것입니다. 아리마대는 예루살렘 북쪽에 있는 요즘의 지명 '렌티스'(Rentis)로 추정하고 있습니다.

성경은 그를 선하고 의로운 사람이라고 합니다. 선과 의는 하나님의 속성입니다. 하나님의 성품을 닮으면 하나님처럼 선하고 의로운 사람이 되는 것이 가능합니다. 하나님의 성품은 인간적 능력이나 의지로 얻어지는 것이 아닙니다. 선과 의를 하나님과 인간이 함께 가지고 있는 속성이라고 하여 '공유적 속성'이라고 합니다. 우리도 선과 의가 분명히 있습니다.

　누가복음에는 하나님의 나라와 하나님 나라의 위로를 기다리는 두 사람을 기록하고 있습니다. 첫째는 시므온이라는 할아버지입니다. 2 : 25에는 "예루살렘에 시므온이라 하는 사람이 있으니 이 사람은 의롭고 경건하여 이스라엘의 위로를 기다리는 자라"라고 합니다. 이 사람은 간절히 메시야의 오심을 기다리다가 성전에서 어린 예수님을 안고 찬송하였습니다. 다른 한 사람은 안나라는 여인입니다. 2 : 36~37에는 "또 아셀 지파 바누엘의 딸 안나라 하는 선지자가 있어 나이가 매우 많았더라 그가 결혼한 후 일곱 해 동안 남편과 함께 살다가 과부가 되고 팔십사 세가 되었더라 이 사람이 성전을 떠나지 아니하고 주야로 금식하며 기도함으로 섬기더니"라고 합니다. 안나도 간절히 메시야를 기다리다가 성전에서 예수님을 만나는 영광을 누리게 됩니다.

　하나님의 나라, 메시야의 오심을 기다리는 자는 한결같이 선하고 의로운 자입니다. 경건한 자입니다. 사람에게 선하다고 할 수 있을까요? 예수님은 하나님 한 분 외에는 선한 분이 없다고 하셨습니다. 그런데 우리는 '선한 사마리아 사람'이라고도 합니다. 사람들이나 다른 모든 것들의 선함은 하나님 선하심의 증거입니다. 하나님의 선하심은 하나님의 약속에 대한 하나님의 충실성의 보증입니다.

　우리 인간은 선과 악의 중간적인 존재입니다. 인간은 선과 악을 동시에 소유하고 있습니다. 흔히 인간성을 말할 때에 성선(性善)과 성악(性惡)을 말합니다. 이 둘 다 이유가 있고 당위성이 있습니다. 사람은 선하기도 하고 악하기도 하기 때문입니다. 하나님의 선은 절대적입니다. 반면에 인간의 선은 상대적입니다. 그래서 그리스도인은 악을 피하는 데 그치지 말고 선을 추구해야 선해질 수 있습니다.

요셉처럼 선한 사람이 의로운 사람입니다. 선이 없는 의는 없습니다. 동시에 의가 없는 선은 없습니다. 착한 사람이 좋은 사람이고, 좋은 사람이 착한 사람입니다. 착하지 않은 좋은 사람을 봤습니까? 좋지 않은 착한 사람을 봤습니까? 요셉이 착하고 좋은 사람이었던 것을 말합니다.

성경에는 이런 사람들이 있습니다. 아벨을 보세요. 그는 믿음으로 제사를 드렸습니다. 성경은 그를 "의로운 사람이라 하는 증거를 얻었으니"라고 합니다. 노아는 "의인이요 당대에 완전한 자"라고 합니다. 욥은 "온전하고 정직하여 하나님을 경외하며 악에서 떠난 자"라고 극찬합니다. 예수님의 아버지 요셉은 "그의 남편 요셉은 의로운 사람이라 그를 드러내지 아니하고 가만히 끊고자 하여"라고 합니다. 옳은 자가 누구입니까? 옳고 그른 것의 분별력을 가진 자가 옳은 사람입니다.

미국 남부 캘리포니아에서는 주 5일 동안 하루 24시간 비디오테이프를 복사하는 회사가 있습니다. 포르노의 거물 존 스타글리아노가 창립한 성공 기업 중의 하나인데, 이 회사의 이름이 '악한 천사 비디오'(Evil Angel video)입니다. 포르노 사업으로 연간 100억 달러 이상 매출을 올리고 있는 기업입니다. 만약에 인간의 정욕을 없애 버릴 수 있다면 역사상 최대의 경제 공황에 빠질 것이라는 추측을 합니다. 인간의 악이 정당화되고, 악이 인간적 번영의 도구가 되고 있습니다.

선한 도구를 악하게 쓰는 것이 죄입니다. 의로운 도구를 불의하게 만드는 것이 악입니다. 악과 불의는 항상 친구입니다. 이것이 인간의 비뚤어진 형상입니다. 하나님의 나라를 상실한 인간의 자화상입니다.

시편 130 : 6에는 "파수꾼이 아침을 기다림보다 내 영혼이 주를 더 기다리나니 참으로 파수꾼이 아침을 기다림보다 더하도다"라고 합니다. 이 간절한 기다림을 누가 합니까? 선하고 의로운 자가 합니다. 우리가 이런 간절함으로 기다리는 자가 되기 바랍니다.

### 하나님의 나라를 기다리는 자는 불의에 찬성하지 않습니다

51절을 보세요. "그들의 결의와 행사에 찬성하지 아니한 자라"라고 합니다. 요셉이 공회 의원이라는 신분을 가졌지만 예수님을 죽이는 일에 동참하지 않았음을 해명하고 있습니다. 공회에서 예수님을 죽이기로 결의하고 행사했지만, 요셉은 반대했습니다. 공회 의원이었지만 음모와 실행에 가담하지 않았습니다.

예수님을 죽이려는 음모와 사형집행 등 공회의 행사는 '불의한 일'입니다. 그래서 요셉은 반대한 것입니다. 마태는 단순히 요셉을 부자이며 예수님의 제자라고 합니다. 예수님의 제자로서 공회 의원의 신분을 가지고 있었고, 공회 의원으로서 반대한다는 것이 둘 다 어렵습니다. 부자이기 때문에 공회를 반대하는 것이 더 어려운 일입니다. 당시에 공회는 막강한 힘을 가지고 있었을 때인데 사회적 힘에 반대하는 것은 자신에게 불이익이 되는 일입니다.

사회의 기득권 세력이나 국가의 공권력에 대해 누가 반대합니까? 부자입니까? 지위가 있는 자입니까? 아니면 무산자입니까? 노숙자입니까? 사회적 지위나 재산이 없는 사람은 사회적 힘에 반대하는 것이 쉽지만 있는 사람들은 어렵습니다. 요셉은 모든 사람이 다 찬성할 때 반대하였습니다. 어떻게 그렇게 할 수 있었습니까? 하나님의 나라를 기다리니까 가능하였습니다.

마가복음 15 : 43에는 "아리마대 사람 요셉이 와서 당돌히 빌라도에게 들어가 예수의 시체를 달라 하니 이 사람은 존경 받는 공회원이요 하나님의 나라를 기다리는 자라"라고 합니다. 예수님의 12명의 제자들이 다 도망갔습니다. 그런데 그가 자신의 신분을 노출하면서 시체를 달라고 하는 것은 참 어려운 일이었을 것입니다. 더구나 성경은 '당돌히'라고 합니다. 세상의 불의와 짝하지 않으면 당돌해집니다. 의로운 마음은 당돌해집니다. 의로운 사람에게는 하나님 외에는 무서운 게 없습니다.

흔히 우리가 '화'가 났다고 합니다. 때로는 '의분'(義憤)이 치솟는다고 합니다. 화와 의분의 차이를 아십니까? 정의나 국가나 신앙 때문에 내는 화를 의분이라고 합니다. 아무 때나 화를 내는 사람은 의롭지 못합니다. 의로운 사람은 불의한 데 대해 화를 냅니다. 그래서 의로운 화를 의분이라고 하는 것입니다.

마태복음 5 : 37에는 예수님께서 "오직 너희 말은 옳다 옳다, 아니라 아니라 하라 이에서 지나는 것은 악으로부터 나느니라"라고 합니다. 옳은 것을 아니라고 한다거나 아닌 것을 옳다고 하는 것은 다

악에서 난 것입니다. 이 모든 것이 선한 것이 아닙니다.

　신문에 보면 '강압에 의한 허위자백'이니 '여론재판'이니 하는 말들을 볼 수 있습니다. 진실이 아닌데 진실처럼 꾸며 죄인을 만드는 일이 있습니다. 여러 사람이 한 사람을 몰아 죄인 취급할 때가 있습니다. 이런 것들이 진실이 아닌 불의한 결정이며, 불의한 판단입니다. 이런 불의한 결정과 판단이 수없이 많은 세상입니다. 이런 때도 의를 고수하고 지켜 나가는 사람들이 있습니다. 하나님의 나라를 기다리는 자이며 불의와 타협하지 않는 자들입니다.

　작가 허먼 멜빌의 「화이트 재킷」이라는 소설이 있습니다.

°한 선원이 심각한 위장병에 걸렸습니다. 그 배에 타고 있던 의사 커티클 박사는 자신의 의술을 발휘할 수 있는 기회가 생겨 기뻐했습니다. 알고 보니 위장병 환자의 병은 맹장염이었습니다. 맹장염에 걸린 선원을 수술대에 눕혀 놓고 의술을 통해 수술을 진행했습니다. 의사는 정확하게 수술 부위를 절개하고 맹장을 잘라 냈습니다. 그리고는 다른 선원들에게 해부학적 설명을 하기 시작했습니다. 사람 복부의 속을 본 적이 없는 선원들은 신기하게 들여다보고 있었습니다. 의사는 자신의 일에 몰두하였고, 수술을 마치고 봉합할 때쯤에는 오랜 수술 시간 때문에 환자는 죽은 상태로 누워 있었습니다. 의사는 너무 열심히 설명하였고, 또 의사의 권위 때문에 선원들은 환자가 죽은 것을 알고 있었지만 죽은 사실을 말해 주지 못했습니다.

누가 환자를 죽였습니까? 의사입니까? 아닙니다. 모두 함께 죽인 것입니다. 선원들이 함께 구경만 할 것이 아니라 진실을 말해 주어야 했습니다. 의로운 말을 못했기 때문에 환자가 죽은 것입니다.

현대 과학이나 발달한 현대 사회, 심지어 신학까지 예수님을 죽이고 있습니다. 복음을 왜곡하고, 신앙을 폄훼하고 있습니다. 그런데 그렇게 하는 사람들뿐만 아니라 입을 다물고 한마디 말도 하지 못하고 있다면, 우리도 죽이는 데 가담한 자입니다. 공모자입니다. 빌라도는 예수님의 사형을 집행하지 않았지만 사형을 집행하게 방조한 죄로 지금까지 빌라도에게 고난을 받았다고 전 세계 그리스도인이 고백하고 있습니다. 불의에 대해 단호하게 말할 수 있어야 합니다.

요셉의 불의에 타협하지 않는 용기, 입을 벌려 예수님의 시체를 달라고 하는 당돌함, 자신을 희생하면서까지 예수님을 옹호하는 담대함, 이런 아리마대 요셉의 지혜가 필요한 시대입니다.

브루스 바튼은 그의 책에서 "불의를 지나치는 사람은 리더가 될 수 없다."라고 합니다. 고린도전서 13 : 6에는 사랑을 설명하면서 "불의를 기뻐하지 아니하며 진리와 함께 기뻐하고"라고 합니다. 하나님을 사랑하면 절대 불의를 기뻐할 수 없습니다. 왜 그렇습니까? 하나님은 의로운 분이기 때문입니다.

기다리는 것만으로도 가치가 있는 상대일 때가 있습니다. 사랑하는 사람과 데이트할 때는 얼마든지 기다릴 수 있습니다. 사랑하기 때문에 기다릴 가치가 있습니다. 그러나 별로 가치가 없는 상대는 기다리지 않고 가 버립니다. 가치 있는 상대는 몇 시간이라도 기다립니다. 맛있다고 소문난 식당에 가 보세요. 점심시간에 설렁탕 한 그릇을 먹으려고 30분도 기다립니다. 그리고 10분 만에 먹고 가야 합니다. 그래도 갑니다.

하나님의 나라는 기다리는 것입니다. 세상의 어떤 일보다 가치 있는 일이 기다리는 일입니다. 하나님의 나라는 평생, 온 정성으로 기다릴 가치가 있습니다. 「기다리는 아버지」라는 제목의 책이 있습니다. 하나님의 본성은 기다림입니다. 하나님은 절대로 조급해 하지 않으십니다. 언제나 느긋하게 얼마든지 모든 사람이 다 들어올 때까지 기다리십니다. 다 들어올 때까지 절대로 문을 닫지 않으십니다.

하나님의 나라를 기다리는 사람은 선하고 의로운 사람입니다. 불의에 찬성하지 않는 자입니다. 우리 모두가 선하고 의로운 마음으로 하나님의 나라를 기다리고, 예수님을 믿고, 목숨으로 복음을 수호하는 자가 다 되기를 간절히 바랍니다.

> **T.i.p**
>
> 영적 성숙이란 하나님을 참고 기다리는 것입니다. 특히 하나님의 때를 인내심 있게 기다리는 것이 꼭 필요합니다. 하나님의 나라는 기다리는 것입니다. 세상의 어떤 일보다 가치 있는 일이 기다리는 일입니다. 하나님의 나라는 평생, 온 정성으로 기다릴 가치가 있습니다.

## 어린아이와 같이

열세 번째 비밀

[마태복음 18 : 1~4]

    월드베이스볼클래식은 잠시나마 우리 국민의 마음을 시원하게 해 주는 쾌거였습니다. 돔 야구장 하나 없는 나라에서 세계 최고의 야구 선수들과 야구장이 즐비한 나라를 이기고 결승까지 올라가서 준우승을 차지한 것은 참 잘한 것입니다. 단, 입이 얄미운 이치로에게 맞아서 진 게 조금 분하기도 합니다. 다른 선수에게 맞았더라면 차라리 조금은 나을 뻔했습니다.

    미국 메이저리그는 모든 야구 선수들의 꿈의 무대입니다. 미국 대표 선수는 100%가 메이저리그 선수입니다. 우리나라가 준결승에서 이긴 베네수엘라도 거의 대부분 메이저리그 선수들이고, 메이저리그에서 최고의 연봉을 받는 선수들입니다. 미국 메이저리그에는 구단이 30개나 있습니다. 메이저리그 외에 마이너리그는 240개입니다. 고등학교 야구단은 수만 개에 이릅니다. 우리나라는 고교 야구팀이 55개밖에 없습니다. 그럼에도 불구하고 이렇게 좋은 성적을 거둔 것은 대단한 일이 아닐 수 없습니다.

'메이저'란 '최상의', '큰 쪽', '주요한' 등의 뜻을 가지고 있습니다. 오늘의 성경 본문에는 "천국에서 큰 자"라는 말이 있습니다. 이 말의 헬라어 원어는 '호 메이존' 입니다. 최상급으로 가장 큰 자를 의미합니다. 이 말이 '메이저'라는 말의 어원입니다. "천국에서 큰 자"라는 말은 하나님의 나라에서 가장 큰 자를 의미합니다. 어떤 사람과도 비교할 수 없는 가장 큰 사람이란 뜻입니다.

천국에서 큰 자라고 한다면 천국에서 작은 자도 있습니까? 천국에서 가장 큰 자라고 한 것으로 봐서는 작은 자도 있을 것 같습니다. 만일 하나님의 나라에 등급이 있다면 무엇으로 구분할까요? 오늘 성경은 겸손함에 따라 결정된다고 합니다. 겸손하고 천국 간 사람은 큰 자이고, 겸손하지 못하고 천국 간 사람은 작은 자입니다. 겸손하고, 낮추고, 작고, 어린 자가 하나님의 나라에서 가장 큰 자입니다.

하나님의 나라는 '역설 천국' 입니다. 가난한 자, 작은 자, 낮은 자, 낮추는 자, 어린이가 득실거리는 역설의 나라입니다. 이런 하나님 나라의 모습은 이 세상의 나라와 전혀 다른 곳입니다. 복이 있다고 하는 자, 하나님 나라의 주인이라고 하는 자들은 한결같이 이 세상의 나라에서는 복이 없거나 주인이 아닌 사람들입니다.

학자들은 18세기를 민중의 재발견 시대라고 합니다. 19세기를 여성의 재발견 시대라고 합니다. 20세기를 어린이의 재발견 시대라고 합니다. 21세기를 문화의 재발견 시대라고 합니다. "20세기 최대의 발견은 어린이이다."라는 말도 있습니다. 그런데 예수님은 2000년 전 이미 어린이의 가치를 발견하셨습니다. 전설에 의하면 예수님께서 안으시고 축복하신 이 어린이가 후일 안디옥의 감독이 된 이그나티우스였다는 말이 있습니다.

미의 기준은 시대와 나라에 따라 다릅니다. 밀로의 비너스상은 1820년 에게해의 밀로섬에서 발견되었습니다. 비너스상으로 볼 때 키가 168cm이고, 몸무게가 60kg입니다. 배도 약간 나오고 통통합니다. 요즘은 키가 168cm에 몸무게가 60kg이면 야단이 날 것입니다. 아마 48kg쯤 되어야 날씬하다, 예쁘다고 할 것입니다. 여성들의 체형이 '미스 아메리카' 때문에 버렸답니다. 당시의 기준과 지금의 기준은 완전히 다릅니다.

아프리카 사람들은 까만 피부에, 두툼한 입술에, 곱슬머리가 미인의 기준입니다. 우리 눈에는 전혀 아니지만 그들의 눈에는 그런 사람들이 미인입니다. 미의 기준이 다른 것입니다. 그래서 미국이나 다른 대륙에 온 흑인들은 자신들의 피부가 완전히 버려졌다고 합니다.

어린이는 세상 기준으로 보면 유치하고, 힘이 없고, 어리고, 모르는 것이 많고, 부족합니다. 그러나 하나님의 나라에서는 큰 자이며, 주인입니다. 세상의 기준과 하나님 나라의 기준은 전혀 다릅니다. 하나님의 나라에서는 이런 어린이와 같은 자가 큰 자라고 하십니다. 이것도 하나님 나라의 역설입니다.

세상에서는 크게 될 인물이라고 하면 어른스럽고, 유치원생이 영어나 수학이나 물리를 척척 풀어 내는 아이들을 말합니다. 유치원생이나 초등학교 학생이 트로트를 부르는데 마치 어른처럼 제스처를 하고, 바이브레이션도 꼭 어른 같으면 "저 아이 크게 될 아이이다."라고 합니다. 아이가 어른 같으면 '크게 될 아이'라고 합니다.

그런데 하나님의 나라에서는 전혀 아닙니다. 어른도 아이 같아야 크게 되는 곳이 하나님의 나라입니다. 어린이 그 자체는 어리고, 순진하고, 겸손합니다. 하나님의 나라에서는 이런 자가 큰 자입니다. 하나님 나라의 기준은 세상의 기준과 전혀 다릅니다. 하나님의 나라에서 큰 자가 어떤 자인지 살펴보고, 우리 모두가 하나님의 나라에서 큰 자가 되기를 바랍니다.

### 어린아이와 같이 되는 자가 큰 자입니다

마태복음 18 : 3에는 "어린아이들과 같이 되지 아니하면 결단코 천국에 들어가지 못하리라"라고 합니다. '어린아이들과 같이'라는 말씀은 어린아이에게서 배울 수 있는 점들을 의미합니다. 어린아이들은 단순합니다. 겸손합니다. 작은 것에 만족합니다. 작은 것에도 기뻐합니다. 순진무구합니다. 이런 자가 하나님 나라의 주인이며 큰 자입니다. 하나님 나라의 역설이 여기에 있습니다.

아이들의 마음은 그 자체가 하나님의 나라입니다. 아미엘이란 분은 "어린아이들 틈에서만 우리는 이 지상에서 천국의 그림자를 엿볼 수 있다. 어린아이들의 생활은 고스란히 하늘에 속한다."라고 하였습니다. 순수함은 어른들의 말을 그대로 믿게 합니다. 우리 어릴 때는

식구들과 좀 다르게 생겼으면 "다리 밑에서 주워 왔다."라고 했습니다. 지금 생각하면 참 좋지 못한 말인데도 많이 했습니다. 또 걸핏하면 말을 잘 안 듣는다고 "두고 간다."라고 했습니다. 어린아이들은 이런 부모의 말을 다 믿습니다. 어린아이들은 부모를 의심하지 않습니다. 아빠는 가장 힘이 세고 뭐든 다 할 수 있는 줄로 압니다. 이것이 어린아이들의 모습입니다.

어린이는 신령한 젖을 사모합니다. 베드로전서 2 : 2에는 "갓난아기들같이 순전하고 신령한 젖을 사모하라"라고 합니다. 아기들은 젖이 없으면 살지 못합니다. 젖을 사모합니다. 그리고 순전합니다. 흠과 티가 없습니다.

어린이들은 순진하기 때문에 노출되어 있습니다. 사탕 하나에 따라가고, 아빠 친구라는 말 한마디에 함께 갑니다. 저항하지 못하고 목숨을 잃기도 합니다. 모든 면에서 약하기에 이런 자가 큰 자라고 하십니다.

요즘은 VIP(아주 중요한 사람)보다 VIB(아주 중요한 아기) 시대라고 합니다. 'Very Important Baby' 시대입니다. 대형 백화점에서는 VIB를 겨냥하여 초고가 상품 판매코너를 만들었습니다. 아기 전용 생수는 오스트리아의 남 알프스 산맥에서 채취한 1.5리터 한 병의 가격이 8천 원입니다. 아기에게 주는 한 달 물 값만 24만 8천 원입니다. 그 외에도 유기농 단호박에, 닭가슴살에, 친환경 청경채를 합치면 하루 식비만 수만 원씩 됩니다. 왜 그렇게 합니까? 아기들을 적게 낳으니까 많이 투자합니다. 그리고 아기들은 나쁜 공기나 먹거리에 오염되기 쉽기 때문입니다. 아기들은 조그마한 것에도 상처가 생기고 탈이 나기도 합니다. 이런 약한 아기가 하나님의 나라에서는 큰 자라고 합니다.

고린도전서 14 : 20에는 "형제들아 지혜에는 아이가 되지 말고 악에는 어린아이가 되라 지혜에는 장성한 사람이 되라"라고 합니다. 어린이들은 악에서 멉니다. 악에는 어린아이가 되라는 말은 어린아이같이 악하지 않게 살라는 말입니다.

마태복음 21 : 15에는 대제사장들과 서기관들이 예수님의 입성하시는 장면을 보고 불평했습니다. 성경은 "호산나 다윗의 자손이여 하는 어린이들을 보고 노하여"라고 합니다. 왜 어린이들이 '호산나'를 외치며 노래하였습니까? 어린이는 정치적 꾀가 없으므로 호산나 찬송이 가능했습니다. 찬양한 것은 순수한 감정을 의미합니다. 꾸밈이 없음을 의미합니다.

아이들과 정치인의 차이점이 무엇인지 아십니까? 아이들은 말이 안 되는 소리를 하는 것 같지만 유심히 들어 보면 말이 됩니다. 정치인들은 말이 되는 소리를 하는 것 같지만 유심히 들어 보면 말이 안 됩니다. 교육전문가 데일 스펜더는 "어른들이 세상을 움직이는 데 필요한 기술을 아이들이 갖고 있다."라고 했습니다. 아이들 속에는 어른이 있습니다.

예수님께서 보리떡 다섯 개와 물고기 두 마리를 가지고 기적을 베푸실 때 보세요. 어떤 어린아이가 가지고 온 도시락으로 기적을 베푸셨습니다. 그 자리에 5,000명이 모였습니다. 어른들과 아이들, 남자와 여자 모두 합하면 15,000명은 되었을 것입니다. 그런데 그 중에서 자신이 먹을 것을 가지고 온 사람이 이 어린이 한 사람이었겠습니까? 어른들은 아무도 먹을 것이 없었겠습니까? 제 생각으로는 어른들 가운데 먹을 것을 가지고 온 사람이 분명히 있었을 것입니다. 그런데 어른들은 다 숨겨 두었고, 이 어린아이만 순수하니까 그것을 안드레에게 드려 예수님께 가지고 온 것 같습니다.

예수님이 12살 때 예루살렘 성전에 올라가셨다가 다들 돌아왔지만 예수님은 성전에 남아 학자들과 대화를 하고 계셨습니다. 이 일로 부모님을 애타게 하셨습니다. 왜 그랬습니까? 앞을 계산하지 못하는 순진성 때문입니다. 순수함이 지나쳐 걱정을 끼친 것입니다.

타고르는 "모든 아이는 아직도 하나님께서 인간에게 절망하고 있지 않다는 메시지를 품고 탄생된다."라고 하였습니다. 어린이의 정서적·영적 건강, 경이감과 열정은 하나님의 선물이며, 이런 것 때문에 하나님 나라의 주인이며 큰 자입니다. 세상에서 가장 위대한 사람은 어린아이와 같은 사람입니다.

어린아이는 어른의 아버지라고 합니다.

° 어느 대도시에서 러시아워 시간에 대형 트럭이 지하로 입구에 끼어 옴짝달싹하지 못하고 있었습니다. 운전사는 트럭이 지하도를 빠져나갈 줄 알았지만 걸리고 말았습니다. 경찰이 출동하고, 구경꾼들이 몰려왔습니다. 기술자들이 트럭을 빼 낼 궁리를 하고 있는데 어느 한 소년이 운전사에게 다가갔습니다. "아저씨, 트럭을 뺄 수 있는 방법이 있는데요.", "애야, 됐다. 어른들이 알아서 할 거다. 저리 비켜라." 이 소년은 자리를 물러나면서 혼자 중얼거렸습니다. "타이어에 바람만 빼면 되는데……."

어린아이들은 특유의 지혜를 가지고 있습니다. 그래서 어린아이가 큰 자입니다. 하나님 나라의 주인입니다.

### 자기를 낮추는 자가 큰 자입니다

마태복음 18 : 4에는 "그러므로 누구든지 이 어린아이와 같이 자기를 낮추는 사람이 천국에서 큰 자니라"라고 합니다. '자기를 낮추다' 라는 말은 헬라어로 '타페이노오' 입니다. 이 말은 단순한 의미의 겸손이 아니라 멸시, 천대, 굴욕 등을 당하면서까지 겸손한 것을 의미합니다. 하나님의 나라 시민의 자격은 하나님의 말씀을 전하고 실천하면서 수모, 멸시, 천대를 받는 것을 기뻐하는 상태입니다. 주님을 위해서라면 "나 죽었습니다." 하고 자신을 낮추는 자세를 가진 사람이 하나님의 나라에서 큰 자입니다.

우리가 잘 부르는 찬송이 있습니다. "존귀 영광 모든 권세 주님 홀로 받으소서 멸시 천대 십자가는 제가 지고 가오리다" 찬송은 잘하지만 정말 멸시 천대 십자가를 그렇게 쉽게 받고 질 수 있습니까? 그렇게 하면 큰 자입니다. 큰 자만이 그렇게 할 수 있습니다.

세상 나라의 논리를 보세요. 자기를 과시해야 합니다. 세상에서는 자신을 높이는 자가 높아지고, 세상 권세를 차지하는 자가 힘이 있습니다. 요즘은 자기 PR 시대입니다. 자기 관리 시대입니다. 남이 해 주기를 기다리지 않습니다. 세상에서는 큰 자가 크고, 작은 자는 계속 작을 수밖에 없습니다.

사람들은 자기를 높이려고 애를 쓰고, 자기를 알리려고 돈을 쓰고, 자기가 잘되려고 기를 쓰고 삽니다. 그런데 누가복음 14 : 11에는 "무릇 자기를 높이는 자는 낮아지고 자기를 낮추는 자는 높아지리라"라고 합니다. 성경의 진리는 하나님의 나라와 같이 역설입니다.

　이스라엘 혼란기의 사사 중 기드온이라는 인물이 있었습니다. 기드온은 아들이 70명 있었습니다. 언제나 많은 아내들에게서 여러 아들을 얻으면 문제가 복잡합니다. 큰 아들 아비멜렉은 자신의 형제들을 다 죽이고 스스로 왕이 되려고 하였습니다. 막내 동생 요담은 간신히 몸을 피하여 살아남았습니다. 요담은 그리심 산 꼭대기로 가서 "세겜 사람들아 내 말을 들으라."라고 외치면서 나무 왕의 비유를 말합니다.

　˚나무들이 왕을 세우기로 했습니다. 먼저 감람나무에게 가서 왕이 되어 달라고 했습니다. 그러나 감람나무는 기름으로 하나님과 사

람들을 영화롭게 해야 하기 때문에 왕이 되지 않겠다고 합니다. 다시 무화과나무에게 가서 왕이 되어 달라고 합니다. 무화과나무는 열매를 버리고 어떻게 왕이 되겠느냐고 하며 거절합니다. 다시 포도나무에게 가서 왕이 되어 달라고 합니다. 포도나무는 하나님과 사람을 기쁘게 하는 포도주를 버리고 어떻게 왕이 되겠느냐며 거절합니다. 할 수 없이 가시나무에게 가서 왕이 되어 달라고 하였습니다. 가시나무는 "모두 내 그늘에 피하라. 그리하지 않으면 불로 사를 것이다."라고 하였습니다.

요담은 아비멜렉을 왕으로 세운 것이 잘한 일인지 생각해 보라는 것입니다. 스스로 높아진 자가 왕이 되면 나라도 망합니다. 낮추는 자가 높아지며, 낮추는 자를 높여야 나라가 바로 되는 법입니다.

낮아지지 않으면 하나님의 나라는커녕 세상 나라도 차지하지 못합니다. 낮추는 자에게 기회가 주어집니다. 모세는 높아진 궁중의 왕자일 때가 아니라 낮아진 목자일 때 하나님이 부르셨습니다. 베드로는 두 가지 기적을 맛봅니다. 갈릴리에 익숙한 어부가 밤새 한 마리 고기도 못 잡은 것이 기적입니다. 예수님의 말씀을 듣고 그물을 내려 두 배 가득 채운 것도 기적입니다. 그런데 아무것도 잡지 못하고 완전히 낮아진 날 예수님을 만난 것입니다. 예수님은 완전히 낮아진 날에 만나 주십니다. 바울은 살기가 등등하여 예수님을 잔해하며 지식과 재물이 부요한 사울일 때가 아니라 완전히 바닥에 떨어진 바울일 때에 하나님의 사람으로 거듭납니다.

"내 힘으로는 안 된다!"라고 고백하는 순간, 완전히 낮아짐을 경험하는 순간, 하나님의 사람이 됩니다. 하나님의 나라를 소유합니다. 가장 작은 자를 하나님은 사랑하십니다. 가장 낮아진 자를 하나님은 사용하십니다. 낙하점(ground zero)을 경험한 자를 하나님은 드러내십니다. 영점(零點)의 가치를 아는 자를 높이십니다. 모세가 신을 벗은 호렙산, 베드로가 한 마리 물고기도 잡지 못한 갈릴리, 사울이 완전히 엎드러진 다메섹 도상이 그들의 개인적 낙하점입니다. 특히 모세의 영점은 신발을 벗게 하시고, 지팡이를 던지게 하십니다. 그리고 하나님은 하나님만 붙잡고 가라고 이렇게 말씀하십니다. "나만 한번 믿어 봐."

어거스틴은 "그리스도교 신앙생활에 있어 중요한 것은 첫째도 겸손이요, 둘째도 겸손이요, 셋째도 겸손이다."라고 하였습니다. 예수님은 "자기를 낮추시고 죽기까지 복종하셨으니"라고 합니다. 자기를 낮추는 자는 주님을 닮은 자입니다. 겸손에서 그리스도와 같이 되는 자는 영광에서도 그리스도와 같이 될 것입니다. 이것이 하나님의 나라 백성의 자격입니다.

'겸손'(humility), '겸손한'(humble)의 헬라어 어원은 '휴머스'(humus)입니다. 이 말은 부식토라는 흙입니다. '휴먼'(human)이라는 말의 어원도 같은 말입니다. '휴먼'이란 자신을 아래로 낮추는 흙의 물성을 의미합니다. 사람은 자신을 낮추어야 사람다움이 드러납니다. 사람은 낮추어야 하나님 나라의 사람답습니다. 바닷물은 대조(한사리) 직전에 가장 많이 빠집니다. 하나님도 우리를 높이시기 전에 가장 낮게 하십니다.

세상에서 제일 잘생긴 사람을 한 글자로 하면 무엇인지 아십니까? '나'랍니다. 우리는 하나님의 사람으로서 자존감이 필요합니다. 하나님의 백성으로서 자신감과 당당함이 있어야 합니다. 그러나 "나는 약합니다.", "부족합니다.", "죄인입니다."라는 자신을 낮추는 진솔한 고백이 필요합니다.

"사람의 다리 길이가 어느 정도면 적당하냐?"라는 질문을 받았을 때 아브라함 링컨은 "땅에 닿을 만큼!"이라고 대답했습니다. 키가 크고, 작고가 문제가 아닙니다. 세상에서는 큰 사람을 선호합니다. 롱다리를 좋아합니다. 큰 사람이 위에 닿습니다. 큰 사람이 보기에 좋습니다. 큰 사람이 지배합니다. 큰 사람이 성공합니다. 그러나 하나님의 나라에서는 작은 자, 어린아이, 자기를 낮추는 자가 주인입니다. 이런 자가 큰 자가 됩니다. 하나님의 나라는 세상과는 반대입니다. 가장 작은 자, 가장 낮추는 자가 됩시다. 세상에서 낮은 자, 작은 자를 하나님의 나라로 초대하여 하나님의 나라에서 큰 자로 만드는 우리가 되기 바랍니다.

> **T.i.p.**
>
> 천국에서 큰 자라고 한다면 천국에서 작은 자도 있습니까? 천국에서 가장 큰 자라고 한 것으로 봐서 작은 자도 있을 것 같습니다. 만일 하나님의 나라에 등급이 있다면 무엇으로 구분할까요? 오늘 성경은 겸손함에 따라 결정된다고 합니다. 겸손하고 천국 간 사람은 큰 자이고, 겸손하지 못하고 천국 간 사람은 작은 자입니다. 겸손하고, 낮추고, 작고, 어린 자가 하나님의 나라에서 가장 큰 자입니다.

열네 번째 비밀

# 하나님 나라의 문

[마태복음 23 : 13]

2008년 2월 10일에 국보 1호인 숭례문이 화재로 소실되었습니다. 민족의 자존심인 숭례문이 사라졌다고 해서 어떤 신문에는 민족의 자존심이 불탔다고 썼습니다. 숭례문이 소실되어 안타까워하는 것은 단순히 숭례문이 국보 1호이기 때문만은 아닙니다. 한국인에게 문은 대단히 중요합니다. 그래서 성을 쌓고 문을 세울 때 문에 이름을 지어 줍니다. 우리나라에서는 전통적으로 문의 기능도 아주 다양했습니다. 이런 전통은 이스라엘도 비슷했습니다. 예루살렘성은 황금문, 미문, 다메섹문, 덩문 등 문들이 있었습니다. 서양은 문이 그리 중요하지 않았습니다. 지금도 서양에는 대문 없는 집들이 많습니다. 우리나라 학교는 정문이 요란하고 크지만, 서양에는 정문이 없는 학교도 많습니다. 우리에게 문이 중요한 것은 문은 경계, 신분, 자격 등을 표시하기 때문입니다.

문은 기능과 모양에 따라 이름도 다양합니다. 얼마나 문의 종류가 많은지 헤아릴 수 없을 정도입니다. 하나님의 나라에도 문이 있습니다. 성경에는 하나님 나라의 문을 여러 번 이야기하고 있습니다. 하나님 나라의 문은 하나님의 나라에 들어가는 곳입니다. 성경은 하나님의 나라를 하나님 나라의 문으로 표현합니다.

이스라엘 백성들의 광야생활은 은총의 기간입니다. 하나님께서 그들에게 주신 은총 가운데 하나는 성막입니다. 성막에는 성막 문이 있습니다. 성막 문은 해가 뜨는 영광스런 방향인 동쪽에 있었습니다. 청색, 자색, 홍색 실과 가늘게 꼰 베실로 수놓아 짠 이십 규빗의 장이 있었습니다. 이 문을 통하여 성막 안으로 들어갑니다. 성막 문이 아니면 성막 안에는 들어갈 수 없습니다. 성막 문은 하나밖에 없습니다.

성막 문은 그리스도를 상징합니다. 성막 문이 하나밖에 없다는 것은 하나님의 나라에 들어가는 길은 예수님밖에 없다는 것을 상징합니다. 요한복음 14 : 6에는 "내가 곧 길이요 진리요 생명이니 나로 말미암지 않고는 아버지께로 올 자가 없느니라"라고 합니다. 성소가 아무리 좋아도 성막 문을 통하지 않으면 들어갈 수 없습니다. 청색은 생명의 색입니다. 자색은 왕권을 의미하는 색입니다. 홍색은 피를 의미하는 색입니다. 가는 베실은 흰색이었는데 흰색은 성결을 의미합니다.

요한복음 10장에서 예수님은 "나는 양의 문이라"라고 하십니다. "내가 문이니 누구든지 나로 말미암아 들어가면 구원을 받고"라고 하십니다. 하나님 나라의 문으로 들어가면 구원을 얻는데 누구를 통하여 구원을 얻습니까? 예수님을 통하여 얻습니다. 그 외에는 들어가는 방법이 없습니다. 예수님은 하나님의 나라에 들어가는 문입니다. 그 외에 하나님의 나라에 들어가는 방법은 없습니다.

천국 문은 좁은 문입니다. 좁은 문은 들어가기 힘듭니다. 그러나 아무리 좁아도 누구나 다 들어갈 수 있습니다. 예수님은 좁은 문으로 들어가기를 힘쓰라고 하십니다. 넓은 문도 있지만 넓은 문은 우리를 구원하지 못합니다. 앙드레 지드의 「좁은 문」이라는 소설이 있습니다. 순결한 소녀 알리사가 그의 사촌 제롬을 사랑하는 이야기입니다. 이 소설은 금욕주의에 대한 회의를 암시하는 작품입니다. 하나님 나라의 문으로 들어가야 하나님의 나라에 들어갑니다. 우리 모두가 무사히 하나님 나라의 문으로 들어가는 성도가 되기 바랍니다.

### 하나님 나라의 문을 닫는 사람들이 있습니다

"화 있을진저 외식하는 서기관들과 바리새인들이여 너희는 천국 문을 사람들 앞에서 닫고"라고 예수님은 당시에 율법에 능통한 서기관, 바리새인들을 책망하십니다. 가장 하나님을 사랑하고, 하나님의 나라에서 가깝다고 생각하는 그들에게 천국 문을 닫았다고 책망하신 것입니다. '천국 문을 닫고' 라고 하시지만 실제로 닫을 수 있는 사람은 없습니다. 하나님만이 닫으십니다. 그런 의미에서 볼 때 '하나님의 나라로 가는 길을 막고'가 옳습니다.

　율법주의자들과 위선자들의 행위가 다른 사람에게 주는 영향이 얼마나 악한가를 말씀합니다. 나도 들어가지 못하고 남도 들어가지 못하게 하는 악한 일을 의미합니다. 우리 옛말에 "못 먹는 감 찔러나 본다."라는 말이 있습니다. "나 갖기는 싫고 남 주기는 아깝다."라는 말도 있습니다. 이런 마음을 가진 사람들은 선한 마음을 가진 사람이 아닐 것입니다. 흔히 심통이 가득한 사람입니다. 함께 망하자는 못된 마음을 가진 사람입니다.

　일본 군국주의의 상징 가운데 하나가 '가미가제'(神風)입니다. 태평양전쟁이 한참일 때 일본은 전투기 자살공격 특공대를 만들었습니다. 오래전 "진주만"이라는 영화를 보면 가미가제는 미국 함대에 공포의 존재였습니다. 그 이름의 뜻은 '신의 바람'입니다. 신이 일으키는 바람입니다. 일본의 신은 그런 바람을 일으킬지 모르지만 우리의 신, 하나님은 절대로 그런 바람을 일으키지 않으십니다. 함께 살게 하는 바람을 일으키시지 어떻게 함께 죽는 바람을 일으키겠습니까? 하나님의 바람은 모두를 살게 하는 바람이지, 모두 죽게 하고, 문을 막고, 문을 닫는 바람은 아닙니다.

　오래전에 들은 이야기입니다. 한국 사람들이 가장 무섭게 장사한다고 합니다. 미국인은 "너 살고 나 살자."라는 식으로 장사한답니다. 일본인은 "너 죽고 나 살자."라는 식으로 장사한답니다. 그런데 한국 사람은 "너 죽고 나 죽자."라는 식으로 장사한답니다. 그래서 못 먹는 감을 찌르기도 하고, 남이 가는 길을 막기도 합니다.

　오늘 말씀과 병행하는 구절인 누가복음 11 : 52에는 "너희가 지식의 열쇠를 가져가서 너희도 들어가지 않고 또 들어가고자 하는 자도 막았느니라"라고 합니다. 진리에 대한 지식을 가지고 있으면서 실천하지 않음으로 자기도 못 들어가고, 남도 들어가지 못하게 하는 것을 말합니다.

율법주의자들은 '지식의 열쇠'를 가지고 있습니다. 열쇠는 열기도 하고 잠그기도 하는데, 열쇠를 가지고 열지는 않고 잠그기만 합니다. 자신의 지식으로 율법을 그릇되게 해석하여 남의 구원의 길까지 막았습니다. 지식이 있는 자들, 가진 자들, 먼저 된 자들의 막중한 책임을 잊고 있습니다. 최근에는 가진 자, 아는 자의 책임을 강조하는 '노블리스 오블리제'를 많이 강조하는데, 가지고 아는 것은 권리가 아니라 책임입니다.

그래서 야고보서 3 : 1에는 "내 형제들아 너희는 선생 된 우리가 더 큰 심판을 받을 줄 알고 선생이 많이 되지 말라"라고 합니다. 옛날부터 '혹세무민'(惑世誣民), 즉 세상을 어지럽히고 백성을 미혹하게 하여 속이는 자들이 있었습니다. 누가 그런 일을 했습니까? 지식이 있는 자들입니다. 많이 아는 자들입니다. 힘이 있는 자들입니다. 안다는 사람들이, 지도자라고 하는 사람들이 어지럽게 하고 못 들어가게 하는 것입니다.

현대의 이단들이 문을 닫는 사람들입니다. 예수님 외에 자신을 믿어야 한다는 이단이 있습니다. 자기도 못 들어가고 남도 못 들어가게 하는 것입니다. 이미 구원받았으면 어떤 행위도 필요 없다고 하는 이단도 있습니다. 안식일만 지켜야 하고, 주일을 지키면 안 된다고 하기도 합니다. 그 외에도 천국 문을 가로막고 있는 이들이 얼마나 많은지 모릅니다. 이단뿐만 아니라 율법적 위선자들의 위선적 행위는 적극적인 방해 행위를 했습니다. 천국 문까지 닫는 행위를 했습니다.

오랜 교회의 역사에서 볼 때 교회의 문을 막는 사람들은 교회 밖의 사람이 아니라 교회 안에 있는 사람이었습니다. 특히 신앙이 좋다고 자처하는 사람들이 그랬습니다. 철저한 보수주의자들은 자신들과 조금만 교리적으로나 윤리적으로 맞지 않으면 정죄했습니다. 가장 잘 믿는 것 같지만 오히려 교회에 가장 큰 해를 끼쳤습니다. 이런 일 때문에 교회가 싸우고, 서로 고소하고, 편을 갈라 얼마나 전도에 방해가 되었습니까?

인도의 간디가 젊었을 때 영국에 유학을 갔습니다. 그는 식민지에서 온 사람이라는 이유 때문에 경멸의 대상이었고, 차별을 받았고, 편견과 냉대를 받았습니다. 그는 우연히 방에서 성경을 발견하여 읽기 시작하였습니다. 특히 그는 산상보훈을 읽고 많은 감명을 받았습니다. 그리고 그는 주일이 되어 교회를 찾아갔습니다. 그러나 그는 식민지에서 온 아시아인이라는 이유 때문에 문전박대를 당했습니다. 그는 후에 "나는 그리스도는 존경하지만 그리스도인은 경멸한다."라고 하였습니다. 그는 이 일로 신앙을 버리고 교회를 떠났습니다. 당시에 그 교회의 교인이 조금만 친절하고, 차별하지 않았다면 인도의 역사가 달라졌을지 모를 일입니다. 포용력이 없는 그리스도인, 차별의식을 가진 그리스도인이 하나님 나라의 문을 닫는 것입니다.

노아의 방주 문을 보세요. 노아의 방주라고 하지만 노아도 마음대로 못 했습니다. 사실은 노아의 방주가 아니라 하나님의 방주입니다. 방주를 만든 노아도 마음대로 못 닫았습니다. 방주의 문은 하나님 외에 누구도 닫을 수 없습니다. 우리도 그렇습니다. "나는 잘 믿는다.", "나는 먼저 믿었다.", "나는 이 교회에 오래 다녔다."라는 이런 우월감과 바리새인적인 신앙이 오히려 하나님 나라의 문을 닫을 수 있습니다. 우리는 하나님 나라의 문을 절대 닫지 않는 신앙인이 되어야 합니다.

### 하나님 나라의 문은 누구에게나 언제나 열려 있습니다

마태복음 7 : 7에는 "문을 두드리라 그리하면 너희에게 열릴 것이니"라고 합니다. 8절에는 "두드리는 이에게는 열릴 것이니라"라고 합니다. 하나님 나라의 법칙은 문을 두드리면 열리게 되어 있습니다. 주인은 반드시 문을 두드리면 열어 주십니다. 문은 열게 하려고 만들어져 있고, 하나님은 누구나 두드리면 열어 주시는 분입니다.

누가복음 11장에는 밤에 벗에게 빵을 빌리러 가는 사람의 이야기가 있습니다. 어떤 사람에게 밤중에 친구가 왔습니다. 친구에게 빵을 주어야 하는데 집에 빵이 없었습니다. 그래서 자기 이웃 친구에게 가서 빵을 빌려 달라고 합니다. 이웃 친구는 이미 밤이 깊어 자려고 자리에 누웠습니다. 그러나 친구는 다시 일어나 문을 열어 주고 빵을 빌려 줍니다. 누가복음 11 : 8에는 이렇게 말합니다. "내가 너희에게 말하노니 비록 벗 됨으로 인하여서는 일어나서 주지 아니할지라도 그 간청함을 인하여 일어나 그 요구대로 주리라" 간청함을 인하여 문을 열어 주고 빵도 주리라고 합니다. 간청함으로 문이 열립니다. 하나님 나라의 문은 간절함을 가진 사람에게, 간청함으로 두드리는 사람에게 열립니다.

맥스 루케이도의 글에 이런 이야기가 있습니다. 맥스가 친구와 함께 목장에 놀러 갔습니다. 집 안에는 불이 꺼져 있었습니다. 맥스는 들어가기 위하여 문을 두드렸습니다. 집 안에서 불이 켜지면서 아버지가 "누구세요?"라고 하였습니다. 아들인 맥스는 "아버지, 저 맥스예요. 제 친구랑 저랑 같이 왔어요."라고 합니다. 이때 아버지는 주저하지 않고 문을 열어 줍니다. 아버지는 문을 열어 줄 뿐만 아니라 "어서 들어와. 부엌에 밥 차려 놨어." 하고 말했습니다. 아들과 함께 왔다는 한 가지 사실 때문에 문이 열립니다. 문이 열릴 뿐만 아니라 밥상에 밥이 차려지고 먹게 합니다. 우리가 누구와 함께 왔느냐가 중요합니다. 누구와 함께 하나님의 나라에 들어가느냐가 중요합니다. 예수님과 함께 가면 하나님 나라의 문은 언제나 열립니다. 예수님 때문에 하나님 나라의 문은 항상 열려 있습니다. 그리고 들어가면 하나님 나라의 잔치가 벌어집니다. 하나님 나라의 문은 예수님입니다. 예수님이 이미 열어 놓으신 문입니다. 누구에게나 활짝 열려 있는 문입니다.

제가 수도경비사령부에 헌병으로 근무할 당시, 저의 아주 절친한 고등학교 친구가 학군단 장교로 전방에서 소대장으로 근무했습니다. 저는 당시에 졸병이었고 그 친구는 중위였는데, 그 친구가 서울에 올 때마다 저에게 전화가 옵니다. 검문소를 통과할 때 미리 연락해서 무사통과하게 해 달라는 것입니다. 그 친구가 서울로 나올 때면 제가 검문소에 전화를 해서 친구가 오면 잘 보내 주라고 부탁했습니다. 잘못한 것이 없지만 검문소를 통과하는 것은 그리 즐겁지는 않았던가 봅니다. 그래서 졸병인 제가 장교인 친구를 무사통과시켜 주었습니다. 문을 통과할 때는 누구의 허락을 받느냐가 중요합니다. 누가 함께 가고, 누가 뒤에서 힘이 되느냐가 중요합니다. 우리는 예수님의 빽으로 하나님 나라의 문을 이미 통과한 것이나 다름이 없습니다.

요즘에는 전자 센서로 출입증을 만들어 들어가는 사람과 들어가지 못하는 사람을 구분하고 통제하는 곳이 많습니다. 지문으로 인식하여 문을 열게 하는 곳도 있고, 눈의 홍채를 인식하여 문을 열기도 하고, 음성인식으로 문을 열게 하기도 합니다. 이런 여러 가지 수단은 문으로 들어가는 중요한 수단입니다. 이런 출입허가 인식이 없이는 들어가지 못합니다.

예수님은 하나님 나라의 문을 통과하는 든든한 빽입니다. 하나님 나라의 문의 출입증입니다. 예수님은 문이 열리게 하십니다. 누구든지 문이신 예수님을 통하면 통과하게 하십니다. 요한계시록 3 : 20에는 "볼지어다 내가 문 밖에 서서 두드리노니 누구든지 내 음성을 듣고 문을 열면 내가 그에게로 들어가 그와 더불어 먹고 그는 나와 더불어 먹으리라"라고 합니다. 예수님은 언제나 누구에게나 열려 있는 문입니다.

하나님 나라의 문은 누구에게나 열립니다. 예수님께서 세례 요한에게 세례를 받으실 때에 하늘이 열리며 하나님의 음성이 들렸습니다. 나다나엘은 처음 예수님을 만날 때에 하늘이 열리고 하나님의 사자가 인자 위에 있는 것을 보았습니다. 스데반은 돌에 맞아 순교할 때에 하늘이 열리고 인자가 하나님 우편에 있는 것을 보았습니다. 베드로는 욥바에 있을 때에 하늘이 열리며 한 그릇이 내려오는 환상을 보았습니다. 누구에게나 필요할 때, 누구나 원할 때 항상 열리는 것이 하나님 나라의 문입니다.

남자가 여자를 위해 차 문을 열어 준다면 둘 중의 하나라고 합니다. 차가 새것이거나 아내가 새것이거나, 둘 중의 하나입니다. 세상의 논리는 그렇지만 하나님의 나라는 아닙니다. 하나님의 나라는 항상 새것이고, 하나님 나라의 백성은 항상 새 사람입니다. 그래서 하나님 나라의 문은 항상 열립니다.

그러나 이 문이 닫힐 때가 있습니다. 마태복음 25장에는 '열 처녀의 비유'가 있습니다. 기름을 준비하지 못한 다섯 처녀가 기름을 사러 간 사이에 기름을 준비한 자들은 신랑의 연회에 들어가고 문은 닫혔습니다. 한 번 닫힌 문은 아무리 두드려도, 아무리 열어 달라고 해도 열리지 않습니다. 한 번 닫힌 구원의 문은 열리지 않습니다. 한 번 닫힌 방주의 문은 열리지 않았습니다. 그 다음은 방주 밖의 모든 동물이 죽었습니다. 구원의 문이 한 번 닫히면 그 다음은 멸망입니다. 절대로 제2의 기회가 없습니다. 열려 있을 때에 들어가야 합니다.

시편 100 : 4에는 "감사함으로 그의 문에 들어가며 찬송함으로 그의 궁정에 들어가서"라고 합니다. 어떻게 감사함으로 들어갑니까? 하나님 나라의 문이 열려 있으므로 감사한 일입니다. 하나님의 나라에 들어갈 수 있는 자격이 있다는 것이 감사한 일입니다. 하나님 나라의 문에 들어가는 것을 감사합시다.

어떤 실직자가 직장을 구하러 다니다 어느 회사의 문에 '미시오'라고 써 놓은 것을 보고 들어갔습니다. 회사의 직원이 물었습니다. "왜 들어왔습니까?", "'미시오' 해서 밀었습니다." 그의 자신감에 감탄해서 그 회사는 그에게 일자리를 주었다고 합니다. 자신 있게, 당당하게, 믿음으로, 감사함으로 하나님 나라의 문을 밀고 들어갑시다. 하나님 나라의 문은 모두에게 기회의 문입니다. 열린 문입니다. 그러나 언젠가는 닫힐 문입니다.

"예수 사랑하심을"이라는 찬송은 아마 전 세계의 예수 믿는 사람이면 누구나 아는 찬송일 것입니다. 그 가사 가운데 보세요. "나를 사랑하시고 나의 죄를 다 씻어 하늘 문을 여시고 들어가게 하시네" 하나님 나라의 문에 들어가는 자는 죄가 없어야 합니다. 하나님은 우리가 들어가기 전에 우리의 모든 죄를 다 씻어 주시고 들어가게 하십니다.

° 비엔나의 임페리얼 박물관에는 아주 유명한 그림이 있습니다. 로마 황제가 성당에 들어가려 하자 주교가 문을 막고 "못 들어갑니다."라고 하며 황제 앞을 가로막고 있는 그림입니다. 주후 390년에 데살로니가에서 로마에 항거하는 반란이 일어났습니다. 로마 황제 테오도시우스 1세는 진압을 목적으로 군인들을 파병하여 데

살로니가 시민 1,500명을 학살하였습니다. 당시에 교회는 로마 황제를 엄히 정죄하였습니다. 그런데 이때 황제가 밀라노에 갔다가 밀라노 대성당에 들어가려고 하였습니다. 당시 밀라노의 주교는 성 암브로시우스였습니다. 그는 성자 아우구스티누스를 개종하게 한 위인입니다. 그런데 성 암브로시우스는 성당 정문 앞에 버티고 서서 황제를 가로막았습니다. "못 들어갑니다." 황제는 얼결에 대꾸하였습니다. "성경에 보면 다윗 왕도 죄인 아닙니까?", "다윗의 죄를 모방하시겠습니까?" 암브로시우스는 황제의 말문을 막았습니다. "그렇다면 다윗의 참회도 모방하셔야 합니다. 다윗처럼 당신의 죄를 회개하십시오." 황제는 기가 질려 땅바닥에 엎드렸습니다.

하나님 나라의 문은 누구에게나 다 열리지만 회개하지 않은 자에게는 절대로 열리지 않습니다.

우리 그리스도인들의 작은 잘못으로 하나님 나라의 문을 닫는 일이 없도록 해야 합니다. 우리의 닫힌 마음이 하나님 나라의 문을 닫습니다. 우리의 율법적 신앙이 하나님 나라의 문을 닫습니다. 우리의 습관적 신앙이 하나님 나라의 문을 닫습니다. 하나님이 열어 놓으신 하나님 나라의 문으로 다 들어가는 우리가 되기 바랍니다. 언젠가는 하나님이 직접 닫으실 하나님 나라의 문이 닫히기 전에 들어가 하늘의 은총을 누리는 우리가 되기 바랍니다.

### T.i.p.

천국 문은 좁은 문입니다. 좁은 문은 들어가기 힘듭니다. 그러나 아무리 좁아도 누구나 다 들어갈 수 있습니다. 예수님은 좁은 문으로 들어가기를 힘쓰라고 하십니다. 넓은 문도 있지만 넓은 문은 우리를 구원하지 못합니다. ······ 예수님은 하나님 나라의 문을 통과하는 든든한 빽입니다. 하나님 나라의 문의 출입증입니다. 예수님은 문이 열리게 하십니다. 누구든지 문이신 예수님을 통하면 통과하게 하십니다. 요한계시록 3:20에는 "볼지어다 내가 문 밖에 서서 두드리노니 누구든지 내 음성을 듣고 문을 열면 내가 그에게로 들어가 그와 더불어 먹고 그는 나와 더불어 먹으리라"라고 합니다. 예수님은 언제나 누구에게나 열려 있는 문입니다.

## 열다섯 번째 비밀

# 하나님 나라의 비밀

[마태복음 13 : 11]

독일 어느 시의회에서 회의를 마치고 나오는 시의원에게 기자가 물었습니다. "오늘 무슨 회의를 했습니까? 결과가 어땠습니까? 제게 말씀해 주시면 아무에게도 말하지 않고 비밀을 지키겠습니다.", "정말 아무에게도 말하지 않고 비밀을 지키겠습니까?", "예.", "나도 아무에게도 말하지 않고 비밀을 지키겠습니다." 시의원은 아무 말도 하지 않고 가 버리고 말았습니다.

비밀이 있습니까? 엄밀하게 말하면 비밀은 없습니다. 그리고 지켜지지 않는 비밀이 너무 많습니다. 기자가 비밀을 지킬 것이라고 기대합니까? 기자들은 하지 말라고 하면 더 크게 합니다.

세상의 비밀은 지켜지지 않을 수 있습니다. 언젠가는 밝혀지는 것들이 많습니다. 세 사람 이상 알고 있는 비밀은 이미 비밀이 아닙니다. 랍비 이븐 가비롤은 "비밀은 당신의 수중에 있는 한 당신이 비밀의 주인이며, 입에서 나와 버린 다음에는 당신이 비밀의 노예가 된다."라고 하였습니다. 비밀은 듣는 것은 쉬우나 자기에게 머무르게 하는 일은 어렵습니다.

우리들은 일상에서 비밀이란 말을 많이 합니다. 삶의 비밀, 성공의 비밀, 성장의 비밀, 맛의 비밀, 생로병사의 비밀 등을 이야기합니다. 그런데 이게 비밀입니까? 알고 보면 비밀이 아닙니다. 사람은 누구에게나 비밀이 있습니다. 결혼한 사람들도 마찬가지입니다. 배우자에게 감추고 싶은 비밀이 있답니다. 무엇이 감추고 싶은 비밀일까요?

성경은 하나님 나라의 비밀을 말합니다. 성경은 믿지 못하는 사람에게 온통 비밀입니다. 하나님이 사람 되심도 비밀입니다. 동정녀 탄생도 비밀입니다. 나를 위한 그리스도의 죽으심도 비밀입니다. 그리스도의 죽음 후의 부활도 비밀입니다. 하나님의 나라가 비밀입니다. 지옥의 존재가 비밀입니다. 성경에는 믿음으로 알 수 있는 것들이 모두 비밀입니다. 믿음의 세계에는 온통 비밀 투성이입니다.

'비밀'이란 말은 헬라어로 '뮈스테리온'입니다. 이 말은 '닫다', '가두다'라는 뜻입니다. '전수(傳授) 받은 자'라는 뜻인 '뮈스테스'가 파생된 단어입니다. 히브리어로는 '소드'입니다. 이 단어는 천상의 회의에서 유래된 말입니다. 비밀이란 하나님의 계획 또는 뜻입니다. 선택받은 자만이 알 수 있는 것입니다.

본문에 나타난 하나님 나라의 비밀은 하나님의 나라가 올 것이라고 하는 것이 아닙니다. 왜냐하면 유대인들에게 있어서 하나님께서 그의 나라를 이 땅에 실현시킬 것이라고 하는 사실은 결코 비밀이 아닌 공공연한 믿음이기 때문입니다. 예수님이 가르치신 하나님 나라의 비밀은 하나님의 나라 역사 안에 이미 시작되고 있다는 사실입니다. 하나님의 나라가 왔다는 소식을 의미합니다. 이미 우리 가운데 와 있는 하나님의 나라를 알고 비밀을 아는 자들이 다 되기 바랍니다.

### 하나님의 나라는 비밀이 있습니다

오늘 말씀에는 "천국의 비밀을 아는 것이 너희에게는 허락되었으나 그들에게는 아니 되었나니"라고 합니다. 이 말씀은 천국에는 비밀이 있다는 뜻이 전제되어 있습니다. 천국에 왜 비밀이 없겠습니까? 어느 나라든, 어느 가정이든, 어느 개인이든 다 비밀이 있습니다. 컴퓨터도 비밀번호(password)가 있습니다.

가정에서 남편과 아내가 서로 현관문의 비밀번호, 통장의 비밀번호, 핸드폰의 비밀번호, 이메일의 비밀번호를 아는 것이 허락되지만, 다른 사람에게는 허락되지 않습니다. 만일 남편과 아내 사이에도 허락되지 않았다면 다른 사람입니다. 부부가 아니라 남남입니다.

요즘에는 아이들도 비밀이 많습니다. 유아원에 다니는 세 살박이 남자 아이가 여자 아이를 좋아했답니다. 그랬더니 여자 아이가 "오빠, 나 책임질 수 있어?" 그러니까 "그럼, 내가 뭐 한두 살 먹은 줄 알아?"라고 그러더랍니다. 이런 아이들에게 "너 좋아하는 애 있어?"라고 물으면 "비밀이야."라고 합니다.

오늘 성경 본문에는 '너희'라는 말과 '그들'이라는 말이 나옵니다. '너희'는 12명의 제자와 함께 주님께 모여든 소수의 무리를 지칭합니다. 영적 의미로는 '남은 자'(remnant)들이며, 하나님의 은혜 영역 안에 있는 자들입니다. '그들'은 외인들입니다. 은혜 밖에 있는 자들입니다. 성도는 예수 밖에 있는 '그들'이 아니라 예수 안에 있는 '너희'입니다. 또 우리 모두가 예수님 안에 있기를 힘써야 합니다.

예수님의 부활하심, 성도들의 이유 없는 기쁨, 과감하게 생명을 버림, 남을 위한 헌신, 때로는 남을 대신한 죽음, 이런 모든 행동들이 비밀입니다. 니고데모는 예수님께 와서 거듭남의 진리를 듣습니다. 성령 이야기를 했을 때 니고데모는 놀랍게 여겼습니다. 이 말씀이 그에게 비밀이었습니다. 빌라도는 예수님께 "네가 유대인의 왕이냐?"라고 묻습니다. 예수님께서 아무 말씀도 하지 않으셨습니다. 이에 빌라도는 놀랍게 여겼습니다. 그에게 예수님의 행동은 비밀이었습니다. 바리새인들이 예수님께 "가이사에게 세금을 내야 합니까?"라고 물었습니다. 예수님께서는 "가이사의 것은 가이사에게 드리고 하나님의 것은 하나님께 드리라."라고 하였습니다. 바리새인들은 이 말씀을 듣고 놀랍게 여겼습니다. 이 말씀은 그들이 이해할 수 없는 비밀이었습니다. 예수님께서 풍랑이 일어난 바다를 향해 잔잔하라고 하십니다. 바람과 바다도 순종하는 모습을 본 사람들이 놀랍게 여겼습니다. 그들에게는 예수님의 권세가 비밀이었습니다.

다른 제자들처럼 모든 것을 버리고 헌신하지 못했던 니고데모와 아리마대 요셉은 예수님께서 십자가에서 돌아가시고 부활하신 마지막 위기에 나타난 제자들입니다. 평온할 때가 아니라 가장 위태한 순간에 어떻게 그럴 수가 있습니까? 여기에 하나님 나라의 비밀이 있습니다. 삭개오는 예수님을 만났을 때에 자신이 남의 것을 빼앗은 것의 4배를 갚겠다고 합니다. 자신의 재산 절반을 가난한 사람을 위하여 내어 놓겠다고 합니다. 이 힘이 비밀입니다.

초대교회 성도들은 죽이고, 잡아가고, 심한 고문을 하고, 순교까지 하지만, 평온하고 미소가 가득한 사람들이었습니다. 사람들에게 경멸을 당하고 박해를 받아도 개의치 않았습니다. 이들은 서로 격려하며 사자의 밥이 되고 화형을 당했습니다. 이 모든 것이 하나님 나라의 비밀 때문입니다.

° 순교자 손양원 목사님은 1948년 여순반란사건으로 두 아들 동인과 동신을 순교로 잃었습니다. 두 아들이 순교를 당한 후에 목사님은 감사 봉헌을 드렸습니다. "한 아들도 아니고 두 아들을 순교자로 주심을 감사합니다."라고 봉투에 쓰고 1만 원을 봉헌하였습니다. 당시에 일반인의 봉급이 한 달에 80원이었습니다. 1만 원은 엄청나게 큰 액수로 아들 동인을 미국에 보내려고 유학준비 자금으로 모아 둔 돈을 다 바친 것입니다. 또한 두 아들을 죽인 안재선을 용서하고 양자로 삼습니다. 안재선은 48세에 세상을 떠났습니다. 그래서 안재선의 아들이 아버지의 못다 한 일을 하고자 목사가 되었습니다. 손 목사님은 한센 병자의 수용소인 애양원에서 환자의 고름을 빨아 주었습니다. 그리고 1950년 공산당에 의해 순교하셨습니다.

순교는 기독교가 가지고 있는 비밀 때문에 가능합니다. 그의 삶과 신앙은 도저히 인간적인 잣대로 이해가 안 됩니다. 기독교에는 힘과 지혜가 있습니다. 이것이 믿지 않는 사람들에게는 비밀입니다.

제가 어릴 때 이야기입니다. 어느 권사님이 장롱을 갖기 위하여 맞추었습니다. 그때는 장롱도 주문하여 제작하던 때입니다. 가구공장 주인이 와서 주문서를 작성하고 돈을 건넸습니다. 공장 주인은 권사님에게 먼저 돈을 다 줘야 나무도 사고 제작할 수 있다고 했습니다. 권사님은 조금도 의심하지 않고 전액을 미리 주었습니다. 권사님이 그 말을 아들에게 했더니 아들은 "어머니, 요즘 세상이 어떤 세상인데 그 돈을 다 줘요? 그 돈 떼인 것으로 생각하세요."라고 했습니다. 얼마쯤 지나서 공장 주인이 다시 왔습니다. "제작하려고 보니 돈이 더 들게 생겼습니다. 더 주십시오." 권사님은 주인이 달라고 하는 대로 다 주었습니다. 가족들은 "어머니, 한 번 속았으면 됐지, 두 번씩이나 속습니까?" 하면서 어머니를 나무랐습니다. 정말 공장 주인은 나타나지 않았습니다. 그런데 한참 후에 공장 주인이 아주 멋진 장롱을 가지고 왔습니다. "할머니, 사실은 제가 처음 전액을 받았을 때는 돈을 떼먹을 생각이었습니다. 돈이 더 든다고 할 때도 장롱 만들 생각보다 돈을 떼먹고 만들지 않을 생각이었습니다. 그런데 저를 한 번도 의심하지 않고 믿어 주시는 것이 너무 고마워 제가 정성을 다해 만들었습니다. 제 평생 이렇게 정성을 다해 만든 장롱이 없을 겁니다."라고 하더랍니다. 권사님의 이런 믿음이 하나님 나라의 비밀입니다.

하나님의 나라에는 비밀이 있습니다. 찬송가에도 "주님 나와 동행을 하면서 나를 친구 삼으셨네 우리 서로 받은 그 기쁨은 알 사람이 없도다"라고 합니다. 아무도 알 수 없는 비밀스런 기쁨을 우리가 가지고, 누리고 있는 것입니다.

### 하나님 나라의 비밀은 알 수 있습니다

오늘 성경은 "천국의 비밀을 아는 것이 너희에게는 허락되었으나"라고 합니다. 비밀을 아는 것이 우리에게 허락되었습니다. 아무리 특급비밀이라도 비밀취급자는 알고 있습니다. 비밀취급자가 비밀을 아는 것은 불법이 아닙니다. 동시에 비밀취급자는 비밀을 잘 지켜야 할 의무가 있습니다. 모르는 사람은 몰라야 하고, 알아야 할 사람은 알아야 하는 것이 비밀의 이치입니다.

하나님 나라의 비밀은 모든 사람이 다 알게 되어 있지만 모두가 다 아는 것은 아닙니다. 예수님은 비유를 많이 사용하셨습니다. 비유는 예수님 말씀의 꽃입니다. 마태복음 13 : 34에는 "비유가 아니면 아무것도 말씀하지 아니하셨으니"라고 합니다. 예수님은 가장 소중한 하나님 나라의 비밀을 비유로 말씀하셨습니다. 13 : 35에는 "이는 선지자를 통하여 말씀하신 바 내가 입을 열어 비유로 말하고 창세부터 감추인 것들을 드러내리라 함을 이루려 하심이라"라고 하십니다. 예수님의 비유는 감춰진 것, 즉 비밀을 알게 하시려는 말씀이었습니다. 하나님의 나라 비밀을 여는 열쇠는 비유입니다.

비유는 가장 쉽게 말씀하신 것입니다. 누구나 다 알 수 있습니다. 그러나 모르는 사람에게는 모르게 합니다. 왜 그렇습니까? 하나님의 나라는 값싼 나라가 아니기 때문입니다. 하나님의 나라는 값싸게 얻는 나라가 아닙니다. 구원은 비싼 대가를 지불한 후에 얻습니다.

하나님은 하나님을 알 만한 것이나, 하나님의 나라를 알 만한 것들을 이미 다 주셨습니다. 그러므로 누구도 몰랐다고 핑계할 수 없다고 하였습니다. 자연을 보세요. 계절이 바뀝니다. 1년은 365일입니다. 날씨가 변동이 있어 추운 겨울이 있고 더운 여름도 있습니다. 이 모든 것을 누가 만들었습니까? 이 자연의 운행을 보면서도 하나님이 없다, 몰랐다, 알 수 없다고 하는 사람들은 참 신기한 사람들입니다.

어떤 이들은 예수님을 몰랐다고 합니다. 어떤 이들은 모르고 십자가에 못 박았다고 합니다. 그런데 신령한 지혜가 있었으면 못 박지 않았을 것입니다. 앞을 보지 못하는 시각장애인도 예수님께 "다윗의 자손이여"라고 소리칩니다. 귀신 들린 자도 "다윗의 자손이여"라고 합니다. 아이들도, 못 보는 사람도, 귀신도 다 아는 일을 모른다고 하면 얼마나 어이가 없습니까? 야고보서 2 : 19에는 "네가 하나님은 한 분이신 줄을 믿느냐 잘하는도다 귀신들도 믿고 떠느니라"라고 합니다. 귀신도 예수님이 누구이신가를 아는데 모른다고 하니 말이 됩니까?

"삼척동자도 아는 일"이라는 말이 있습니다. 17세기 삼척 부사였던 허목은 삼척에 조수가 읍내까지 올라오는 것을 경험했습니다. 홍수로 오십천이 범람하고 피해가 극심하게 되었습니다. 그러자 허목이 '척주동해비'(陟州東海碑)를 세웠더니 바다가 조용해졌습니다. 이 비문에 아이들이 오줌을 누고 훼손했더니 그 아이의 다리가 부러

졌답니다. 그래서 주민들은 이 비를 신성시하고 지역의 보물로 삼았습니다. 삼척이 물에 잠기고, 해일이 오면 솥을 들고 산으로 피신하라고 부사가 삼척 사람들에게 일러 주었습니다. "삼척동자도 아는 일"이라는 말은 이런 일은 삼척에 사는 어린 동자들도 다 아는 일이라는 뜻입니다.

아이들도 아는 일을 어른들이 모른다면 말이 됩니까? 아이들이 예루살렘에 입성하시는 예수님을 '호산나'로 찬양하였는데 어른들이 시끄럽다고 비난했습니다. 아이들보다 어리석은 어른들이 얼마나 많은지 모릅니다.

하나님 나라의 비밀은 알 수 있지만 여전히 모르는 사람들이 많이 있습니다. 신령한 은혜가 아니고는 알 수 없는 비밀입니다. 하나님, 예수님, 구원, 하나님의 나라, 이 모든 것은 누구나 다 알 수 있는 비밀입니다. 하나님께서 다 알 수 있게 만드셨습니다.

'불가지론'(不可知論, agnosticism)이란 이론이 있습니다. 헉슬리라는 학자가 주장한 이론입니다. 불가지론은 이성에 따라 인식하며, 지식의 한계를 인정하는 이론입니다. 마치 겸손 같지만 사실은 불신입니다. 무신론자는 하나님이 없다고 하지만, 불가지론자는 하나님이 있는지 없는지 모른다고 합니다. 하나님 나라의 비밀을 모르는 이유가 무엇인지 아십니까? 인간의 이성, 지성, 과학, 경험의 발달 때문입니다. 인간의 지성이 발달하면 영성이 쇠퇴하는 법입니다.

예레미야 33 : 3에는 "너는 내게 부르짖으라 내가 네게 응답하겠고 네가 알지 못하는 크고 은밀한 일을 네게 보이리라"라고 합니다. 하나님의 비밀은 하나님께 부르짖음으로 알 수 있습니다. 야고보서 1:5에는 "너희 중에 누구든지 지혜가 부족하거든 모든 사람에게 후히 주시고 꾸짖지 아니하시는 하나님께 구하라 그리하면 주시리라"라고 합니다. 하나님 나라의 지혜를 구하면 얻습니다. 하나님 나라의 비밀을 부르짖어 얻고, 구하여 얻는 우리가 되기 바랍니다.

홍콩 "사우스 차이나 모닝포스트"에 난 기사입니다. 중국 전역에서 기독교 신자가 급증해 최근 공산당원 숫자를 앞질렀다는 것입니다. 중국은 '가톨릭애국위원회'의 통제하에 있는 가톨릭교회가 있고, '중국기독교삼지위'의 통제하에 있는 개신교만 인정하는 매우 엄격한 제한 규정을 가진 교회가 있습니다. 두 단체의 공식적인 집계에 의하면 개신교는 2,100만 명이며, 가톨릭은 600만 명입니다. 그런데 최근 실제 교인의 숫자를 추정한 결과 가톨릭과 개신교를 합한 기독교인은 1억 2,500만 명을 넘었다고 합니다. 공식적인 중국인구 13억 명 가운데 10명 중 한 명꼴로 기독교인인 셈입니다. 7,400만 공산당원 숫자보다 크게 앞선 것입니다.

공산당에게 하나님, 하나님의 나라, 예수님, 예수 믿는 일, 이 모두가 비밀입니다. 어느 하나도 공개적으로 말할 수 없고 가르치지 못합니다. 그러나 불같이 복음이 전파되고 있습니다. 절대로 끌 수 없는 불입니다. 하나님 나라의 비밀을 아는 것이 허락되어 있습니다. 하나님께서는 하나님 나라의 비밀을 아는 것을 모두에게 허락하셨습니다. 하나님 나라의 비밀을 아는 것을 감사합시다. 그리고 이 하나님 나라의 비밀을 모든 믿지 않는 사람들에게 전하는 우리가 되기 바랍니다.

> **T.i.p.**
> 예수님이 가르치신 하나님 나라의 비밀은 하나님의 나라 역사 안에 이미 시작되고 있다는 사실입니다. 하나님의 나라가 왔다는 소식을 의미합니다. 이미 우리 가운데 와 있는 하나님의 나라를 알고 비밀을 아는 자들이 다 되기 바랍니다.

## 열여섯 번째 비밀

# 복된 자

[누가복음 14 : 12~15]

어느 국제 구호 기관에서 아프리카로 의료선교를 갔습니다. 의사가 진료를 한 후 약을 조제하여 하루 세 번씩 식후 30분에 약을 먹으라고 하였습니다. 그런데 부락민들은 약을 먹지 않았습니다. 왜 약을 먹지 않았느냐고 물어보니, 세 끼 밥을 먹고 먹으라고 하였는데 먹을 밥이 없어 밥을 먹지 못해서 약을 먹지 않았다고 하더랍니다. 이런 사람에게 어떻게 세상에서의 복을 설명할 수 있겠습니까? 이런 사람들이 어떻게 행복을 느낄 수 있겠습니까? 그럼에도 불구하고 이런 사람들이 세상에서 행복을 느끼고 복이 있는 사람이라고 합니다. 나아가서 세상에서는 복되지 못해도 하나님의 나라에서는 얼마든지 복이 있는 삶을 살 수 있습니다. 하늘의 복은 세상의 행복지수가 아니기 때문입니다.

행복지수는 삶의 만족도, 평균수명, 생존에 필요한 면적과 에너지 소비량 등을 바탕으로 계산합니다. 그런데 행복지수가 높은 나라들을 보면 바누아투, 콜롬비아, 코스타리카, 도미니카, 파나마, 쿠바, 온두라스, 과테말라, 엘살바도르, 세인트빈센트그레나딘 등의 생소한 나라 이름들이 있습니다. 우리나라는 행복지수가 세계 102위입니다. 행복지수가 높은 나라들은 거의 우리나라보다 훨씬 못 사는 나라들입니다. 하지만 아무리 세상에서 행복하다고 하더라도 세상의 것으로 영원한 복을 얻지는 못합니다.

요즘 세계는 '행복전쟁' 경쟁이 한창입니다. 각국 정부는 행복지수 개발과 정책을 적용하는 데 열을 올리고 있습니다. 국가총생산(GDP) 대신 국민총행복(GNH) 지수 고안에 더 많은 힘을 쏟고 있습니다. 행복은 얼마든지 만들 수 있고, 느낄 수 있습니다. 세상에서의 복은 인간의 노력에 의하여 얼마든지 얻을 수 있습니다. 그러나 하나님 나라의 복은 사람의 힘으로 얻지 못하는 초자연적인 은혜를 뜻합니다. 성경적 복이 그렇습니다. 초자연적인 하나님의 은혜로 얻어지는 것이 성경적 복이며, 하나님 나라의 복입니다.

복 주시는 것은 하나님의 본성입니다. 하나님은 인류 모두가 구원받기 원하시고, 구원받은 모든 사람에게 하나님 나라의 복을 주십니다. 하나님 나라의 복은 하나님의 본성이 주는 은혜의 선물입니다.

우리나라 속담에 "복은 쌍으로 안 오고 화는 홀로 안 온다."라는 말이 있습니다. 복은 오다 말고, 화는 연거푸 온다는 말입니다. 우리는 흔히 "지지리 복이 없다."라는 말을 합니다. 세상에서도 복 받기란 힘들다는 말입니다. 그러나 하나님의 나라에서는 "복은 쌍으로 오고, 화는 안 온다."라고 해야 옳습니다. 하나님은 우리에게 복 주기를 좋아하시고, 복을 준비하여 우리가 얻기를 기대하고 계십니다.

오늘 성경은 '하나님의 나라에서 복된 자'라고 하는데, 사실 이 말은 이상한 말입니다. 하나님의 나라에서는 모두 복된 자입니다. 하나님의 나라에 들어갔는데 복된 자가 아닐 자가 있습니까? 하나님의 나라는 그 자체가 복입니다. 그 나라에 가는 것이 복입니다. 그 나라는 고통이 없고, 아픈 병도 없고, 눈물도 없고, 다시 사망이 없는 곳입니다. 인간의 모든 고통에서 해방되는 곳입니다. 구원받은 자가 가는 곳입니다. 이미 복 받은 자가 있는 곳입니다. 하나님의 나라를 소유한 자는 이미 복 있는 자들입니다. 하나님의 나라에서 복 있는 자가 어떤 자들인지 말씀을 통하여 봅시다.

### 갚을 것이 없는 자를 대접하는 자가 복이 있습니다

오늘 말씀 14절에는 "그들이 갚을 것이 없으므로 네게 복이 되리니 이는 의인들의 부활 시에 네가 갚음을 받겠음이라 하시더라"라고 합니다. 이 땅에서 보답을 기대하지 않는 자가 복이 있습니다. 오늘 성경에서 "가난한 자들과 몸 불편한 자들과 저는 자들과 맹인들을 청하라"고 합니다. 이 말씀은 앞에서 언급한 '벗, 형제, 친척, 부한 이웃'과 비교되는 말입니다. 이 사람들은 아무런 보답도 해 줄 수 없는 사람들입니다. 아무 보답도 해 줄 수 없는 이런 자를 대접하는 사람이 하나님의 나라에서 복이 있습니다. 그러나 보답을 기대하면서 선행을 베풀고 대접하는 자에게는 복이 없습니다. 보답을 기대하는 자체가 복이 없는 마음입니다.

○ 어느 착한 농부가 무 농사를 지었는데 너무 농사가 잘되었습니다. 농부는 원님이 고을을 잘 다스린 덕에 농사가 잘되었다고 생각하여 몸뚱이만한 무를 가지고 가서 원님께 드리며 말했습니다. "무 농사가 너무 잘되었습니다. 다 원님의 덕입니다." 원님은 그의 착한 마음씨에 감탄하며 "뭐 좋은 거 들어온 것 없느냐?" 하고 물었습니다. 아랫사람은 좋은 황소 한 마리가 있다고 하였습니다. 원님은 황소를 착한 농부에게 주었습니다. 한편 그 마을에 마음씨 고약한 농부가 있었습니다. 그는 '무 하나를 가지고 가서 황소 한 마리를 가지고 왔으니 황소 한 마리를 가지고 가면 땅 몇 마지기는 주겠지?' 하고 생각했습니다. 그는 황소 한 마리를 가지고 원님에게 갔습니다. 원님에게 "이렇게 잘 생기고 튼튼한 황소는 처음입니다. 이 모든 것이 원님 덕입니다." 하면서 드렸습니다. 원님은 다시 "뭐 좋은 거 없느냐?" 하고 물었습니다. "예, 잘생긴 무 하나가 있습니다." 마음씨 고약한 농부는 원님에게 황소 한 마리를 바치고 무 하나를 가지고 돌아왔다고 합니다.

이 농부는 마음에 복이 없습니다. 여러분은 놀부의 심보를 잘 아시지요? 대가를 기대하는 선행은 복이 아니라 저주입니다. 구제와 자선은 하나님의 나라에 가기 위한, 혹은 하나님의 나라를 보상 받기 위한 수단으로 삼기보다 사랑의 동기로 해야 함을 말합니다.

룻기의 아름다운 이야기는 영원한 러브스토리입니다. 나오미는 기론과 말론이라는 아들이 있었습니다. 기근을 만난 나오미는 아들들을 데리고 모압으로 가서 그곳의 여인들을 며느리로 얻습니다. 남편과 두 아들도 다 세상을 떠나고 나오미는 다시 고향인 베들레헴으로 돌아옵니다. 오르바와 룻이라는 두 며느리는 어머니를 따라오다가 오르바는 모압에 머물고, 룻은 어머니와 함께 고향으로 돌아왔습니다. 가난했던 룻은 보아스라는 사람의 밭에 가서 이삭을 주워 어머니를 섬겼습니다. 보아스는 가난한 자를 돕기 위하여 룻이 자신의 밭에 와서 이삭을 줍는 것을 허락하였습니다. 대가를 바란 것이 아니라 단지 가난한 자를 돕기 위한 마음 때문이었습니다. 이 일로 보아스와 룻은 결혼을 하게 되고, 보아스는 예수님의 족보에 이름까지 오르게 되었습니다. 마태복음 1장에는 "보아스는 룻에게서 오벳을 낳고 오벳은 이새를 낳고 이새는 다윗 왕을 낳으니라"고 합니다. 갚을 것이 없는 자를 도와준 보아스는 다윗의 증조부가 되었고, 예수님의 조상이 된 것입니다. 우리가 선행을 베풀 때에 사람이 갚아 줄 것을 기대하지 말아야 합니다. 이 땅에서의 상을 기대하지 말고 하늘의 상을 기대해야 합니다.

마태복음 6 : 5에는 "또 너희는 기도할 때에 외식하는 자와 같이 하지 말라 그들은 사람에게 보이려고 회당과 큰 거리 어귀에 서서

기도하기를 좋아하느니라 내가 진실로 너희에게 이르노니 그들은 자기 상을 이미 받았느니라"라고 합니다. 16절에는 사람에게 보이기 위하여 금식하는 자들에게 "그들은 자기 상을 이미 받았느니라"라고 합니다. 남에게 보이기 위한 율법적 신앙도 이미 자기 상을 받았다고 합니다. 이 세상의 상, 이 세상의 보상, 이 세상의 갚음을 받은 사람은 하나님의 나라에서 빈털터리인 것을 기억해야 합니다.

부자와 나사로의 비유에서 나사로는 갚을 것이 전혀 없는 부잣집 문 앞의 거지였습니다. 부자는 세상에서 상을 이미 다 받았습니다. 거지 나사로는 갚을 것이 하나도 없습니다. 나사로는 세상에서 상이 없습니다. 세상의 온갖 고생만 했지 갚을 것이 없습니다. 세상에서 자랑할 것도 없습니다. 그런데 그는 아브라함의 품에 안겼습니다. 하나님 나라의 복을 받은 것입니다.

행복하기 위해서는 무엇을 가지려 하기보다 버려야 합니다. 어떤 분이 행복하기 위해 버려야 할 것이 여덟 가지라고 하였습니다. 나이 걱정, 과거에 대한 후회, 비교, 자격지심, 개인주의, 미루기, 강박증, 막연한 기대감을 버려야 한다는 것입니다. 하늘 나라에서 복 있기 위해서도 마찬가지입니다. 가져야 하는 것이 아니라 버려야 합니다. 버려야 할 것들이 많아야 하나님의 나라에서 복이 있습니다.

성경에는 "하늘에서 너희 상이 큼이라"라고 하는 말이 두 곳에 기록되어 있습니다. 마태복음 5 : 12과 누가복음 6 : 23입니다. 세상에서 핍박을 받을 때, 의와 주님을 위하여 박해를 받을 때 하늘의 상이 큽니다. 세상에서 받을 것이 없고, 갚을 것이 없고, 가난하고, 박해당하는 이런 사람이 하늘에서 상이 크고 복이 있습니다.

## 하나님의 나라에서 떡을 먹는 자가 복이 있습니다

15절에는 "무릇 하나님의 나라에서 떡을 먹는 자는 복되도다"라고 합니다. 세상 떡이 아니라 하늘의 떡을 먹는 자가 하나님의 나라에서 복이 있습니다. 이 땅에서 아무리 떡을 잘 먹어도 소용없습니다. 하늘에서 떡을 잘 먹어야 합니다. 세상에서 아무리 잘 먹어도 하나님의 나라에서 먹지 못하면 아무 필요가 없습니다.

"하나님의 나라에서 떡을 먹는 자는 복되도다"라는 말은 유대인들의 전통적인 메시야 사상을 표현한 말입니다. 하나님이 세상에 강림하실 때에 큰 잔치를 베푸실 것입니다.

팔레스타인은 기근의 삶이었습니다. 성경에도 족장이라고 하는 아브라함, 이삭, 야곱, 요셉 모두가 기근과 관련이 있습니다. 좀 전에 말씀드린 나오미도 흉년이 들어 모압으로 갔습니다. 그래서 유대인들의 메시야관에는 메시야가 도래하게 되면 굶주림이 없이 모든 사람이 배불리 먹을 수 있을 것이라는 믿음이 있었습니다. 메시야가 오시고 잔치를 베풀게 되면 이방인들과 죄인들은 잔치에 참여하지 못할 것이며, 오직 유대인들만 참석하게 될 것이라고 생각했습니다.

그런데 예수님은 이 세상에서 실컷 먹을 수 있는 것이 아니라 하나님의 나라에서 먹을 수 있는 자가 복이 있다고 하십니다. 보리떡 다섯 개와 물고기 두 마리를 가지고 오천 명을 먹이신 기적은 그런 의미에서 메시야적 기적이라고 합니다. 예수님께서 기적으로 모든 사람을 배불리 먹이셨으니 메시야가 오셨다고 생각한 것입니다.

그런데 요한복음 6장의 기록에 보면 예수님께서는 군중들에게 그들의 조상들은 만나를 먹고도 죽었지만, 예수님께서는 생명의 떡이며 생명의 물이므로 예수님을 먹고 마시면 영원히 죽지 않는다고 하십니다. 하나님 나라의 떡을 먹고 물을 마시라고 하십니다. 이 말을 듣고 군중들은 다 실망하였습니다. 그들의 관심은 하나님의 나라에서 배부르고 복이 있는 것이 아니라, 당장 이 땅에서 배부르고 복이 있는 것을 원했기에 이 말씀을 듣고 뿔뿔이 다 흩어졌습니다.

부자와 나사로의 비유를 다시 보세요. 세상에서 호의호식하던 부자는 음부로 갔습니다. 그는 아브라함의 품에 안겨 있는 거지 나사로를 보았습니다. 그리고 아브라함에게 목이 마르니 나사로를 보내 달라고 합니다. 왜 그랬습니까? 물 한 방울이 아쉬워서 그랬습니다. 떡도 아닌 물입니다. 그것도 많은 물이 아닌 한 방울의 물입니다. 하나님의 나라에서 가난한 자, 복 없는 자의 모습을 볼 수 있습니다.

'인생역전'이라는 말을 하지 않습니까? 위치가 완전히 바뀌었습니다. 요셉과 형들을 보세요. 동생을 팔고 힘을 과시하던 형들이 애굽에 와서 동생 앞에 꿇어앉아 "내 주여!"라고 합니다. 아론은 모세보다 세 살이나 형이었지만 하나님은 동생을 위하여 형을 함께 보냅니다. 형인 아론은 동생인 모세에게 "내 주여!"라고 합니다. 성경에는 세상에서의 위치가 완전히 바뀐 경우가 많습니다. 세상에서 복이 있다고 좋은 것이 아닙니다. 하나님의 나라에서 복이 있어야 좋은 것입니다. 이 복이 영원한 것입니다.

전 세계 인구 가운데 8억 5천만 명이 굶주려 있습니다. 유엔식량농업기구(FAO)의 통계에 의하면 적당한 음식과 물, 보건 위생과 교육을 제공 받지 못하는 여성은 7억 명가량이라고 합니다. 이런 남성은 약 5억 명입니다. 전 세계 20%의 인구가 음식에 대한 관심을 많이 가지고 있습니다. 먹기 위해 안간힘을 쓰고 있습니다.

"부자 하나면 세 동네가 망한다."라는 말이 있습니다. 세상이 불공평하고 한 사람이 너무 많이 독식하기 때문입니다. 세상에 어떤 사람은 너무 많이 먹고, 어떤 사람은 너무 적게 먹기 때문에 문제가 있습니다. 세상 나라는 언제까지나 그럴 것입니다.

육신을 위한 양식에 이렇게 많은 관심을 가지고 있으면서 생명의 양식, 영혼의 양식에 대해 얼마나 관심을 가지고 염려하고 삽니까? 하나님의 나라에서 잘 먹을 수 있도록 하는 관심이 얼마나 있습니까? '세계 선교 연간 통계표'에 의하면 12억 내지 14억 명의 세계인이 복음을 들을 기회가 전혀 없다고 합니다. 육신의 양식이 없는 사람과 맞먹는 숫자입니다. 이 인구에 대하여 얼마나 관심을 가지고 하나님 나라의 양식을 먹게 하려고 애쓰고 있습니까?

중·고등학생 세대의 키워드는 마우스와 힙합이라고 합니다. 대학생 세대의 키워드는 휴대폰입니다. 사회 초년병 세대의 키워드는 마이카(my car)입니다. 중년층 세대의 키워드는 가족과 커리어(career)입니다. 그런데 장년층 세대의 키워드는 음식과 건강입니다.

음식과 건강은 이제 우리 시대의 이데올로기입니다. 장수하기 위해서는 적게 먹으라고 합니다. 정해진 시간에 일정한 양만 먹으라고 합니다. 튀긴 음식과 짠 음식을 멀리하라고 합니다.

최근에는 예수님의 다이어트도 인기입니다. 예수님의 식습관은 날씬한 몸매와 건강을 지킬 수 있는 비결이라고 합니다. 예수님의 주식은 밀떡과 포도주였습니다. 지중해식 음식인 밀떡, 생선, 포도주, 올리브유는 정말 다이어트에 좋은 식품들입니다. 지중해 사람들이 많이 먹는 양고기도 그렇습니다. 어떤 분은 고기 중에서 양고기만 먹는 분이 있습니다. 성경적이고 가장 좋은 고기랍니다. 하나님도 양고기를 좋아하셨답니다. 하나님은 특히 바싹 구운 것을 좋아하셨습니다. '웰던'을 좋아하신 것입니다. 하나님은 양고기를 태워서 드셨다고 하네요.

이런 장수식품, 다이어트 모두가 배부른 자의 소리입니다. "맞기 싫은 매는 맞아도 먹기 싫은 음식은 못 먹는다."라고 합니다. 이런 말도 다 배불러서 하는 소리입니다. 지금도 인육을 먹는다는 말이 나오고, '초근목피'(草根木皮)를 먹는 사람도 있습니다.

인간 사회는 언제나 두 개의 계급만 존재해 왔고, 존재한다고 합니다. 식욕보다 먹을 것이 넘치는 계급과 먹을 것보다 식욕이 넘치는 계급입니다. 너무 많이 먹는 사람과 너무 못 먹는 사람이 공존합니다. 그러나 하나님의 나라는 모두에게 공평합니다.

요한계시록 3 : 20에는 "볼지어다 내가 문 밖에 서서 두드리노니 누구든지 내 음성을 듣고 문을 열면 내가 그에게로 들어가 그와 더불어 먹고 그는 나와 더불어 먹으리라"라고 합니다. 하나님 나라의 풍성한 식탁을 상상할 수 있습니다. 하나님의 나라에서 영원히 목마르지 않는 물을 마시고, 영원히 배고프지 않는 떡을 먹는 것, 이것이 최고의 복입니다.

하늘을 높이 나는 새도 먹이는 땅에서 얻습니다. 우리는 땅에서 살지만 떡은 하늘에서 얻읍시다. 하나님의 나라에 가면 이 떡을 영원히 먹을 것입니다. 경제가 참 어렵습니다. 이런 때가 하나님의 나라에 복 있는 자로 초대하기 가장 좋은 기회입니다. 우리 교단의 '예장300만성도운동'은 우리 시대의 마지막 기회일지도 모릅니다.

이사야 55 : 1에는 "오호라 너희 모든 목마른 자들아 물로 나아오라 돈 없는 자도 오라 너희는 와서 사 먹되 돈 없이, 값없이 와서 포도주와 젖을 사라"라고 합니다. 이 말씀은 복음 중의 복음입니다. 목마른 자, 돈 없는 자 모두를 하나님의 나라에 초대합니다.

어떤 사람이 아내에게 "이번 결혼기념일에 어디 가고 싶어?"라고 했습니다. 아내는 "내가 한 번도 안 가 봤던 곳에 가요!"라고 했습니다. 남편은 "그럼 부엌이 어떨까?"라고 했습니다. 글쓴이가 이렇게 말합니다. "그날 나는 집에서 쫓겨났다." 이런 분들 꼭 하나님의 나라에 가세요. 부엌에 갈 필요 전혀 없습니다. 하나님의 나라에는 먹을 것이 풍성합니다. 보석 좋아하시는 분들도 꼭 가세요. 하나님의 나라에는 보석이 가득합니다. 우리 모두가 하나님의 나라에서 복 있는 자가 다 되기 바랍니다.

> **T.i.p.**
>
> 하나님의 나라는 그 자체가 복입니다. 그 나라에 가는 것이 복입니다. 그 나라는 고통이 없고, 아픈 병도 없고, 눈물도 없고, 다시 사망이 없는 곳입니다. 인간의 모든 고통에서 해방되는 곳입니다. 구원받은 자가 가는 곳입니다. 이미 복 받은 자가 있는 곳입니다. 하나님의 나라를 소유한 자는 이미 복 있는 자들입니다.

# Where
## 우리에게 임한 그곳

Ⅰ 우리에게 임한 그곳
Ⅰ 버려야 얻을 수 있는 곳
Ⅰ 감사함으로 들어가는 곳
Ⅰ 하나님의 나라와 성령 안에 있는 것들
Ⅰ 성령님의 네버 엔딩 스토리

## 우리에게 임한 그곳

열일곱 번째 비밀

[누가복음 11:18~20]

어느 이방 군주가 랍비 여호수아 벤 하나니에게 "하나님을 보여 주시오."라고 말했습니다. 랍비는 "그건 절대 할 수 없는 일이오. 태양을 보시오."라고 했습니다. 군주는 "태양은 쳐다볼 수가 없소."라고 했습니다. 랍비는 "태양을 볼 수 없다면 하나님의 영광도 볼 수 없는 것 아닙니까?"라고 하더랍니다. 이번에 군주는 "하나님이 계신다는 증거가 어디 있소?"라고 했습니다. 그때 랍비는 유대인들이 사는 곳에 데려가 유대인들을 가리키며 "이들이 하나님이 계신다는 증거요."라고 했습니다.

하나님은 보이지 않지만 하나님이 계신다는 증거는 세상에 산재해 있습니다. 하나님이 보인다면 이미 하나님이 아닙니다. 하나님은 보이지 않는 힘입니다. 하나님이 존재한다는 객관적인 증거들이 없다는 것은 오히려 하나님의 지배를 강화시킬 뿐입니다. 오히려 하나님이 존재하지 않는다는 증거는 완벽하게 없습니다.

코르넬리우스 반틸이란 학자는 하나님이 계신다는 것을 논리적으로 입증하는 '유신논증'의 권위자입니다. 그분은 하나님이 계신다는 증명은 하나님이 계시지 않는다는 증명보다 훨씬 쉽고, 하나님이 계시지 않는다는 증명은 불가능하다고 하였습니다. 예를 들어 어느 섬에 새가 살았다는 것을 증명하기 위해서는 섬에 새 발자국 하나만 찾으면 되지만, 새가 살았던 적이 없다는 것을 증명하기 위해서는 섬 전체를 샅샅이 다 뒤져야 합니다. 이와 같이 하나님이 계시지 않는다는 것을 증명하려면 온 우주를 다 뒤져야 하기에 사실상 불가능하다는 것입니다.

주기도문에는 "아버지의 나라가 오게 하시며"라는 말씀이 있습니다. 아버지의 나라, 하나님의 나라는 하나님의 주권입니다. 하나님의 다스리심입니다. 하나님의 나라는 하나님의 손이 다스리시는 나라를 의미합니다. 이 기도는 하나님이 다스리시는 나라가 속히 이 땅에 임재하기를 기원하는 기도입니다.

하나님의 보이지 않는 손이 움직이는 우주는 무한한 힘의 손이 지배합니다. 이 손은 귀신을 쫓아내고, 병을 고칩니다. 이 손이 귀신을 쫓아내면 하나님의 나라가 임하였다는 것입니다.

'하나님의 손'은 하나님의 권능과 능력을 의미하는 구약적 표현입니다. 신약에는 오늘의 본문의 병행구인 마태복음 12 : 28에서는 '하나님의 성령을 힘입어'라고 합니다. 우리가 성령을 힘입어 사는 것이 하나님의 나라가 임한 증거입니다. 우리가 성령의 힘으로 귀신을 제어하고, 세상을 이기는 것이 하나님의 나라가 임한 증거입니다.

우리의 존재는 하나님이 계신다는 증거입니다. 우리의 삶이 하나님의 나라가 임하는 증거입니다. 예수님을 믿지 않는 사람들이 우리의 삶을 보고 예수님을 믿게 합시다. 이것이 진정 하나님의 나라가 임하게 만드는 길입니다. 하나님의 나라가 임해 있는 증거는 이것뿐이 아닙니다. 비록 세상에 악이 요동합니다. 악한 세력이 발호합니다. 그러나 결국 이 세상은 하나님의 뜻대로 운행되고, 하나님의 뜻하신 길을 한 치도 벗어나지 않으며 가고 있습니다.

세상 돌아가는 것을 보면 하나님이 계신다는 것이 확실합니다. 하나님의 나라가 임했다는 것이 보입니다. 어쩌면 "하나님이 계신다면 이런 일이 일어날 수 있을까?" 하는 그것이 오히려 하나님이 계신다는 증거입니다.

일전 신문에 해괴한 기사가 났습니다. 어떤 여성이 아기를 낳았습니다. 그런데 출산비가 없어서 아기를 다른 여성에게 200만 원에 팔았습니다. 이 여인은 아기를 사서 다시 다른 여성에게 465만 원에 되팔았습니다. 이제 아기도 웃돈 얹어서 파는 세상이 되었습니다. 산불이 이곳저곳에서 거세게 나고 있습니다. 지진이 일어납니다. 기상이변이 끊이지 않습니다. 이런 모든 것들이 하나님이 계신다는 증거요, 하나님의 공평하심입니다.

하나님 나라의 임재 증후군을 보세요. 신학자 하비 콕스는 1960년대에 「세속도시」라는 책을 썼습니다. 이 책에서 그는 앞으로 탈종교화 현상이 일어나고, 기독교가 쇠퇴하게 될 것이라고 하였습니다. 그러나 최근 그는 *Fire From Heaven*이란 책에서 자신이 예측을 잘못했다고 시인하면서 기독교가 계속해서 성장할 것이라고 하였습니다. 단, 열정과 신비를 가지고 귀신을 내쫓고, 병을 고치고, 복음 전파에 열심을 가진 오순절주의가 개신교의 성장을 주도할 것이라고 하였습니다. 이런 모든 것이 하나님의 나라가 임재하는 증거입니다. 이미 우리 앞에 와 있는 하나님의 나라에 대하여 민감하게 수용하고 감사할 수 있기 바랍니다.

### 하나님이 지배하시는 곳에는 하나님의 나라가 임합니다

18절에는 "너희 말이 내가 바알세불을 힘입어 귀신을 쫓아낸다 하니 만일 사탄이 스스로 분쟁하면 그의 나라가 어떻게 서겠느냐"라고 합니다. 사람은 귀신에게 지배를 받으면 귀신을 쫓아내지 못합니다. 귀신 들린 자는 귀신을 쫓아내지 못하고, 쫓아낼 힘도 없고, 오히려 귀신과 함께함을 즐기며 삽니다.

얼마 전 11세 때 납치된 여성이 성폭행을 당하고 납치범과 함께 생활한 지 18년 만에 구출되었습니다. 이 여인은 납치범 집에 감금되어 살았습니다. 탈출할 수 있으면서도 탈출하지 않았고, 성폭행을 당해 두 딸까지 낳았습니다. 그런데 이 여인과 두 딸은 납치범에게 강한 애정을 보였습니다. 납치범을 잡아가는 경찰을 오히려 원망하였습니다. 피해 어린이가 납치범을 부모와 같은 절대적 존재로 받아들이면 학대받는 상황조차 당연한 것으로 수용하게 된다고 합니다. 피랍인질이 납치범에 대한 비정상적인 애정을 느끼는 현상을 '스톡홀름 증후군'이라고 합니다. 자신이 납치당하고, 성폭행당하고, 감금되어 사는 것을 당연하게 생각하고 즐긴다는 것입니다. 귀신에 대하여도 마찬가지입니다. 자신이 포로 되고, 귀신 들린 상태에 승복하는 것을 당연히 여기는 것입니다. 심지어 귀신을 사랑하게 되는 것입니다.

귀신이 귀신을 쫓아내지 못합니다. 사탄이 스스로 분쟁하면 저들의 나라가 서지 못합니다. 그러나 사탄을 지배하면 하나님의 나라가 임하게 됩니다. 사탄은 한 번도 세상을 지배한 적이 없습니다. 예수님을 시험한 사탄을 보세요. 사탄이 예수님께 천하만국을 보이며 자기에게 절하면 천하를 다 주겠다고 합니다. 천하만국이 자기의 것입니까? 천하만국은 한 번도 사탄의 것이 된 적이 없습니다. 천하만국이 다 하나님의 것입니다. 자기의 것도 아닌 것을 자기의 것처럼 여기는 것이 도둑이며, 사기꾼입니다.

니체는 강인하고, 남성적이고, 억압적이고, 대담한 지배자를 통한 민족의 융성을 꿈꾸었습니다. 니체는 인간의 능력을 숭배하였으므로 예수님의 연약함 때문에 예수님을 멸시하였습니다. 니체의 이상은 '위버멘쉬', 즉 슈퍼맨이었습니다. 하지만 예수님의 이상은 어린아이였습니다. 슈퍼맨이 세상을 지배할 것 같지만 아닙니다. 약한 어린아이가 세상을 지배합니다.

사탄은 힘으로 지배하고, 죽이고, 아프게 하고, 걱정하게 하고, 고민에 빠트리고, 염려하게 하고, 근심에 싸이게 합니다. 이런 모든 것들은 사탄의 선물입니다. 반면에 하나님은 사랑으로 살리고, 고치고, 웃게 하고, 회복시키고, 감사하게 하고, 깊은 잠을 주십니다. 하나님의 나라는 사랑이 지배하는 나라입니다. 순수한 사람이 지배하는 나라입니다. 어린아이 같아야 가는 나라입니다.

유진 피터슨은 「균형 있는 목회자」라는 책에서 로마제국은 도덕적 붕괴 과정을 통해 몰락했고, 반면 교회는 도덕적인 열정과 거룩한 생활의 힘으로 지배적인 위치에 오를 수 있었다고 합니다. 교회는 선과, 진리와, 거룩으로 세상을 지배합니다. 세속적 힘으로 지배하는 것이 아닙니다. 사탄의 방법으로 지배하는 것이 아닙니다. 하나님 나라의 방식으로 지배되는 것이 교회입니다.

미국은 종교가 사회와 정치를 지배한다고 합니다. 미국 국민의 60%가 종교는 매우 중요하다고 생각하고 있습니다. 교회가 세상에 영향을 주고, 복음이 사회와 정치를 지배해야 정상입니다. 사탄의 문화, 사탄의 방법이 세상을 지배하면 세상은 망합니다. 교회는 힘을 가지고 하나님의 힘으로 세상에 영향을 주고, 복음이 지배할 수 있게 해야 합니다.

흔히 "저 사람 귀신 같다."라는 말을 합니다. 귀신을 봤어야 귀신 같다고 하는데, 귀신 같다는 말은 좀 혼란한 모습을 볼 때 하는 말입니다. 또 "귀신 봤다."라고도 합니다. 저는 귀신을 못 봤습니다. 왜냐하면 귀신이 제게 얼씬도 못하기 때문입니다. 귀신을 보지 말고 귀신을 지배하고 살아야 합니다. 시간을 관리할 것이 아니라 시간을 지배해야 합니다. 인간은 시간을 지배하든, 지배받든 둘 중의 하나입니다. 귀신도 마찬가지입니다. 귀신을 지배하든, 귀신에게 지배받든 둘 중의 하나입니다.

'주님'이란 말은 히브리어로 '아도나이'입니다. 이 말은 일종의 '윗사람'(superior)을 뜻합니다. 구약성경에서는 주인, 지배자, 군주, 지도자 등 모든 부류의 주인(lord)을 나타내는 말로 이 단어를 사용합니다. 하나님이 주인이시고 지배자가 되셔야 하나님의 나라가 이루어질 것입니다.

### 미래적 하나님의 나라는 하나님이 모든 악을 지배하십니다

20절에는 "그러나 내가 만일 하나님의 손을 힘입어 귀신을 쫓아낸다면 하나님의 나라가 이미 너희에게 임하였느니라"라고 합니다. 하나님의 나라는 악한 세력을, 귀신의 세력을 완전히 제압합니다. 하나님의 나라는 악한 세력을 지배하는 곳입니다.

역사학자 찰스 베어드는 "하나님의 공의의 맷돌은 아주 천천히 도는 것 같지만 모든 악을 보드랍게 빠짐없이 갈아 낸다."라고 하였습니다. 우리가 얼핏 볼 때에 너무 오래 악이 세상을 지배하는 것같이 보입니다. 그러나 최후의 승리는 하나님의 것입니다. 세상은 일시적으로 악에게 지배받지만, 종래 하나님이 승리하십니다.

이스라엘 백성들은 애굽에서 종살이하면서 고통스러워합니다. 죽겠다고 소리칩니다. 이때 하나님의 구원 계획이 나타납니다. 하나님 구원의 역사는 더디지만 반드시 나타납니다. 이스라엘 백성들에게 출애굽의 은총을 주십니다.

예수님의 십자가에서 죽으심도 그렇습니다. 예수님의 죽으심으로 마귀가 승리한 것처럼 보입니다. 그러나 좀더 두고 봐야 압니다. 예수님은 다시 사셔서 마귀가 승리한 것이 아님을 보여 주셨습니다. 찬송가의 가사처럼 "최후 승리를 얻기까지 주의 십자가 사랑하리 빛난 면류관 받기까지 힘한 십자가 붙들겠네"입니다. 우리의 시합은 경기 종료 호각이 울려 봐야 알 수 있습니다.

    예수님께서 시험을 받으실 때에 사탄에게 이끌리어 성전 꼭대기까지 올라가셨습니다. 그런데 예수님께서 사탄에게 이끌리지 말아야 하는 것 아닙니까? 성전 꼭대기까지는 끌려가지만 마지막까지 끌려 다니지는 않습니다. 뛰어내리지는 않으셨습니다. 사탄은 일시적, 순간적으로 사람을 지배합니다. 사람뿐만 아니라 예수님도 지배하려고 합니다. 그러나 마지막의 영원한 하나님의 나라는 모든 악이 제거되고, 인간의 고통이 사라지고, 사망이나 아픔이 종결됩니다.

요한계시록 20 : 2~3에는 "용을 잡으니 곧 옛 뱀이요 마귀요 사탄이라 잡아서 천년 동안 결박하여 무저갱에 던져 넣어 잠그고 그 위에 인봉하여 천년이 차도록 다시는 만국을 미혹하지 못하게 하였는데 그 후에는 반드시 잠깐 놓이리라"라고 합니다. 마지막 심판 때가 되어야 사탄은 완전히 갇히고, 영원한 하나님의 나라가 시작됩니다.

이미 하나님의 나라가 이루어진 이 땅입니다. 현재도 마찬가지로 귀신이 쫓겨나고, 병이 나으면 하나님의 나라가 임한 것입니다. 왜냐하면 '하나님의 손을 힘입어' 되어지는 하나님이 지배하시는 나라이기 때문입니다.

'하나님의 손을 힘입어' 라는 말에서 손은 '다크튈로스' 로 손가락입니다. 손이란 단어는 '케이라' 라는 단어가 따로 있습니다. 하나님의 손이란 하나님 자신을 의미하며, 하나님의 힘을 의미하기도 합니다. 하나님의 권능으로 귀신을 쫓아낸다면 하나님의 나라가 이미 임한 것입니다. 하나님의 권능이 아니면 귀신은 못 쫓아냅니다.

귀신을 쫓아내는 것은 예수님께서 이 땅에 오신 예수님의 사명입니다. 병든 자를 고치시고, 약한 자를 돌보시고, 귀신 들린 자를 고치시는 것이 예수님이 오셔서 하신 일입니다. 또한 이 일은 예수님께서 제자들에게 주신 사명이기도 합니다. 마태복음 10 : 1에는 "예수께서 그의 열두 제자를 부르사 더러운 귀신을 쫓아내며 모든 병과 모든 약한 것을 고치는 권능을 주시니라"라고 합니다. 귀신을 쫓아내는 것이 단순한 기적의 현상, 기적의 목적이 아니라 하나님의 나라가 목적입니다.

예전에 러시아정교회에서는 부활절 다음날에 우스갯소리를 하는 풍습이 있었습니다. 부활절은 하나님께서 사탄에게 물을 먹인 날입니다. 십자가에 죽으시는 예수님을 보고 사탄은 승리했다는 회심의 미소를 지었습니다. 그러나 하나님이 예수님의 부활로 사탄에게 결정타를 날린 것입니다. 예수님의 부활로 하나님의 나라가 임재한 것입니다. 예수님의 부활로 주일이 시작된 것입니다.

하나님의 나라가 임재하면 웃음이 있고 기쁨이 넘칩니다. 사탄의 일은 언제나 웃음을 빼앗는 일입니다. 걱정하게 하고, 근심하게 하고, 염려하게 하고, 고민하게 하고, 좌절하게 합니다. 이런 사탄의 일은 웃음이 있을 수 없습니다.

'미치다' 란 말의 헬라어는 크게 두 가지입니다. '마니아' 라는 말과 '멜랑콜리아' 란 말입니다. '마니아' 는 흔히 말하는 광적인 것을 의미합니다. '멜랑콜리아' 는 우울한 것을 의미합니다. 그런데 이 둘 다 웃음은 없습니다. 이 둘 다 귀신이 들린 것을 말합니다. 사탄의 장난입니다. 절대로 미치지 마세요. 웃음을 빼앗기지 마세요.

한 은둔자가 다른 은둔자에게 "나는 세상에 대해 죽었소."라고 말했습니다. 그러자 다른 은둔자는 "정말로 죽기 전까지는 그렇게 확신하지 마시오. 당신은 세상에 대해 죽었을지 몰라도 사탄은 아직 죽지 않았다는 것을 기억하시오."라고 말했답니다. 사탄은 아직 죽지 않았습니다. 우리가 살아 있는 동안 사탄도 계속해서 우리를 괴롭힐 것입니다.

베드로전서 5 : 8에는 "근신하라 깨어라 너희 대적 마귀가 우는 사자같이 두루 다니며 삼킬 자를 찾나니"라고 합니다. 사탄은 우는 사자 같습니다. 굶주린 사자 같습니다. 삼킬 자를 끊임없이 찾습니다. 사자의 밥이 되지 마세요. 예수님을 잘 믿는 자라도 삼키려고 합니다. 사탄을 쫓아내세요. 물리치세요. 웃음을 잃지 마세요. 마음에 항상 하나님의 나라를 간직하세요.

° 유진 오닐의 연극 "나사로 웃다"에서 살아난 나사로에게 사람들이 물었습니다.
"저세상에 무엇이 있던가?"
나사로가 대답했습니다.
"그곳에는 오직 생명이 있었죠. 예수님의 웃음소리가 들리고 그 웃음소리가 제 마음에 들렸답니다. 저는 사랑과 생명으로 거듭나서 '맞아요!' 라고 외치며 주님과 함께 웃고 있었죠."

하나님의 나라에는 온통 웃음이 있습니다. 사탄이 절대로 줄 수 없는 웃음과 기쁨이 하나님의 나라에 있습니다. 우리가 웃으며 기뻐할 때, 하나님의 나라는 우리 가운데 임재합니다. 하나님의 나라가 임재할 때 웃음이 있습니다.

하나님의 손으로 사탄의 권세가 물러가고, 웃음이 회복되고, 기쁨이 넘치면, 하나님의 나

라가 임재합니다. 우리의 기쁨과 웃음을 빼앗기지 말고, '멜랑콜리'하게 만드는 귀신을 쫓아내고, 하나님의 나라를 임재하게 하며, 하나님의 나라를 이 땅에 오게 하는 주기도문의 삶을 사는 우리가 되기 바랍니다.

> **T.i.p**
>
> 우리의 존재는 하나님이 계신다는 증거입니다. 우리의 삶이 하나님의 나라가 임하는 증거입니다. 예수님을 믿지 않는 사람들이 우리의 삶을 보고 예수님을 믿게 합시다. 이것이 진정 하나님의 나라가 임하게 만드는 길입니다. 하나님의 나라가 임해 있는 증거는 이것뿐이 아닙니다. 비록 세상에 악이 요동합니다. 악한 세력이 발호합니다. 그러나 결국 이 세상은 하나님의 뜻대로 운행되고, 하나님의 뜻하신 길을 한 치도 벗어나지 않으며 가고 있습니다.

## 백 가야 얻을 수 있는 곳

열여덟 · 번째 · 비밀

[마태복음 13 : 44~46]

미국은 공식적으로 '낙관적인 사회'라 불립니다. 미국이 가진 선민사상과 무한한 가능성, 그리고 미국이 기회의 나라인 것과 무진장한 보화가 미국을 낙관적인 사회로 불리게 한 것입니다. 그러나 미국이 세계에서 가장 이상적인 나라는 아닙니다. 행복지수가 높다거나 미래 전망이 가장 밝은 나라도 물론 아닙니다. 이 세계에서 인간에게 완전한 행복을 주는 나라는 없습니다. 인간이 좋아하는 보화로 가득한 나라도 없습니다.

세계에서 가장 큰 다이아몬드는 '컬리난 다이아몬드'라 불리는 3,106캐럿짜리 다이아몬드입니다. 예전에 7.3캐럿 블루 다이아몬드가 952만 달러, 우리나라 돈으로 118억 원에 팔렸습니다. 세계 최대의 가공 다이아몬드는 103.84캐럿짜리인데, 8천 내지 1억 달러의 가치를 가지고 있다고 합니다. 이런 다이아몬드를 가지고 싶으세요? 전 가지고 싶어요. 물론 다이아몬드가 탐이 나서가 아니라 그걸 팔아 다른 일을 하고 싶습니다. 정말 우리 주위에는 해야 할 일들이 얼마나 많은지 모릅니다. 아무리 비싼 다이아몬드라고 하더라도 그것이 우리를 행복하게 할 수는 없습니다. 우리에게는 보이지 않는 행복이 있습니다. 보이지 않지만 행복을 만드는 것들이 있습니다.

하나님의 나라는 그 자체가 보화입니다. 온갖 보화로 가득한 곳입니다. 여러분은 "정글북"이나, "인디아나 존스" 시리즈나, "미이라"라는 영화에서 지하에 가득한 금은보화를 가지고 나오는 데 성공하는 것을 본 적이 있습니까? 제가 볼 때는 성공하는 것을 본 기억이 별로 나지 않습니다. 오히려 보화를 발견하고 가지고 나오다 벽에서 나오는 화살에 맞거나 돌 더미에 깔려 죽습니다. 왜 그럴까요? 금은보화를 가지는 것이 인생의 성공이 아니라는 것을 의미합니다. 여러분은 황금 때문에 성공한 사람을 본 적이 있습니까? 보지 못했을 것입니다. 왜냐하면 황금 때문에 성공한 사람이 없기 때문입니다.

성경을 보면 하나님이 보화입니다. 하나님의 나라가 보화입니다. 하나님 나라의 모습은 요한계시록 21 : 18~21에 잘 기록되어 있습니다. 하나님 나라의 성곽은 벽옥이고, 성은 정금이고, 성곽의 기초석은 벽옥, 남보석, 옥수, 녹보석, 홍마노, 홍보석, 황옥, 녹옥, 담황옥, 비취옥, 청옥, 자수정이라고 합니다. 기초석이라면 돌이라는 뜻인데 가만히 보면 돌이 아닙니다. 모두가 보석입니다. 하나님 나라의 열두 문은 진주입니다. 성의 길은 맑은 유리 같은 정금입니다. 하나님의 나라도 보석으로 가득합니다.

° 주후 3세기경에 로랜스라는 사람이 있었습니다. 이 사람은 강도들에게 납치된 평범한 성직자입니다. 강도들은 로랜스에게 보물을 가지고 오라고 합니다. 로랜스는 아이들과 노인들과 힘없는 자들을 잔뜩 데리고 갔습니다. "교회의 보물은 바로 이들입니다." 강도들은 그의 말에 많은 감동을 받고 로랜스를 존경하게 되었다고 합니다.

하나님 나라의 아이들을 보물로 알면 하나님 나라의 보화를 가진 자입니다.

찬송가 가사에 보세요. "주를 사랑하는 아이 이 세상에 살 때 주의 말씀 순종하면 참보배로다" 우리 가정에는 보배 같은 아이들이 자라고 있습니다. 모두들 이런 은총을 다 가졌지요? 또한 황금은 땅속에서보다 인간의 생각 속에서 더 많이 채굴된다고 합니다. 인간의 진정한 보화는 생각 속에 있습니다. 믿음 속에 있다는 생각을 해야 합니다.

하나님의 나라에 가면 보화 속에 묻혀 살 것입니다. 이 세상에서 그까짓 보화에 마음을 빼앗기지 말고, 마음을 잘 추스르고 살기 바랍니다. 하나님 나라의 보화를 다 가집시다. 하나님 나라의 보화로 만족합시다. 하나님 나라의 보화를 전합시다.

## 하나님의 나라는 감추어진 보화와 같습니다

성경은 "천국은 마치 밭에 감추인 보화와 같으니", "천국은 마치 좋은 진주를 구하는 장사와 같으니"라고 전합니다. 하나님의 나라는 보화와 같습니다. 밭에 감추어진 보화라는 말은 옛날 팔레스타인 지역에 약탈이 빈번하여 소유를 땅에 감추어 두었던 것을 의미합니다. 랍비의 율법에 의하면 일꾼이 밭에서 일을 하다가 보물을 발견하게 되면 그 보물은 당연히 그 밭 주인의 소유입니다. 그 밭을 가지기 전에는 그 보물을 가질 수 없습니다.

알렉산더 대왕이 유대 땅을 정복하여 어느 작은 마을에 들어갔을 때, 이상한 재판 광경을 목격하게 되었습니다. 어떤 사람이 땅을 샀는데 그 땅에서 보물 상자가 나왔습니다. 그래서 이 보물 상자를 원래 밭 주인에게 돌려주려고 했습니다. 그러나 그 밭 주인은 그 보물 상자를 돌려받을 수 없다고 하여 재판을 한 것입니다. "나는 밭을 샀지 그 속에 있는 보물을 산 적이 없습니다. 그래서 돌려주려고 하는데 저 사람이 돌려받지 않습니다.", "나는 그 밭을 팔 때에 그 속에 있는 모든 것을 다 팔았습니다. 그런데 이제 와서 돌려받으라고 하니, 그건 내 것이 아닌데 어떻게 돌려받습니까?" 대왕은 이런 재판을 처음 보기에 관심을 가지고 어떻게 재판하는가를 보았습니다. 두 사람 모두가 보물 상자를 가지기 거부하자 재판장인 랍비는 좋은 생각을 해냈습니다. "당신에게 아들이 있습니까?", "예, 있습니다.", "당신에게 딸이 있습니까?", "예, 있습니다.", "그렇다면 당신의 아들과 당신의 딸을 결혼시키십시오. 그리고 그 보물 상자를 그 아들과 딸의 가정에 주십시오." 두 사람 모두가 그 재판에 만족하였습니다. 그런데 재판이 끝나자 대왕은 랍비에게 말했습니다. "당신은 참 어리석은 재판을 하였습니다. 어떻게 재판을 그렇게밖에 못 합니까?", "만일 대왕이 재판하신다면 어떻게 하시겠습니까?", "나는 두 사람 다 죽이고 그 보물 상자를 내가 가졌을 것입니다.", "그렇습니까? 대왕의 나라에도 해가 뜹니까?", "물론 뜨지요.", "그 참, 이상합니다. 그럴 리가 없는데요. 그렇다면 대왕의 나라에도 소와 양이 있습니까?", "물론 있지요.", "이제야 알았습니다. 대왕의 나라에 해가 뜨는 것은 소와 양을 위해 뜨는 것입니다."

좋은 진주는 당시에 페르시아만과 인도양 등지에서 채취한 것을 가장 고가품으로 취급했습니다. 진주의 등급은 천차만별인데, 진주 장사꾼들은 가장 좋은 것을 찾고 있었습니다. '극히 값진 진주 하나'라는 말은 아주 귀한 진주를 의미합니다. '극히 값진'이란 말은 헬라어로 '폴뤼티몬'이란 말인데, '좋은'이란 헬라어 '칼루스'보다 훨씬 고급스럽고 비싼 것을 의미합니다. '하나'란 헬라어로 '헤나'로써 여럿 중의 하나가 아니라 오직 하나(the only)란 의미를 가지고 있습니다. 그 진주의 희귀성을 강조하고 있습니다.

왜 하나님의 나라를 감추어진 보화라고 했을까요? 하나님의 나라는 아무에게나 공개되고 드러나는 무가치한 것이 아니라는 말입니다. 하나님 나라의 진리는 값싼 진리가 아니라는 말입니다.

인간은 구원을 받아야 하나님의 나라에 갈 수 있습니다. 구원은 값싼 것이 아닙니다. 예수님은 우리가 구원받게 하기 위하여 이미 무한의 대가를 지불하여 구원을 가치 있게 만드신 것입니다. 아주 오래전 아프리카에서 보어전쟁이 있었습니다. 처음 영국인들이 아프리카에 갔을 때에 아이들이 구슬치기를 하고 놀고 있었습니다. 아이들의 노는 것을 가만히 보니 다이아몬드였습니다. 아이들이 다이아몬드의 가치를 모르고 평범한 돌로 여기며 놀고 있었던 것입니다. 영국인들은 그걸 가지고 가려고 아이들이 놀고 있는 것을 빼앗았습니다. 아프리카 사람들은 뒤에 그것이 귀한 보석인줄 알고 안 뺏기려고 대항하기 시작했습니다. 결국 전쟁이 나서 많은 사람이 죽고 다이아몬드도 빼앗겼습니다. 값어치를 모르는 사람에게는 아무리 귀한 것이라도 귀한 것이 아닙니다.

　마태복음 7:6에는 "거룩한 것을 개에게 주지 말며 너희 진주를 돼지 앞에 던지지 말라"라고 합니다. 본회퍼는 그의 책 「제자도의 대가」에서 십자가가 사라진 은혜를 '값싼 은혜'라고 하였습니다. 주님이 없는 구원을 '값싼 은혜'라고 말했습니다. 주님의 은혜를 돼지에게 던질 만한 값싼 것으로 만들어서는 안 됩니다. 고린도후서 6:1에는 "하나님의 은혜를 헛되이 받지 말라"라고 합니다. 갈라디아서 2:21에는 "만일 의롭게 되는 것이 율법으로 말미암으면 그리스도께서 헛되이 죽으셨느니라"라고 합니다. 주님의 구원이 값비싼 것이고, 감추어진 보화처럼 고귀한 것임을 알아야 합니다. 하나님의 나라, 구원, 은혜, 십자가를 값싸게 만들지 말아야 합니다. 귀한 십자가, 귀한 은혜, 귀한 주님을 믿기 바랍니다.

요즘은 '럭셔리' 라는 말을 많이 씁니다. '럭셔리' 라는 단어에는 'Lux', 즉 라틴어로 '빛' 이라는 단어가 들어 있습니다. '럭셔리' 란 일상 속에서 밝은 빛이 나게 하는 것을 의미합니다. 하나님의 나라는 진정한 럭셔리입니다. 빛이 있는 곳입니다. 밝은 곳입니다. 어둠이 없는 곳입니다. 온갖 빛나는 보물이 가득한 곳입니다.

유대인 어머니들 사이에 이런 수수께끼가 있습니다. "만일 우리들이 살고 있는 집이 불태워지고 재산은 빼앗겼을 때, 도대체 무엇을 가지고 달아나야 할까?" 자녀의 대답이 돈이나 다이아몬드라는 대답이 나오면 어머니는 "그것은 모양도 빛깔도 냄새도 없는 거란다."라고 다시 한번 힌트를 줍니다. 결국 "돈이나 다이아몬드가 아니라 지성이란다."라고 이야기해 줍니다. 여러분이 만일 그런 경우를 당한다면 무엇을 가지고 달아나겠습니까? 그것이 여러분의 가치입니다. 자존심이며 인격일 수 있습니다. 저는 아끼는 성경을 한 권 가지고 나오고 싶습니다. 또 제가 소중하게 생각하는 각종 자료가 담겨 있는 컴퓨터메모리 USB를 가지고 나갈 것입니다. 그것이 여러분에게 어떤 것이든 하나님의 나라를 설명할 수 있는 것이어야 할 것입니다.

얼마 전 장영희 교수가 세상을 떠났습니다. 그분은 소아마비로 장애를 가지고 있는 분이지만, 영문학자로, 수필가로 잘 알려진 분입니다. 그분의 아버지가 유명한 영문학자인 장왕록 교수였다는 사실 외에도 그분은 참 멋진 분이었습니다. 장애를 가지고 있었지만 늘 밝고 아름다운 마음을 가졌습니다. 암이 발견되어 수술 후에 투병하면서도 강의에 열심이었습니다. 그분이 쓴 책에 보니 그의 집의

가훈이 '선내보'(善內寶), 즉 "착한 것 속에 보물이 있다."라는 것이 었습니다. 참 좋은 말입니다. 그러나 그보다 한 걸음 더 나아가 저는 '천내보'(天內寶), 즉 "하나님의 나라에 보물이 있다."라고 했으면 좋겠습니다. 하나님의 나라에는 보물이 가득 있습니다. 하나님의 나라가 보물입니다.

## 하나님의 나라는 소유를 다 팔아 살 가치가 있습니다

성경은 "자기의 소유를 다 팔아 그 밭을 사느니라", "자기의 소유를 다 팔아 그 진주를 사느니라"라고 합니다. 보물의 가치를 알면 삽니다. 진주의 가치를 알면 삽니다. '돌아가서', '팔아', '사느니라'라는 세 동사의 시제는 모두 현재형입니다. 즉각적으로 행동에 옮긴 것을 말합니다. 용기를 가지고 투자한 것을 의미합니다. 즉각적으로 진리를 추구한 것을 표현합니다.

성경은 다 팔았다고 합니다. 보물을 발견하기 전에, 진주를 발견하기 전에 지금까지 가지고 있는 것이 무가치하다는 사실을 알았습니다. 이전에 가지고 있던 것을 다 팔아도 전혀 아깝지 않습니다. 새로 발견한 것의 가치를 알면 어떻게 하든지 그것을 삽니다. 그것을 사야 만족합니다.

욥기 22 : 24에는 "네 보화를 티끌로 여기고 오빌의 금을 계곡의 돌로 여기라"라고 합니다. 나의 보화는 티끌에 불과합니다. 나의 보화는 돌과 같습니다. 이것을 알면 얼마든지 버릴 수 있습니다. 25절에는 "그리하면 전능자가 네 보화가 되시며 네게 고귀한 은이 되시리니"라고 합니다. 세상의 무가치한 것을 버리면 가치 있는 것을 얻습니다. 영적 세계의 이치는 버려야 얻습니다. 팔아야 삽니다. 무가치한 것을 놓아야 가치 있는 하나님의 나라를 얻습니다.

007 영화 시리즈에 "다이아몬드는 영원히"라는 영화가 있습니다. 여러분 과연 다이아몬드가 영원하다고 생각하십니까? 다이아몬드가 영원하다고 생각하는 그 자체가 어리석은 일입니다. 이런 생각을 하는 자는 불쌍한 자입니다. 세상에 영원한 것이 없습니다. 다이아몬드는 하나님의 나라에 가면 화장실 장식에도 쓰이지 않을 것입니다.

욥은 당대의 의인이며 부자였습니다. 그 많던 재물이 하루아침에 없어지고 맙니다. 주님이 뜻하지 않으면 순식간에 우리의 재물, 보물도 내 손에서 사라집니다. 솔로몬은 가장 화려한 왕이며, 가장 많이 가진 왕이었습니다. 그런데 그의 전도서 내용이 무엇입니까? 헛되고 헛되고 헛되고 헛되다는 것입니다.

이런 하루아침에 사라질 세상 물질, 아무리 가져도 헛되고 헛된 것을 다 팔아서 영원히 사라지지 않고 헛되지 않는 하나를 삽시다. 우리의 온 삶과 온 생명을 다 투자해서 산다고 해도 아깝지 않은 것이 하나님의 나라입니다.

미국 역사에서 대표적인 부자였던 존 록펠러는 "나는 억만장자가 되었지만 돈이 행복을 가져다주지는 못했다."라고 했습니다. 헨리 포드는 자동차 회사를 경영하여 거금을 가졌지만 "나는 기계공으로 일했던 때가 더 행복했다."라고 했습니다. 강철왕이라 불리던 앤드류 카네기는 그의 경험을 토대로 "백만장자는 웃을 일이 없다."라고 했습니다. 이래도 세상 부자가 될래요? 하나님 나라의 보물로 풍성한 하나님 나라의 부자가 되세요.

빌립보서 3 : 8에는 바울이 "또한 모든 것을 해로 여김은 내 주 그리스도 예수를 아는 지식이 가장 고상하기 때문이라 내가 그를 위하여 모든 것을 잃어버리고 배설물로 여김은 그리스도를 얻고"라고 합니다. 바울은 단 하나의 진리를 터득한 것입니다. 가장 귀한 하나만 가지면 다른 모든 것이 필요 없습니다. 배설물과 같습니다.

모든 것을 다 팔아 하나만 사는 것은 모험이며 도박입니다. 이것 하나 잘못되면 모든 것이 끝날 수 있습니다. 그러나 그 하나에 대한 확신 때문에 모든 것을 팔고 하나만 사는 것이 가능합니다. 하나님의 나라에 대한 확신이 있습니까? 이것 하나만 있어도 된다는 믿음이 있습니까? 그래야 모두 팔고 하나를 살 수 있습니다.

어떤 사람은 주식시장이 한참 호황일 때 자신이 가지고 있던 땅을 팔고, 집을 잡히고, 모두를 모아 주식에 몽땅 투자했습니다. 그러다가 금융위기에 도저히 견딜 수 없어 자살했습니다. 왜 그랬을까요? 앞날을 알지 못했습니다. 금융위기가 올 줄 몰랐습니다. 사람들은 앞날을 모르기 때문에 하나에 투자한다는 것은 위험부담이 있습니다. 그러나 신앙은 하나에 투자합니다. 왜냐하면 미래가, 하나님의 나라가 확실하기 때문입니다.

한국전쟁 때에 우리 가족은 피난을 가지 않았습니다. 저의 아버님 말씀이 서로 피난가려고 해서 다른 사람들 차 태워 먼저 보내고 나니 차가 없어서 가지 못했다고 하셨습니다. 그런데 공산당이 낙동강을 넘어오지 못해서 우리 가족은 피난을 가지 않고도 잘 지냈습니다. 막 전쟁이 날 때에 저의 아버님께서는 교회를 개척하셔서 예배당을 건축하기 위하여 건축헌금을 조금 모아 놓은 상태였습니다. 아무리 생각해도 만일 공산화가 된다면 그 돈은 다 못 쓰게 되고, 휴지조각이 될 것 같았습니다. 그래서 그 돈을 가지고 건축 자재를 최대한 많이 사서 교회 건축을 계속하셨습니다. 당시에 사람들은 젊은 목사가 전쟁이 나서 미쳤다고 했답니다. 그런데 결국 대구는 전쟁에 휩싸이지 않고 종전되었고, 사람들이 "저 젊은 목사는 대구에 전쟁이 나지 않을 줄 알고 건축을 계속했다."라고 하면서 아버님께 예언자적 은사가 있다고 했답니다. 저의 아버님의 말씀은 그것이 최선의 방법이었고, 하나님께 드려진 헌금을 가장 잘 쓰는 방법이 그것밖에 없어서 그렇게 했다고 하시면서 "난 예언자적 안목이 있어서 그랬던 게 아닌데……."라고 하셨습니다. 어쨌든 그 후에 소문이 나서 교회가 부흥되었다고 하십니다.

단 하나의 최선의 길을 발견하십시오. 이것이 영성입니다. 세상 것은 모두 언젠가 휴지조각이 될 것입니다. 휴지조각을 붙잡고 사시겠습니까? 아니면 최고의 가치에 투자하시겠습니까?

예수님께 찾아왔던 젊은 관원에게 예수님은 "네 소유를 팔아 가난한 자들에게 주라 그리하면 하늘에서 보화가 네게 있으리라"라고 합니다. 그런데 이 사람은 팔지 못해서 사지 못했습니다. 가난한 자를 섬기는 것은 영생을 얻는 길입니다. 예수님을 좇는 것은 하나님의 나라로 가는 길입니다.

자끄 엘룰은 "역사상 지금처럼 과학기술이 개방적이고, 눈부시게 발전하고, 전광석화와 같은 진보가 이루어진 적이 없었다. 그리고 지금처럼 인간이 폐쇄적이고, 정체상태에 빠지고, 무능하게 느껴진 적도 없었다."라고 하였습니다. 여러분, 예수님께 찾아왔던 그 젊은 관원이 누구입니까? 바로 나입니다. 현대인들입니다. 우리는 불과 50년 전보다 엄청나게 많이 가지고 삽니다. 그러나 하나님의 나라에서 멀어지고 있습니다. 우리의 것을 팔지 못해서 사지 못합니다. 썩은 가지, 뜬 구름, 날뛰는 황소 꼬리를 붙잡고 살겠다고 바둥거리고 있습니다. 빨리 놓으세요! 팔아 버리세요! 그리고 예수님의 손을 잡으세요. 하나님의 나라를 사세요!

"나 무엇과도 주님을 바꾸지 않으리 다른 어떤 은혜 구하지 않으리 오직 주님만이 내 삶에 도움이시니 주의 얼굴 보기 원합니다"라고 찬송합니다. 정말 어떤 것과도 바꾸지 말고, 모든 것을 다 팔아 주님을 사세요. 여기에 생명이 있습니다.

° 산에서 혼자 사는 현자가 어느 날 귀한 보석을 발견하였습니다. 얼마 후에 허름한 복장을 한 걸인이 찾아왔습니다. 이 걸인은 보석이 있다는 것을 알고 자기에게 달라고 애원하였습니다. 이 현자는 망설

임 없이 주었습니다. 걸인은 보석을 받아 들고 죽을 때까지 걱정 없이 살 수 있다며 행복해 했습니다. 다음날 아침 이 걸인은 현자에게 돌아와 보석을 돌려주며 말했습니다. "밤새도록 생각했습니다. 제게 이 보석을 주지 마십시오. 대신 저에게 보석을 주도록 만들었던 것을 주십시오."

보석을 망설임 없이 줄 수 있는 지혜를 가지세요. 내가 가진 모두를 팔아 하나를 사는 용기를 가지세요. 하나님의 나라 때문에 즐거워하고, 하나님의 나라를 얻은 것에 감사하고 사는 우리가 되기 바랍니다.

**T.i.p.**

하나님의 나라는 그 자체가 보화입니다. 온갖 보화로 가득한 곳입니다. …… 세상의 무가치한 것을 버리면 가치 있는 것을 얻습니다. 영적 세계의 이치는 버려야 얻습니다. 팔아야 삽니다. 무가치한 것을 놓아야 가치 있는 하나님의 나라를 얻습니다.

열아홉 · 번째 · 비밀

# 감사함으로 들어가는 곳

[골로새서 3 : 17]

얼마 전까지만 해도 가정의 출입문은 열쇠로 잠갔습니다. 아이들은 목에 열쇠를 하나씩 걸고 다녔고, 열쇠를 잃어버리면 엄마가 올 때까지 기다리곤 했습니다. 그러나 지금은 거의 번호로 엽니다. 번호로 여는 것도 안심이 되지 않아 안전하게 하기 위해 열쇠와 번호를 동시에 하는 집도 많이 있습니다. 집에 들어가기 위해서는 열쇠가 있어야 합니다. 번호를 알아야 합니다. 이제는 열쇠도 가지고, 번호도 알아야 들어갈 수 있습니다.

신분의 차등이 분명하던 옛날에는 신분에 따라서 들어가는 곳이 달랐습니다. 지금 우리 교회가 있는 대학로는 신분의 차이를 극복하지 못했던 때가 있었습니다. 길 건너 쪽에는 소위 천민들이 살고 있었는데 이들은 이 길을 건너오지 못했습니다. 길을 건너지 못한다는 것은 신분의 표현이었습니다.

엄격하게 규제된 장소에는 출입증을 패용해야 들어갈 수 있습니다. 최근에는 지문으로 인식한 다음에 들어가는 곳도 있고, 눈의 홍채로 인식하여 들어가는 곳도 있습니다. 지문이나 홍채는 사람마다 다르기 때문에 출입을 허가하는 사람을 완벽하게 식별할 수 있다는 것입니다. 지문이나 홍채는 문에 들어갈 수 있는 조건입니다.

옛날 예루살렘 성전은 몇 단계의 뜰이 있었습니다. '이방인의 뜰'이 있어서 이방인들이 들어갈 수 있는 곳이 있었습니다. '여인의 뜰'이라고 하여 유대인 여자들이 들어갈 수 있는 뜰이 있었습니다. '이스라엘의 뜰'이라고 하여 유대인 남자들이 들어갈 수 있는 뜰이 있었습니다. '제사장의 뜰'이라고 하여 제사장들이 들어갈 수 있는 뜰이 있었습니다. 그리고 '지성소'는 대제사장만이 들어갈 수 있는 곳입니다. 아무나, 아무 데나 들어가는 것이 아닙니다. 신분은 곧 권리입니다. 신분은 하나님의 은총으로 얻는 것입니다.

예수님께서는 베드로에게 마태복음 16 : 19에서 "내가 천국 열쇠를 네게 주리니 네가 땅에서 무엇이든지 매면 하늘에서도 매일 것이요 네가 땅에서 무엇이든지 풀면 하늘에서도 풀리리라"라고 하십니다. 천국 열쇠는 천국을 여는 열쇠입니다. 천국에 들어갈 수 있는 열쇠이고, 천국을 열고 닫는 열쇠입니다. 하나님의 나라에 들어가는 출입증이 무엇인지 아십니까? 무엇이 열쇠인지 아십니까? 번호일까요? 아닙니다. 천국에 들어가는 출입증은 '감사'입니다. 감사가 열쇠이며 번호입니다.

게리 토마스는 「내어드림의 영성」이라는 책에서 "감사는 의무가 아니라 하나님의 자녀로서의 특권이다. 감사는 우리에게 열쇠요, 특권이다."라고 하였습니다. 하나님의 나라는 하나님이 주인인 나라입니다. 하나님의 나라에 들어가는 자는 하나님의 백성입니다. 하나님의 백성은 모름지기 감사하는 사람입니다.

　감사는 하나님 백성의 조건이며 삶입니다. 감사는 하나님의 명령이고, 하나님 백성에게 필수입니다. 성경에는 "감사하라."라는 명령어가 많이 있습니다. 바울은 빌립보서에서 "아무것도 염려하지 말고 다만 모든 일에 기도와 간구로, 너희 구할 것을 감사함으로 하나님께 아뢰라"라고 합니다. 기독교는 감사의 종교입니다. 감사는 은혜를 받은 자가 은혜를 베푼 자에게 고마움을 보답하는 뜻으로 마음의 행동, 그리고 입술로 표현하는 것입니다. 그래서 시편의 기자는 116 : 12에서 "내게 주신 모든 은혜를 내가 여호와께 무엇으로 보답할까"라고 한 것입니다.

우리에게 '은혜'(카리스, charis)는 항상 '감사'(유카리스타, eucharista)라는 답을 요구합니다. 즉, 은혜는 감사의 답을 요구합니다. 토마스 아켐피스는 "감사하는 사람에게는 언제나 은혜가 따라다닌다."라고 하였습니다. 우리 모두가 감사하며 천국에 들어가는 성도가 다 되시기 바랍니다.

## 그의 문은 감사의 문입니다

시편 100 : 4에는 "감사함으로 그의 문에 들어가며 찬송함으로 그의 궁정에 들어가서"라고 합니다. 하나님 나라의 문은 감사의 문입니다. 그 문은 감사하는 자만이 들어갈 수 있습니다. 그 문에 들어가면 감사가 풍성합니다. 그 문에 들어가는 것이 감사입니다. 하나님 나라의 문은 언제나 감사하는 자만이 들어가는 감사의 문인 것입니다.

예루살렘 성에는 많은 성문이 있었습니다. 첫째는 양문(Sheep Gate)으로 정문입니다. 둘째는 어문(Fish Gate)으로 전도의 문입니다. 셋째는 옛문(Jehanah Gate)으로 예부터 변치 않는 진리의 문을 의미합니다. 넷째는 골짜기문(Valley Gate)으로 아래로 내려가신 예수님의 겸손을 의미하는 문입니다. 다섯째는 분문(똥문, Dung Gate)인데 똥을 불살라 버리는 영문 밖으로 오물이 나가는 문입니다. 여섯째는 샘문(Fountain Gate)으로 성령 충만을 의미합니다. 일곱째는 수문(Water Gate)으로 물이 계속 흘러가듯이 회개, 중생, 정화를 의미하는 문입니다. 여덟째는 마문(말문, Horse Gate)으로 말이 출입하고 전쟁터로 나가는 문입니다. 아홉째는 동문(East Gate)으로 예수님의 재림을 상징하며, 동쪽으로부터 예루살렘을 향해서 오신다는 의미입니다. 열째는 합밉관문(Inspection Gate)으로 '소집한다'라는 의미를 가진 문이며 마지막 날의 심판을 의미합니다. 예루살렘성은 문의 이름과 의미가 다 다릅니다. 이 모든 문은 일에 따라 다른 문을 사용했습니다. 문의 용도와 역할이 다 다릅니다.

예전에 전북 고창의 인촌 김성수 선생 생가를 갔습니다. 고택이 참 멋있었습니다. 입구에 대문이 있는데 그 옆에 작은 문이 또 하나가 있었습니다. 이 작은 문은 신분이 낮은 사람들이 출입하는 문이었다고 합니다. 문에 들어서면 바로 문 옆에 머슴이 살던 방이 있고, 그 옆에 소 외양간이 있습니다. 문은 신분에 따라 차이가 있습니다. 문은 신분의 의미를 가지고 있습니다.

인간의 문은 신분이나 역할이나 의미에 따라 여러 개가 있습니다. 한 집에 두개의 문이 있기도 합니다. 앞문이 있고 뒷문이 있는 집도 있습니다. 한 성에 여러 개의 문도 있습니다. 그러나 하나님의 나라에는 오직 하나의 문만이 있습니다. 하나님이 만들게 하신 노아의 방주를 보세요. 문이 오직 하나입니다. 누가 방주에 들어갑니까? 들어갈 의지가 있으면 누구나 들어갔습니다. 그런데 그 문을 누가 닫았습니까? 하나님이 닫으셨습니다. 하나님만이 문을 닫을 수 있습니다.

하나님 나라의 문은 오직 하나입니다. 누가 들어갑니까? 감사하는 자가 들어갑니다. 누가 닫습니까? 하나님이 닫으십니다. 언제 닫으십니까? 예수님이 다시 오시는 이 세상의 끝 날에 하나님이 직접 닫으십니다.

고대 교부 가운데 크리소스톰이란 유명한 분이 있었습니다. 그 이름의 뜻은 '입 안의 십자가' 입니다. 그래서 그런지 그는 유명한 설교가였습니다. 그는 "죄 중의 죄는 감사하지 못하는 것이다."라는 유명한 말을 남겼습니다. 죄를 가지고는 하나님의 나라에 들어가지 못합니다. 하나님의 나라에는 감사하는 자, 죄를 벗은 자가 들어가기 때문입니다.

어느 집에 갔더니 "남의 험담을 하는 사람은 이 집에 들어올 수 없습니다."라는 글귀를 문에 붙여 놓은 것을 볼 수 있었습니다. 또 "남의 말을 하는 자는 이 식탁에 앉지 못합니다."라는 글귀도 있었습니다. 하나님의 나라에 들어가는 자는 남의 험담을 하는 자가 아니라 감사하는 자, 좋은 말을 하는 자, 불평하지 않는 자입니다. 하나님 나라의 문은 감사하는 자가 들어갑니다. "감사하지 못하는 죄지은 사람은 들어올 수 없습니다."라는 글귀가 문 앞에 있을 것입니다.

'그 문에 들어가며', '들어가서' 라는 말이 반복됩니다. 하나님의 나라에, 그 집에 들어가는 것이 중요합니다. 들어가는 것이 영광입니다. 들어가는 것이 특권입니다. 들어가는 그 자체가 의미가 있습니다. 그 문에 들어가지 못하면 아무 의미가 없습니다. 그래서 복음찬송 가사에 "한 번 닫힌 구원의 문 또 열려지지 않으리"라고 하지 않습니까? 닫히기 전에 감사하면서 그 문에 들어가야 합니다.

예수님의 '열 처녀의 비유' 에 보면 신랑이 더디 옴으로 기름이 모자란 다섯 처녀가 기름을 사러 갔습니다. 기름을 사러 간 사이에 신랑이 와 준비된 다섯 처녀만 혼인 잔치에 들어가고, 문은 닫혔습니다. 뒤늦게 온 다섯 처녀가 "주여, 주여, 우리에게 열어 주소서."

라고 했지만 주인은 "내가 너희를 알지 못하노라."라고 냉정하게 말합니다. 문이 닫힌 후에는 하나님도 다시 열지 않으십니다. 문이 닫히기 전에 들어가야 합니다. 들어가기 위해서는 감사하는 마음을 가져야 합니다.

스탠리 존스는 "교양인과 야만인의 차이는 감사할 줄 아느냐 감사할 줄 모르느냐에 있다."라고 하였습니다. 사실은 교양인과 야만인의 차이가 아니라 신자와 불신자의 차이가 감사에 있다고 볼 수 있습니다. 감사의 표를 가지고 하나님 나라의 문에 들어가는 자, 하나님의 궁정에 초대 받은 자가 다 되기 바랍니다.

## 그는 우리의 감사의 대상입니다

"그에게 감사하며 그의 이름을 송축할지어다"라고 합니다. 하나님만이 영원한 감사의 대상임을 의미하는 말입니다. 우리 주위에 보면 감사의 대상이 굉장히 많습니다. 우리의 부모, 자녀, 이웃, 우유 배달하는 분, 신문 배달하는 분, 택배 직원, 경찰, 경비하는 분, 그 외에도 얼마나 많은지 모릅니다. 그러나 우리의 최종 감사의 대상은 하나님이십니다. 우리는 그분들을 주신 하나님께 감사하는 것입니다. 감사의 대상을 제대로 아는 것이 중요합니다.

우리의 섬김의 대상도 마찬가지입니다. 우리가 장애인을 섬기고, 홀로 사시는 어르신을 섬기고, 소외계층을 섬기기도 합니다. 그러나 우리의 섬김 대상은 이분들이 아니라 하나님입니다. 우리가 이분들을 통하여 하나님을 섬기는 것입니다. 대상이 잘못되면 섬김 그 자체의 의미가 없습니다.

시편 100편은 감사의 시입니다. 그런데 이 시의 주제를 보세요. 온 땅에게 즐거운 찬송을 부르라고 합니다. 누구에게 찬송합니까? 여호와께 합니다. 기쁨으로 누구를 섬깁니까? 여호와를 섬깁니다. 누구 앞에 나아갑니까? 그의 앞에 나아갑니다. 누가 우리의 하나님입니까? 여호와가 우리의 하나님입니다. 누가 지으셨습니까? 그가 지으셨습니다. 우리가 누구의 것입니까? 그의 것입니다. 우리는 누가 기르는 양입니까? 그가 기르는 양입니다.

다시 한번 오늘의 말씀을 읽어 보세요. "온 땅이여 여호와께 즐거운 찬송을 부를지어다 기쁨으로 여호와를 섬기며 노래하면서 그의 앞에 나아갈지어다 여호와가 우리 하나님이신 줄 너희는 알지어다 그는 우리를 지으신 이요 우리는 그의 것이니 그의 백성이요 그의 기르시는 양이로다" 온통 주제가 여호와 하나님이십니다. 감사의 주제가 하나님이시며, 감사의 내용이 하나님이십니다.

왜 감사합니까? 여호와 때문에 감사합니다. 무엇 때문에 감사합니까? 하나님과의 관계 때문에 감사합니다. 하나님이 우리 하나님이심을 생각만 해도 감사하다는 말입니다. 만물의 주인이시며, 힘이신 하나님이 내 하나님이신 것이 감사의 조건입니다.

"여호와가 우리 하나님이신 줄 너희는 알지어다"라고 합니다. 이 말을 직역하면 '여호와 그는 하나님이시다' 라는 말입니다. 모든 다른 신들을 부인하고 여호와 한 분만이 하나님이시며, 나의 하나님 이심을 고백하는 찬송입니다. 세상에 많은 신들이 있지만 많은 신들이 아닙니다. 여호와 한 분만이 나의 하나님이십니다. 이것이 감사의 조건입니다. 엘리야의 이름의 뜻은 '여호와는 하나님이시다' 입니다. 당시에 잡다한 신이 있었습니다. 엘리야는 바알을 섬기는 이방 선지자 450명과 대결합니다. 그런데 참신이 아닌 바알을 섬기는 선지자 450명을 혼자 당할 수 있었습니다. 엘리야의 하나님은 위대하십니다. 우리의 하나님은 한없이 위대하십니다. 복음찬송에 보세요. "나의 하나님 나의 하나님 그는 나의 여호와 나의 구세주" 찬송에 힘이 있잖아요? 찬송이 아니라 하나님이 힘이 있습니다. 이 하나님의 존재, 우리와의 관계 때문에 감사하는 것입니다.

우리 가정과 사회도 마찬가지입니다. 나의 부모님이나 나의 자녀, 나의 아내와 남편이 무엇을 해 줬다, 못 해 줬다가 문제가 아닙니다. 내 부모가 되어 주신 것만으로 감사해야 합니다. 내 자녀가 되어 준 것만으로도 감사해야 합니다. 내 아내, 내 남편이 되어 준 것만 해도 감사의 충분조건입니다. 오늘이라도 전화해서 "내 아버지, 내 어머니가 되어 주셔서 감사합니다."라고 한번 인사하세요. "내 아내, 남편이 되어 줘서 고마워요." 한번씩 아내와 남편에게 감사를 표하세요. 교회에서도 마찬가지입니다. 우리 목사님이 되신 것, 우리 교인이 되신 것, 존재 그 자체가 가장 큰 감사의 조건입니다. "여러분이 연동교회의 교인이 되어 주신 것에 참 감사합니다." 저도 감사하고 싶습니다. 서로 한번 인사하세요. "한 성도가 되어 주신 것 감사합니다." 이 이상의 감사의 조건이 무엇이 있겠습니까?

헨리 나우웬은 그의 책에서 가장 깊은 의미에서 감사란 삶을 고맙게 받아야 할 선물로 알고 산다는 뜻이라고 하였습니다. 진정한 감사는 좋은 것과 나쁜 것, 기쁜 일과 슬픈 일, 거룩한 부분과 거룩하지 않은 부분을 가리지 않고 삶 전체를 끌어안는다고 합니다. 성경은 "범사에 감사하라."고 합니다. 범사에 감사하는 것은 상황이 아니라 대상, 존재에 대해 감사할 때에 가능합니다. 하나님이 내 하나님이 되심, 내 부모님, 내 자녀, 내 배우자, 내 친구, 내 이웃 모두가 그 존재 때문에 우리에게 감사의 조건입니다.

골로새서 3 : 17에는 "또 무엇을 하든지 말에나 일에나 다 주 예수의 이름으로 하고 그를 힘입어 하나님 아버지께 감사하라"라고 합니다. 하나님 아버지 때문에 하나님 아버지께, 하나님 아버지를 감사하기 바랍니다.

° 교회에 출석한 지 얼마 안 된 두 청년이 오토바이를 타고 과속으로 달리다가 경찰관에게 검문을 받았습니다. "두 사람이 타고 이렇게 과속으로 달리면 매우 위험합니다." 경찰의 말에 한 청년은 "경찰관님, 아닙니다. 저희들은 과속으로 달려도 전혀 위험하지 않습니다. 예수님이 함께 타고 계시기 때문입니다."라고 말했습니다. 경찰관이 말했습니다. "그럼 과속 위반에다 정원 초과 위반까지 범칙금을 발급해야 하겠습니다."

범칙금이 문제겠습니까? 정말 예수님과 함께 타고 다닌다면 그냥 감사하세요. 예수님 한 분으로 우리는 족합니다.

하나님이 나의 하나님이 되심을 감사합시다. 예수님이 나의 구주 되심을 감사합시다. 감사는 하나님 나라의 출입증입니다. 날마다 풍성한 감사로 감사하며, 하나님의 나라에 들어가는, 감사하는 우리 모두가 되기 바랍니다.

> **T.i.p.**
>
> 천국 열쇠가 무엇일까요? 천국 열쇠는 감사입니다. 게리 토마스는 「내어드림의 영성」이라는 책에서 "감사는 의무가 아니라 하나님의 자녀로서의 특권이다. 감사는 우리에게 열쇠요, 특권이다."라고 하였습니다. 하나님의 나라는 하나님이 주인인 나라입니다. 하나님의 나라에 들어가는 자는 하나님의 백성입니다. 하나님의 백성은 모름지기 감사하는 사람입니다.

# 스무 번째 비밀
## 하나님의 나라와 성령 안에 있는 것들

[로마서 14 : 17]

'지상낙원'이라는 말이 있습니다. 흔히 아름다운 남태평양 섬나라 팔라우를 지상낙원이라고 합니다. 호주의 로드하우 섬도 지상낙원이라고 합니다. 최근 어느 자료를 보니 송도 신도시를 지상낙원이라고 하고, '동식물 지상낙원 DMZ'라는 말도 합니다. 파나마의 산 블라스 군도도 지상낙원이라고 불립니다. 북한은 한때 자기 나라를 지상낙원이라고 했습니다. 요즘도 지상낙원이라고 한답니다. 지난주에 한 사람이 전방 철책을 뚫고 낙원으로 갔습니다.

이런 곳들이 진짜 낙원일까요? 진짜 하나님의 나라일까요? 하나님의 나라는 몸으로 체험할 수 있는 곳이 아닙니다. 하나님의 나라는 성령 안에서 체험할 수 있는 나라입니다. 성령 밖에서 체험하는 육신적 최상의 상태, 황홀경, 인간의 행복, 육체적 평안은 하나님의 나라가 아닙니다.

"왕의 남자"에는 장생과 공길의 대사 중 이런 부분이 있습니다.

시각장애인 놀이를 하던 두 사람이 "나 여기 있고 자네 거기 있나?", "나 여기 있고 자네가 거기 있지.", "나는 여기 있고 자네가 거기 있잖나?"라는 대화를 합니다. 영화가 끝나고 자막이 올라갈 때의 장면에는 "나 여기 있고 너 거기 있지.", "아니다. 내가 여기 있고 너 거기 있다.", "나도 너도 여기 없다.", "아니다. 우리 다 여기 있다."라는 대사를 합니다. 나를 넘어서는 너와의 융합의 경지에 이릅니다. 초월의 아름다움을 나눕니다. 서로가 서로의 안에 있는 일체의 경지를 이야기합니다.

요한복음 14 : 20에는 "그날에는 내가 아버지 안에, 너희가 내 안에, 내가 너희 안에 있는 것을 너희가 알리라"라고 합니다. 15 : 5에는 "나는 포도나무요 너희는 가지라 그가 내 안에, 내가 그 안에 거하면 사람이 열매를 많이 맺나니 나를 떠나서는 너희가 아무것도 할 수 없음이라"라고 합니다. 예수님과 우리의 일체의 관계를 예수님은 이렇게 설명하십니다. 그리스도와 나의 일체의 경지, 이곳이 하나님의 나라입니다. 성령 안에서 비로소 알 수 있는 나라가 하나님의 나라입니다.

왜 칼국수에 칼이 안 들어 있는지 아십니까? 왜 붕어빵에 붕어가 들어 있지 않은지 아십니까? 왜 가래떡에 가래가 안 들어 있는지 아십니까? 왜 주먹밥에 주먹이 없는지 아십니까? 정답을 아세요? 만약에 그런 것들이 들어 있으면 못 먹는다고 합니다. 그러나 하나님의 나라에는 반드시 있는 것이 있습니다. 하나님의 나라이기 때문에 하나님이 계십니다. 하나님의 나라이기 때문에 하나님의 속성이 있습니다. 하나님의 나라이기 때문에 하나님의 주권이 있습니다. 하나님의 나라이기 때문에 하나님이신 성령님이 계십니다. 성령 안에서 하나님의 나라를 발견하시기 바랍니다. 성령 안에서 발견하는 참 하나님의 나라를 보세요.

## 하나님의 나라는 현실 안에 있는 것이 아닙니다

"하나님의 나라는 먹는 것과 마시는 것이 아니요"라고 합니다. 사도행전 14 : 15~16을 보면 먹는 것에 대한 시시비비가 많습니다. 그래서 '가르'라는 말로 시작합니다. '왜냐하면'이라는 말입니다. 하나님의 나라가 먹고 마시는 것이 아닌 이유를 설명합니다. 역사 가운데 진행되고 있는 현재적인 하나님의 나라에서 먹는 것과 마시는 것이 중요한 것이 아닙니다. 하나님 나라의 속성은 어떤 음식을 먹고 안 먹는 데서 나타나는 것이 아니기 때문입니다.

흔히 혐오식품이라는 것이 있습니다. 어떤 부류의 사람들이 싫어하는 음식을 말합니다. 보신탕은 대표적인 혐오식품이라고 합니다. 달팽이나 원숭이 골이 혐오식품입니다. 에스키모들은 구더기를 먹습니다. 중국 요리에는 지네나 전갈도 있습니다. 이런 것을 먹었다고 시비하지 말라는 말입니다. 음식이란 어떤 특정한 민족의 문화이기 때문에 먹는 것을 가지고 시비하는 것은 옳지 않습니다. 무엇을 먹느냐가 중요한 것이 아니기 때문입니다.

예수님은 먹는 것을 즐기셨습니다. 마시는 것을 중요하게 생각하셨습니다. 예수님은 보리떡 다섯 개와 물고기 두 마리로 5천 명을 먹게 하시는 기적을 베푸셨습니다. 예수님은 혼인 잔치에 참석하셔서 포도주를 만드는 기적을 베푸셨습니다.

　누가복음 7 : 34에는 예수님을 "먹기를 탐하고 포도주를 즐기는 사람이요 세리와 죄인의 친구로다"라고 하였습니다. 이 말은 예수님을 불한당과 함께 마시고 노는 사람이라고 오해했다는 말입니다. 예수님의 진실은 먹는 것의 의미를 말씀하신 것입니다. 오병이어 기적의 참의미도 예수님이 세상에 오시는 생명의 떡이며, 생명의 물이라는 것을 알게 하신 것입니다. 세리와 죄인의 친구가 되신 것은 소외계층을 사랑하시고 구원하러 오신 분인 것을 알게 하신 것입니다.

　예수님의 목적은 현실적 치유가 아닙니다. 다시 살아나는 것이 목적이 아닙니다. 육신의 배가 부르게 하는 것이 목적이 아닙니다. 세상에서 현실적 죄인을 죄인이라고 하신 것이 전혀 아닙니다.

　예수님은 무엇을 먹을까, 무엇을 마실까, 무엇을 입을까 염려하지 말라고 하셨습니다. 대신 예수님께서 주신 해답은 "너희는 먼저 그의 나라와 그의 의를 구하라 그리하면 이 모든 것을 너희에게 더하시리라"라는 것입니다. 이 모든 것은 세상에 살면서 염려거리가 아닐 수 없습니다. 그러나 하나님의 나라를 위한 염려는 아닙니다. 하나님의 나라를 위한 염려를 하면 세상을 위한 염려를 다 해결해 주겠다고 하셨습니다.

　제가 자주 하는 질문이 있습니다. "하나님의 나라에서는 먹고 살까요? 안 먹고 살까요?" 하나님의 나라에서도 먹고 삽니다. 하나님의 나라에서 왜 먹을까요? 이 생에서 먹는 것은 생존수단입니다. 먹지 않으면 죽습니다. 그러나 하나님의 나라에서 먹는 것은 즐거움을 위하여 먹습니다. 생존 때문에 먹는 것이 아니므로 중요한 것이 아닙니다.

요즘에는 '삶의 질'을 많이 이야기하고, 관심을 많이 가집니다. 유엔개발계획(UNDP)에는 국민소득과 교육 수준, 평균수명, 유아 사망률 등을 종합 평가하여 발표하는 인구개발지수가 있습니다. 최근에 보면 한국은 182개국 가운데 4년째 26위입니다. 노르웨이, 호주, 아이슬란드, 캐나다, 아일랜드, 네덜란드, 스웨덴, 프랑스, 스위스, 일본 등의 순으로 삶의 질이 높다고 합니다. 미국은 13위입니다. 개인소득으로는 스위스 곁의 작은 나라 리히텐슈타인이 8만 5천 달러로 가장 높습니다. 그런데 국내총생산이 가장 많은 나라, 개인소득이 가장 많은 나라가 가장 행복한 나라는 아닙니다. 이것이 세상 나라의 한계입니다.

「리더스 다이제스트」에 난 이야기입니다. 어느 부부가 직장에서 일찍 은퇴하였습니다. 부부는 플로리다 어느 도시에 살면서 좋은 요트를 사서 바다를 즐겼습니다. 선탠을 하고, 비치볼 놀이를 하고, 소프트볼을 하고, 조개껍질을 모으며 살았습니다. 이 부부의 삶의 최후의 업적은 선탠과 조개껍질 줍기입니다. 그들이 훗날 하나님의 심판대 앞에서 "보세요. 주님, 저 피부 좋죠? 조개껍질 예쁘죠?"라고 하겠습니까? 현실적 행복이 하나님 나라의 복은 아닙니다. 대부분의 성도들이 알면서 집착하는 문제가 있습니다. 현실적 행복이나 만족에 급급하며 사는 것이 아니라는 사실을 알면서도 현실적 하나님의 나라를 갈망하며 삽니다. 잘 기억하세요! 부자가 하나님의 나라에 들어가는 것이 낙타가 바늘귀로 들어가는 것보다 더 어렵습니다. 예수님의 부자와 나사로의 비유에서도 부자가 음부에 갔답니다.

사라 윈체스터라는 여인은 엄청난 유산을 받았습니다. 그녀의 이름에서 알 수 있듯이 미국에서 유명한 윈체스터라는 총을 만드는 회사 설립자의 미망인입니다. 하루에 수천 달러씩 재산이 불어나는 호화로운 삶을 살았습니다. 동부에서 산호세로 이주하여 200만 평 대지 위에 7,200평 주택을 지었습니다. 부엌이 6개이었고, 욕실이 13개이었습니다. 그러나 그녀는 밤마다 잠을 못 자고 뒤척였습니다. 그 큰 집을 밤새 헤매고 다니다 마지막에는 비참하게 죽었습니다.

고린도후서 4 : 18에는 "우리가 주목하는 것은 보이는 것이 아니요 보이지 않는 것이니 보이는 것은 잠깐이요 보이지 않는 것은 영원함이라"라고 합니다. 궁궐 같은 집, 궁중진미를 몇 년이나 누릴 것 같습니까? 기껏해야 30년입니다. 운이 좋아 부모로부터 물려받아 아기 때부터 그렇게 살았다고 하더라도 100년도 채 못 삽니다. 이 땅에서 아무리 장구하게 산다고 해도 영원이란 시간에 비해 보면 아무것도 아닙니다. 문자 그대로 섬광 같은 시간입니다. 영원한 하나님의 나라를 위해 쌓는 우리가 되기 바랍니다.

## 하나님의 나라는 성령 안에 있습니다

"오직 성령 안에 있는 의와 평강과 희락이라"라고 합니다. 하나님의 나라는 성령 안에서 얻는 것입니다. 성령 안에서 얻는 것이 가치 있는 일이고, 의미 있는 일이고, 축복입니다. '성령 안에 있는'이라는 말은 '성령 밖'에도 있다는 말입니다. 성령 밖에서도 의와 평강과 희락이 있습니다. 성령 밖에서의 의는 자기 의입니다. 힘이 정의라고 할 것입니다. 성령 밖에서의 평강은 전쟁평화라고 합니다. 성령 밖에서의 희락은 인간적인 방법으로 얻는 기쁨입니다. 마약을 하는 사람들은 마약 때문에 기쁩니다. 세속적 쾌락으로 기쁨을 누릴 수 있습니다. 세상이 추구하는 세속적인 것들은 하나님의 나라와 거리가 멉니다.

'의'라는 말은 '디카이오쉬네'라는 말입니다. 이 말은 하나님의 다스림을 받아 부름 받은 올바른 행동, 즉 '도덕적 의'를 가리킵니다. '평강'이란 '에이레네'인데, 하나님 아버지와 화목하게 됨으로써 얻게 되는 평화로운 마음의 상태를 의미합니다. '희락'은 '카라'라고 하는데, 하나님과 더불어 화평 관계를 누리는 성도 영혼의 기쁨을 의미합니다. 이 말은 다른 성도와의 기쁨도 포함된 성도의 진정한 기쁨입니다. '오직'이란 '알라'라는 말인데 다른 데는 없다는 뜻입니다. 오로지 성령 안에서만 가능한 것을 말합니다. 진정한 의, 평강, 희락은 성령 안에서만 가능합니다.

유명한 신학자 워필드는 칼뱅을 '성령의 신학자'라고 하였습니다. 칼뱅은 「기독교 강요」에서 "성령은 우리를 그리스도에게 연합시키기 위한 촉매제(bond)이다."라고 하였습니다. 그리스도와 연합하는 그 자체가 하나님의 나라입니다. 이 일은 성령 안에서 비로소 가능합니다. 성령 안에 사는 사람은 하나님의 나라에 사는 사람입니다. 성령은 우리를 하나님의 나라로 인도합니다.

그리스도는 성령에 따라 사셨습니다. 심지어 마귀에게 시험을 받으실 때도 성령에게 이끌리어 가셨습니다. 진정한 그리스도인을 성령의 사람이라 부릅니다. 진정한 그리스도인은 성령에게 이끌리어 살아야 합니다.

데살로니가전서 5 : 19에는 "성령을 소멸하지 말며"라고 합니다. 성령의 불이 활활 타게 하라는 말입니다. 성령의 불을 끄지 말라고 하십니다. 성령의 불이 꺼지면 더 이상 그리스도인이 아닙니다. 성령의 불이 꺼지면 그때부터는 흑암을 다스리는 마귀의 지배를 받게 되고 어두움에 살게 됩니다.

옛날 우리 조상들은 가신신앙을 가지고 있었습니다. 집안을 다스리는 신들을 섬기고 있었습니다. '성조신'이 있었습니다. 이 신은 가장을 보호하는 신입니다. '터주신'이라는 신이 있었습니다. 이 신은 집터를 다스리는 신입니다. '조왕신'이라는 신도 있었습니다. 이 신은 부엌의 신이었는데 불을 다루는 신입니다. '삼신'이라는 신도 있었습니다. 흔히 '삼신할머니'라고 했는데, 출산, 육아, 산모의 건강을 다스리는 신입니다. 이런 가신신앙으로 많은 풍습들이 생겨났습니다.

옛날 이사풍습에는 이사 가는 집에 꼭 불씨를 가져갔습니다. 아니면 성냥을 가지고 갔습니다. 이사 갈 때 불씨를 꺼트리면 집안이 망한다고 생각했습니다. 모든 그리스도인은 잠시 동안 의롭게 살 수 있습니다. 잠시 동안은 평강할 수 있습니다. 잠깐 동안은 기쁨으로 살 수 있습니다. 그리고 그 외에는 꺼져 있습니다. 하나님 나라의 모습은 그런 것이 아닙니다. 성령의 불은 절대로 꺼지지 말아야 합니다. 성령의 불이 꺼지면 하나님의 나라가 아닙니다. 레위기 6장에는 제단의 불은 꺼지지 않게 하라고 합니다. 제사장은 아침마다 제단에 불을 피워 꺼지지 않게 하라고 합니다.

성전은 불이 꺼지지 말아야 합니다. 하나님의 나라는 성령이 항상 임재해야 합니다. 성령이 임재하지 않는 나라는 끝이 납니다. 하

하나님 없이 잘된 나라는 문자 그대로 외화내빈(外華內貧)입니다. 화려하지만 금방 망하고 말았습니다. 하나님을 떠난 나라가 역사 속에서 이런 모습이었습니다.

성령을 떠난 의, 성령을 떠난 화평, 성령을 떠난 희락은 있을 수 없습니다. 성령을 떠난 의, 성령을 떠난 화평, 성령을 떠난 희락은 오히려 더 큰 문제를 야기합니다. 북한이 왜 핵에 집착할까요? 핵보유국이 되어 다른 핵보유국으로부터 자유하려고 하는 것입니다. 서로가 핵을 가지고 있으면 서로가 조심하므로 평화를 유지할 수 있습니다. 이런 평화는 참평화가 아닙니다.

성령을 떠난 어떤 것도 하나님 나라의 모습을 갖출 수가 없습니다. 오히려 하나님의 나라에서 더 먼 모습일 것입니다. 하나님이 계시고, 성령이 임재한 나라가 하나님의 나라입니다. 찬송가에도 "높은 산이 거친 들이 초막이나 궁궐이나 내 주 예수 모신 곳이 그 어디나 하늘 나라"라고 합니다.

하나님 때문에 하나님의 나라입니다. 주님 안에 있으니 하나님의 나라입니다. 주님을 모시니 하나님의 나라입니다. 세상 나라의 조건은 큰 아파트 평수입니다. 좋은 부모와 효자, 효녀입니다. 아름다운 초원과 그림 같은 집입니다. 그러나 이런 것들이 하나님의 나라는 아닙니다.

아우구스티누스는 "오 주님, 당신께서 우리를 지으셨으므로 우리가 당신 안에서 쉴 때까지는 우리의 영혼에는 쉼이 없나이다."라고 고백하였습니다. 하나님 안에서 영원한 안식이 있고, 기쁨이 있고, 만족이 있고, 평화가 있습니다.

부모와 형제는 다릅니다. 부모와 자녀는 사랑의 관계입니다. 그러나 형제는 경쟁의 관계입니다. 가인과 아벨이 경쟁의 관계였습니다. 에서와 야곱이 경쟁의 관계였습니다. 요셉이 형들과 경쟁의 관계였습니다. 기드온의 아들 요담이 형 아비멜렉과 경쟁의 관계였습니다.

노아의 아들들을 보세요. 셈과 함과 야벳, 세 아들이 있었습니다. 홍수 후에 둘째 아들 함이 아버지가 포도주에 취해 하체를 드러낸 것을 보고 와서 두 형제에게 알렸습니다. 이 두 형제가 뒷걸음질을 하여 아버지의 하체를 가렸습니다. 아버지 노아는 술이 깨어 둘째 아들을 저주하였습니다. 누가 아버지에게 이 일을 고자질했을까요? 제가 보니 두 아들입니다. 술에 취한 노아가 알았겠어요? 두 아들이 얘기해 주니까 알았겠지요. 형제들은 그래요. 또 방주 안에는 여덟 사람과 짐승들이 함께 있었습니다. 성경에는 방주 안에 있을 때에 형제들이 다투었다는 기록이 있습니까? 방주 안에서 짐승들이

서로 잡아먹고 싸웠다고 했습니까? 방주 밖은 요란했습니다. 홍수가 났습니다. 그러나 방주 안은 고요했습니다. 평온했습니다. 이것이 하나님 나라의 모습입니다. 방주는 교회의 상징입니다. 방주 안은 성령 안에 있는 하나님 나라의 모습입니다. 성령 안에서 즐기는 하나님의 나라를 소유하시기 바랍니다. 우리가 방주 안의 모습처럼 의롭고, 평강하고, 희락이 넘치는 모습이 되기 바랍니다.

> **T.i.p.**
>
> 요한복음 14 : 20에는 "그날에는 내가 아버지 안에, 너희가 내 안에, 내가 너희 안에 있는 것을 너희가 알리라"라고 합니다. 15 : 5에는 "나는 포도나무요 너희는 가지라 그가 내 안에, 내가 그 안에 거하면 사람이 열매를 많이 맺나니 나를 떠나서는 너희가 아무것도 할 수 없음이라"라고 합니다. 예수님과 우리의 일체의 관계를 예수님은 이렇게 설명하십니다. 그리스도와 나의 일체의 경지, 이곳이 하나님의 나라입니다. 성령 안에서 비로소 알 수 있는 나라가 하나님의 나라입니다.

스물한 번째 비밀

# 성령님의
# 네버 엔딩 스토리

[사도행전 28 : 30~31]

나무의 일생을 보면 하나님의 시간을 알 수 있습니다. 씨가 땅에 떨어져 싹이 나면 줄기가 뻗고, 잎이 나고, 열매가 맺힙니다. 고목이 된 나무는 죽지만 다시 씨를 땅에 뿌려 새로운 나무가 나게 합니다. 우리 인간의 일생도 마찬가지입니다. 세상에 태어나 하루하루 자랍니다. 성인이 되어 결혼하면 아기를 낳고, 늙으면 죽습니다. 나는 늙어 이 세상에 더 이상 머무르지 못하고 죽지만, 나의 자녀가 나의 대를 이어갑니다.

세상에는 끝인 것 같지만 계속 이어지는 것이 많이 있습니다. 왜 그런지 아십니까?

우리에게 임한 그곳

하나님의 시간이 끝나지 않기 때문입니다. '끝이 없다' 또는 '무궁하다' 라는 말이 성경에 나옵니다. 이런 시간 개념은 하나님의 개념입니다. 하나님이 끝이 없으시니 하나님의 시간, 하나님의 사랑, 하나님의 기다림, 하나님의 은혜, 하나님의 축복이 끝이 없는 것입니다. 사람은 반드시 끝이 있지만 하나님의 시간은 계속됩니다. 사람의 눈으로 보기에는 끝인 것 같지만 끝이 아닌 것이 세상에는 수두룩합니다.

요한복음 20 : 31에는 "오직 이것을 기록함은 너희로 예수께서 하나님의 아들 그리스도이심을 믿게 하려 함이요 또 너희로 믿고 그 이름을 힘입어 생명을 얻게 하려 함이니라"라고 합니다. 요한복음의 기록을 끝맺음 하는 말입니다. 그런데 요한복음은 21장에 계속됩니다. 그래서 학자들은 요한복음 21장을 '요한복음의 부록'이라고 합니다. 내용적으로는 '베드로의 위임식' 이라고 하기도 합니다.

그리스도의 사건은 이 땅에 오셔서 십자가를 지시고, 부활하시고, 승천하심으로 끝이 난 것이 아닙니다. 예수님께서는 이미 다락방 강화에서 "내가 가면 보혜사를 보내겠다."라고 말씀하셨습니다. 예수님은 이 세상에 더 이상 계시지 않지만 성령 하나님께서 이 세상에 계시므로 우리를 감동시키시고 함께하시는 것입니다.

예수님의 승천은 성령 시대의 시작이었습니다. 성령의 시대가 시작됨으로 성령의 행전이 시작되었습니다. 성령은 사도들, 제자들을 통하여 역사하시고, 예수님이 이루어 놓으신 사역을 이어가게 하셨습니다.

사도행전은 지금도 끝나지 않았습니다. 사도행전은 성령의 행적입니다. 성령의 역사가 끝이 날 수 있습니까? 성령의 역사는 절대로 끝나지 않습니다. 사도행전은 바울 이후에도 계속 이어지고 있습니다.

신학적으로는 대신학자 아우구스티누스에 이어 루터와 칼뱅, 이후에 많은 개혁주의자들을 통하여 지금까지 이어지고 있습니다. 선교적으로는 리빙스턴, 스탠리 존스, 윌리엄 캐리, 슈바이처 외에 지금까지 수많은 선교사들을 통하여 이어지고 있습니다. 이들은 신학을 지키기 위하여 고난당했고, 말씀을 전파하기 위하여 순교하면서 사도행전의 역사를 이어오고 있습니다.

하나님 나라의 선포도 끝이 없습니다. 예수님을 십자가에 못 박으면 다 끝난 것입니까? 그렇지 않습니다. 스데반을 돌로 치고, 야고보의 목을 베면 복음이 잠잠해집니까? 그렇지 않습니다. 베드로를 거꾸로 십자가에 못 박고 바울을 참수하면 복음이 멸절하게 됩니까? 그렇지 않습니다. 복음은 절대로 인간의 힘으로 끝나게 할 수 없습니다.

사도행전 24장에는 대제사장 아나니아가 총독 베스도에게 바울을 고발했습니다. 그때 변호사 더둘로는 5절에 "우리가 보니 이 사람은 전염병 같은 자라 천하에 흩어진 유대인을 다 소요하게 하는 자요 나사렛 이단의 우두머리라"라고 합니다. 복음은 마치 전염병과 같더라고 합니다.

전염병이 얼마나 힘 있게 퍼집니까? 14세기 흑사병은 유럽과 북아프리카와 중국까지 엄청난 사망자를 냈습니다. 그 당시에 유럽인 3천만 명이 흑사병으로 죽었다고 전해지고 있습니다. 신종플루를 보세요. 신종플루는 아무나 들어가기 힘든 북한에도 들어가 신종플루 환자가 생겼다고 해서 우리나라에서 북한에 백신을 보내지 않았습니까? 신종플루는 백신으로 막을 수 있지만 복음은 막을 자가 없습니다. 하나님의 나라는 이렇게 끝없이 전파되고 있고, 앞으로도 전파될 것입니다.

### 전파는 가르침과 함께합니다

사도행전 28 : 31에는 "하나님의 나라를 전파하며 주 예수 그리스도에 관한 모든 것을 담대하게 거침없이 가르치더라"라고 합니다. 전파하는 것과 가르치는 것은 함께해야 합니다. 전파 없는 가르침이 있을 수 없습니다. 전파 없이 가르친다면 인간의 지식만 전달할 따름입니다. 가르침 없는 전파가 있을 수 없습니다. 가르침 없이 전파한다면 순간적인 감정만 충동하게 될 것입니다.

복음은 전파하며 또 가르쳐야 합니다. 그래야 복음 전파가 깊이 있고, 복음이 변하지 않게 됩니다. 전파와 가르침은 언제나 상호작용하게 됩니다. 선교와 교육은 서로 순환 관계에 있습니다. 복음을 전파하여 사람들이 오면 그 사람들을 가르치고, 그 사람들을 잘 가르치면 다시 나가서 복음을 선포하게 됩니다.

마태복음 9 : 35에는 "예수께서 모든 도시와 마을에 두루 다니사 그들의 회당에서 가르치시며 천국 복음을 전파하시며 모든 병과 모든 약한 것을 고치시니라"라고 합니다. 예수님께서도 선포와 가르침을 함께하셨습니다. 예수님의 사역에서 선포와 가르침은 항상 병행되었고, 이 둘을 동시에 하신 것을 성경은 가르쳐 줍니다.

예수님의 처음 선포는 획기적이었고 이전의 어떤 사람도 하지 못한 선포였습니다. "회개하라. 천국이 가까이 왔다." 이런 선포가 없었습니다. 마태복음 7 : 28에는 "예수께서 이 말씀을 마치시매 무리들이 그의 가르치심에 놀라니"라고 합니다. 예수님의 가르침도 획기적이었고 이전에는 이런 가르침이 없었습니다. 예수님의 선포도, 가르침도 다 이전의 것과는 다른 획기적인 것이었습니다.

부활 후에 예수님은 누가복음 24 : 27에 "이에 모세와 모든 선지자의 글로 시작하여 모든 성경에 쓴 바 자기에 관한 것을 자세히 설명하시니라"라고 기록한 대로 자세히 가르치셨습니다. 32절에는 "그들이 서로 말하되 길에서 우리에게 말씀하시고 우리에게 성경을 풀어 주실 때에 우리 속에서 마음이 뜨겁지 아니하더냐 하고"라고 말합니다. 예수님께서 제자들에게 얼마나 꼼꼼히 가르치셨나를 말합니다.

사도행전 9 : 20에 "즉시로 각 회당에서 예수가 하나님의 아들이심을 전파하니"라고 하는 것으로 봐서 바울은 열심히 전파하였습니다. 뿐만 아니라 디모데전서 4 : 13에는 "내가 이를 때까지 읽는 것과 권하는 것과 가르치는 것에 전념하라"라고 하여 가르치는 것을 강조하였습니다. 바울의 사역은 선포와 가르침을 적절히 병행하였습니다.

신약성경에는 아홉 가지 교회의 직분이 있습니다. 사도, 예언자, 교사, 감독, 장로, 집사, 목사, 말씀 전하는 자, 전도자입니다. 그런데 가르치는 자인 교사는 당시에 굉장히 중요한 직분이었습니다. 말씀 전하는 자는 말씀을 선포하고 외치는 자를 의미합니다. 교사는 가르치는 자인데 사도와 같이 어느 교회에서나 그 직분을 수행할 만큼 교회가 인정했고, 그만큼 가르치는 일이 중요하였습니다. 신약의 직분을 봐도 선포와 가르침은 어느 하나만 집중한 것이 아니라 병행되었습니다. 특히 교사의 위치는 사도, 예언자와 더불어 보편적 직분이라고 하여 모든 교회에서 그 역할이 통용될 만큼 중요한 직책을 가졌습니다.

예수가 그리스도이시며, 참하나님이시며, 참인간이시며, 죽었다가 부활하신 주님이신 것을 가르치는 것은 중요한 일이었습니다. 더구나 예수님의 삶을 목격한 사람들에게 예수님이 하나님이라는 사실은 믿을 수 없는 일이었습니다. 그래서 교사들은 가르치는 일에 열심을 다했습니다. 그리고 하나님의 나라를 가르치는 일이 중요한 시기였습니다. 그들은 정치적 해방을 고대하고, 정치적 메시야를 기다리고 있었기 때문에 하나님의 나라를 가르치는 일은 소중한 일이었습니다.

지식은 가르쳐 알게 하는 것입니다. 지식은 신앙의 기초입니다. 기독교의 신앙에서 무조건 믿는 것은 잘못된 믿음입니다. 알고 믿어야 합니다. 지식적 신앙이어야 합니다. 지식은 신앙을 깊이 있게 합니다. 신앙은 지식을 확실하게 합니다. 지식과 신앙은 하나가 되어야 합니다. 에베소서 4 : 13에는 하나님의 아들을 믿는 것과 아는 일에 하나가 되라고 합니다. 신앙과 지식의 일체를 의미합니다.

고대의 걸출한 교부였던 테르툴리아누스는 "불합리하기 때문에 믿는다."라고 하였습니다. 이에 대하여 성자 아우구스티누스는 "신앙이 지식의 조건이 된다."라고 하였습니다. 중세의 대학자 안셀무스는 "신앙은 지식을 더 찾게 한다."라고 하였습니다. 신앙과 지식은 상호 연관성을 가지고 있습니다. 신앙과 지식은 보충적 관계를 잘 유지해야 합니다. 지식이 없는 신앙은 참신앙이 아닙니다. 신앙이 없는 지식은 참지식이 아닙니다.

루터나 칼뱅과 같은 개혁자들은 진실한 교회를 표시하는 몇 가지 특징을 다음과 같이 말했습니다. "첫째는 하나님의 말씀을 진실로 가르치고 설교합니다. 둘째는 성례전에 대해 올바르게 관리합니다. 셋째는 교회의 치리를 올바르게 행사합니다." 특히 칼뱅은 교회를 훈련이라고 하였습니다. 교회는 잘 가르쳐야 합니다. 선포한 다음에는 잘 가르쳐야 바른 신앙을 가질 수 있습니다.

저는 늘 우리나라에 선교사들이 와서 왜 복음 전파와 함께한 일이 학교와 병원을 세우는 일이었는가 하는 의문이 있었습니다. 그런데 이 의문이 북한을 지원하면서 분명해졌습니다. 학교를 세워 가르치면 변화가 있습니다. 가르침을 통하여 사람은 변화됩니다. 병원을 세우는 것은 병원에서 고치기 때문입니다. 그런데 고치기 위해서는 반드시 만져야 합니다. 손을 대고, 만지고, 흔히 말하는 스킨십이 있고, 휴먼 터치가 있다는 것이 사람의 변화에 굉장히 중요합니다. 예수님께서도 사람들을 고치실 때에 만져 주셨습니다. 사람들이 예수님께 아이들을 '만져 주심을 바라고' 데리고 왔습니다. 예수님께서는 예수님의 부활을 믿지 못하는 도마에게 "나를 만져 보라."고 하십니다. 만져 보는 것은 확실한 변화입니다. 만져 보는 것도 아주 소중한 교육입니다. 복음은 선포되고 가장 적절한 방법으로 가르쳐야 합니다. 선포와 가르침은 예나 지금이나 복음을 전하는 가장 중요한 방법입니다.

## 하나님 나라의 전파는 거침없습니다

오늘 본문에는 복음이 '담대하게 거침없이' 전해졌다고 합니다. 복음을 전파하는 자는 언제나 담대함이 필요합니다. 성령 하나님은 복음을 전하는 자를 담대하게 하고, 거침없게 하여 주십니다.

이전에 우리가 보던 개역성경에는 "담대히 하나님 나라를 전파하며 주 예수 그리스도께 관한 것을 가르치되 금하는 사람이 없었더라"라고 합니다. 하나님 나라의 전파는 거침이 없습니다. 하나님의 나라는 전파되지만 금하는 사람이 없습니다. 하나님의 나라는 끝없이 전파됩니다.

기독교가 날로 전파되자 로마에서는 엄청난 복음에 대한 박해가 시작됩니다. 역사적으로 로마 황제의 10대 박해는 250여 년 동안 교회에 대한 끊임없는 도전이었고, 복음에 대한 방해였습니다. 첫째는 네로의 박해입니다. 네로는 로마시를 방화하고 기독교인에게 그 책임을 돌렸습니다. 네로에 의해 베드로와 바울이 순교하였습니다.

둘째는 도미티아누스의 박해입니다. 이때 기독교인들이 지하 동굴인 카타콤에서 은둔하게 되었습니다. 셋째는 트라야누스의 박해입니다. 넷째는 하드리아누스의 박해입니다. 다섯째는 마르쿠스 아우렐리우스의 박해입니다. 여섯째는 셉티미우스 세베루스의 박해입니다. 일곱째는 막시미누스의 박해입니다. 여덟째는 데키우스의 박해입니다. 아홉째는 바렐리아누스의 박해입니다. 열째는 디오클레티아누스의 박해입니다. 그런데 지금 로마에 가 보세요. 기독교 없이는 로마를 해석하기 불가능합니다. 로마에 가면 기독교 유적을 빼놓고는 볼 것이 없습니다. 그렇게 극심한 박해를 받았지만 기독교를 막지 못했습니다. 하나님의 나라를 막지 못했습니다. 오히려 복음이 로마에 전파되는 계기가 되었습니다.

그리스도 마찬가지입니다. 헬라의 종교와 문화가 온통 그리스 전체를 뒤덮고 있었습니다. 수많은 신전들이 있었는데 신들이 얼마나 많았는지 이름 없는 신도 있었고, 이름을 알지 못하는 신도 있었습니다. 그런데 바울이 아테네를 방문하여 아테네의 아레오파고스에서 설교하였습니다. 바울은 아테네 사람들에게 "아덴 사람들아, 내가 보니 너희가 범사에 종교심이 많도다."라고 외칩니다. 그곳에서 스토아 철학자들, 에피쿠로스 철학자들과 변론합니다. 바울이 아테네를 다녀간 후에 기독교 없이는 그리스를 생각할 수 없게 되었습니다. 지금은 동방정교회인 희랍정교회의 본산이기도 하지만, 이제 그리스는 기독교 유산으로 먹고 사는 나라가 되었습니다.

우리나라에 기독교가 전래되자 일제강점 시대가 시작됩니다. 일제강점 시대에 신사참배를 거부한다고 얼마나 많은 믿음의 선조들이 순교했는지 모릅니다. 또 우리나라가 해방되자마자 공산주의의 물결이 한반도를 덮습니다. 유물사상을 가진 공산주의 앞에서 기독교인들이 얼마나 많은 박해를 받고, 복음이 방해를 받아 순교자를 양산했는지 모릅니다. 우리나라의 기독교 125년의 역사 가운데 많은 순교자가 나왔습니다. 짧은 기독교 역사 가운데 우리나라처럼 많은 순교자를 낸 나라가 없습니다. 순교는 복음의 씨앗입니다. 박해를 받지만 복음의 전파는 막지 못했습니다. 하나님의 나라는 더 확장되어 지금 전 국민의 4분의 1이 기독교인인 나라가 되었습니다.

기독교의 전래는 요원의 불길처럼 번져 나갔습니다. 하나님의 나라는 막으면 막을수록 더 맹렬하게 번져 나갔습니다. 하나님의 나라는 막을 자가 없습니다. 왜냐하면 하나님의 나라는 하나님이 주인이시기 때문입니다.

오래전에 유행하던 이야기 중에 이런 것이 있습니다. 이런 유머에 너무 민감하지 마세요. 특정인을 비하하는 말은 절대 아닙니다. 청각장애인과 시각장애인이 싸우면 누가 이기는지 아십니까? 시각장애인이 이깁니다. 왜냐하면 눈에 뵈는 게 없기 때문입니다. 시각장애인과 소방수가 싸우면 누가 이기는지 아십니까? 소방수가 이깁니다. 왜냐하면 물불을 안 가리기 때문입니다. 소방수와 할머니가 싸우면 누가 이기는지 아십니까? 할머니가 이깁니다. 왜냐하면 막가는 인생이기 때문입니다. 그런데 사실은 물불을 안 가린다고 하는데, 물과 불 가운데 어느 것이 더 무섭습니까? 물이 더 무섭습니다. 왜냐하면 물은 막을 수가 없습니다. 지난번 태국의 쓰나미를 보세요. 물은 막을 수도 없고 피할 수도 없습니다. 그래서 많은 인명 피해를 본 것입니다.

현대 우리말 가운데 "못 말려."라는 말을 아주 많이 사용합니다. 지나치게 행동하는 사람에게 "못 말려."라고 합니다. 감정이 뛰어난 사람에게도 "못 말려."라고 합니다. 심지어 끔찍한 애정표현에도 "못 말려."라고 합니다. 막을 수 없을 만큼 튀는 사람에게도 "못 말려."라고 합니다. 막을 수 없는 것은 그것뿐만이 아닙니다. 하나님 나라의 복음은 절대로 막을 수가 없습니다.

다니엘은 하나님께 기도하다가 사자 굴에 들어갔지만 그가 기도하는 것을 막을 수가 없었습니다. 다니엘의 세 친구들은 하나님을 경외하다가 풀무불 속에 들어갔지만 그들을 막을 수가 없었습니다. 스데반은 복음을 전하다가 돌에 맞아 순교하였지만 돌의 위협도 그를 막을 수가 없었습니다. 야고보는 예수님의 제자 가운데 첫 순교자가 되어 헤롯에 의해 참수를 당했지만 그를 막을 수가 없었습니다. 베드로는 복음을 전하다가 감옥에 갇히고, 매를 맞고, 복음을 전하지 말라고 위협도 받았지만 막을 수가 없었습니다. 요한은 복음을 전하다가 유배도 가고, 감옥에 갇히기도 하였지만 그를 막을 수는 없었습니다. 바울은 매를 맞고, 태장에 맞고, 돌에 맞고, 감옥에 갇혔지만 그를 막을 수 있는 방법이 없었습니다.

초기 그리스도인들은 사자 굴에 들어가서 찢기고, 화형을 당하고, 카타콤에 들어가 은둔생활을 하였지만 하나님의 나라를 막지는 못했습니다. 사도들에게는 복음을 전하지 말라고 위협도 하고, 나사렛 예수의 이름으로 말하지 말라고 하였지만 막지는 못했습니다.

복음을 전하고 예수를 믿는다고 혀를 자르고, 손톱을 뽑고, 기름 가마에 넣어도 막지 못했습니다. 그리스도인들에게 온갖 것으로 위협해도 하나님의 나라는 막지 못했습니다.

우리나라가 통일이 되면 가장 각광 받을 곳이 제가 볼 때는 비무장지대(DMZ)입니다. 이 지역은 세계 자연환경 보호구역으로 지구의

보고가 될 것입니다. 지구상에 일반인들이 60년 동안 접근하지 못한 데가 있을까요? 혹 있을지 모르지만 많지는 않을 것입니다. 사람들은 막고 들어가지 못하게 합니다. 그러나 새나 짐승이나 생물들은 막지 못합니다. 그곳에는 천연기념물 새들이 겨울을 나고 있고, 희귀한 동물들과 식물들이 자라고 있습니다. 사람들은 막을 수 있지만 동물과 식물은 막지 못합니다. 동물들이 사람들보다 더 힘이 있습니다. 아무리 막아도 들어갑니다. 동물들이 이 지역에 사는 것을 금할 수 없습니다.

지난번 캐나다에 갔을 때에 어느 동네에 가니 '웨인 그레츠키 가'라는 길이 있었습니다. 웨인 그레츠키는 북미 아이스하키의 전설적 골잡이입니다. 농구의 황제 마이클 조던이라는 선수도 있습니다. 미국 대학 풋볼의 전설적 공격수 하이즈만이라는 선수도 있습니다. 축구에는 브라질의 펠레가 있습니다. 요즘에는 단거리 선수인 자메이카의 우사인 볼트 선수가 있습니다. 이런 선수들이 질주하게 되면 막을 수가 없습니다. 이런 선수들이 들어오면 수비수가 먼저 겁을 먹습니다. 기독교에도 전설적 복음 전파자가 많이 있습니다. 막을 자가 먼저 겁을 먹습니다. 그래서 그들은 전하지 말라고 위협합니다. 왜요? 강하니까 그렇습니다. 강자에 대하여 먼저 두려워하는 것이 일반적인 감정입니다. 사도행전 2 : 43에는 "사람마다 두려워하는데"라고 했습니다. 왜 두려워합니까? 초대 교인들이 가지고 있는 내면의 힘 때문입니다. 복음의 힘 때문입니다. 하나님의 나라를 소유한 사람들의 당당함 때문입니다.

찬송가에도 있듯이 "어느 누가 막으리까 죽음인들 막으리까 어느 누가 막으리까 죽음인들 막으리까"라는 노래가 절로 나옵니다. 지금도 복음은 전파됩니다. 하나님의 나라는 아무리 막아도 막아지지 않습니다. 복음을 방해하는 자마다 잘 안 되었습니다. 복음을 막는 것이 아니라 그들이 망했습니다. 하나님의 나라를 방해하던 헤롯은 벌레가 먹어 죽었습니다. 기독교인들을 박해했던 네로는 폭정을 거듭하다 자살했습니다. 세계를 엄청난 전쟁 속에 휘말리게 하고, 600만 유대인을 학살했던 히틀러는 결국 자살해 버리고 말았습니다.

사도행전은 성령의 행적입니다. 성령의 역사는 끝나지 않았습니다. 하나님의 이야기, 하나님의 시간은 무시간적입니다. 하나님으로 이 땅에 오신 예수님의 행적을 어찌 다 기록할 수 있겠습니까? 요한복음 21 : 25에는 "예수께서 행하신 일이 이 외에도 많으니 만일 낱낱이 기록된다면 이 세상이라도 이 기록된 책을 두기에 부족할 줄 아노라"라고 합니다. 하나님의 나라는 아마 끝이 없을 것입니다.

사도행전은 28장으로 끝이 납니다. 그러나 성령의 행적, 하나님 나라의 전파는 끝나지 않습니다. 지금도 우리를 통하여 성령의 행적은 계속되고 있습니다. 우리 성도들의 행적이 '성도행전'입니다. 우리의 삶과 교회의 행적이 사도행전의 연속으로 지금도 기록되고, 이어지고 있습니다. 끝나지 않을 하나님의 이야기가 우리를 통하여 전해지고 기록됩니다. 우리는 하나님 나라의 증인입니다. 우리의 말이 하나님 나라의 증언입니다. 우리의 삶이 하나님 나라의 증거가 되기 바랍니다.

> **T.i.p**
>
> 사도행전은 지금도 끝나지 않았습니다. 사도행전은 성령의 행적입니다. 성령의 역사가 끝이 날 수 있습니까? 성령의 역사는 절대로 끝나지 않습니다. 사도행전은 바울 이후에도 계속 이어지고 있습니다.

# THE PLACE 더.플.레.이.스.

**초판인쇄** 2010년 3월 10일
**초판발행** 2010년 3월 20일

**지 은 이** 이성희
**펴 낸 이** 채형욱
**펴 낸 곳** 한국장로교출판사
**주　　소** 110-470 / 서울 종로구 연지동 135 한국교회100주년기념관 별관
**전　　화** (02) 741-4381~2 / 팩스 741-7886
**영 업 국** (031) 944-4340 / 팩스 944-2623
**등　　록** No. 1-84(1951. 8. 3.)

**ISBN** 978-89-398-0530-9 / Printed in Korea
**값** 13,500원

**편집과장** 이현주　　　**기획과장** 정현선
**교정·교열** 오원택 김은희　**본문·표지디자인** 김지수
**업무과장** 박호애　　　**영업과장** 박창원

※ 이 출판물은 저작권법에 의해 보호를 받는 저작물이므로 무단전재와 무단복제를 할 수 없습니다.